Los Valles Olvidados
Pasado y Presente en la Utilización de Recursos en la Ceja de Selva, Perú

The Forgotten Valleys
Past and Present in the Utilization of Resources in the Ceja de Selva, Peru

Inge Schjellerup, Mikael Kamp Sørensen, Carolina Espinoza, Victor Quipuscoa & Victor Peña

THE NATIONAL MUSEUM OF DENMARK
Ethnographic Monographs, No. 1

Los Valles Olvidados - Pasado y Presente en la Utilización de Recursos en la Ceja de Selva, Perú.

The Forgotten Valleys - Past and Present in the Utilization of Resources in the Ceja de Selva, Peru

Inge Schjellerup

Mikael Kamp Sørensen

Carolina Espinoza

Victor Quipuscoa

Victor Peña

A los que permanecían en la casa

To those who stayed at home

▣ NATIONALMUSEET

The National Museum of Denmark

Frederiksholms Kanal 12

DK 1220 Copenhagen K

Denmark

ISBN 87-89384-99-7

Keywords:

Anthropology – Archaeology – Ceja de Selva – Colonization – Ethnobotany – Geographical Informations System – Land use change – Peasants – Peru – South America – Vegetation.

Photos: Inge Schjellerup, Carolina Espinoza, Kim Alan Edmunds, Victor Quipuscoa, Mikael Kamp Sørensen.

Dibujos // Drawings: Vivian Rose.

Diseño gráfico // Typography and layout: Mikael Kamp Sørensen.

Carátula // Cover picture by Inge Schjellerup, San Antonio, Río Huambo.

Printed and bounded by GRAFICART, Trujillo, Peru.

Contenido

Agradecimiento 6
Pròlogo 9
Introducción 11

Capítulo 1
Introducción al área de investigación 17
Geografía 17
Topografía y geología 19
Clima 20
Vegetación 20
Población y uso de la tierra 21

Capítulo 2
La Prehistoria 23
Los sitios arqueológicos 23
El pasado reconstruido 54

Capítulo 3
Acercarse la Historia 59
El primer encuentro 59
Repartimientos, encomenderos y estancias 62
Las indígenas y la misión del Padre Alejandro Salazar 65
Productos deseados 69
Progreso e iniciativa científica 71
Épocas modernas 76

Capítulo 4
La vida cotidiana 79
Relaciones políticos administrativas 79
Caminos, comunicación y accesso al mercado 81
Población y migración 87
Patrón de asentamientos 89
Electricidad, agua y desagüe 91
Viviendas y construcción 92
Educación 95

Religión 97
Nutrición 99
Salud 102
Actividades socio-económicas: Agricultura contemporánea 107
La tierra 107
Agricultura y ganadería 108
Las chacras 108
Los cultivos 109
El café 114
Comercio 125
Ingresos 125
Gastos 126
Historias de vida 127
Resumen 134

Capítulo 5
Vegetación y uso de los Recursos Naturales 137

Bosques montanos orientales en el Perú 137
Introducción 143
Bosque húmedo montano 148
Bosque húmedo montano en La Meseta, cuenca del río Jelache. 149
El bosque húmedo montano en la cuenca de río Huambo 153
Bosque húmedo montano bajo en La Meseta, cuenca del río Jelache 160
El bosque húmedo bajo en la cuenca de río Huambo 162
Tipos de vegetación modificados por el hombre 166
Bosques secundarios y lugares deforestados 166
La etnobotánica 174
El uso de los recursos 174
Vegetación asociada a monumentos arqueológicos 187
Especies nuevas para la ciencia 195

Capítulo 6
Cambios del uso de la tierra 201

Introducción 201
Datos 204
Métodos 205
Resultados y discusión 213
Cambios generales 213
Deforestación 217
Cambios espaciales 219

Uso de la tierra en distritos secundarios 219

Resumen 227

Capítulo 7
Conclusión 231

Perspectivos para el futuro 236

Referencias

Lista de literatura 408

Apéndice

Diccionario de las plantas útiles 417

Participating institutions:

The National Museum of Denmark
The Institute of Geography, University of Copenhagen
Universidad Privada Antenor Orrego, Trujillo
Universidad Nacional de Trujillo
Universidad Nacional de San Agustín, Arequipa
Field Museum of Chicago
under the auspicies of CONCYTEC.

Participantes / participants:

Director Inge Schjellerup

Antropología / Anthropology:

Carolina Espinoza Camus
Dante Hernández Prieto

Arqueología / Archaeology:

Victor Pcña Huaman
Arturo Tandaypan Villacorta
Victor Manuel Calderón Silva
Lars Henrik Thrane

Botánica / Botany:

Victor Quipuscoa Silvestre
Segundo Leiva Gonzalez
Ceci Maribel Vílchez Toribio
Ysabel Díaz Valencia
Mark Strarup Jensen
Susana Sanchez Ocampo

SIG y teledetección / GIS and remote sensing:

Mikael Kamp Sørensen
Kim Alan Edmunds

Assistente / assistant:

Rómulo Ocampo Zamora

Artista / Artist:

Vivian Rose

Agradecimiento

Se agradece sinceramente a:

- Fundación V. Kann Rasmussen por las becas que financiaron el proyecto.
- Instituciones que apoyaron el proyecto, tales como el Consejo Nacional de Ciencia y Tecnología (CONCYTEC) por su auspicio y el interés demostrado por el Dr. Ing. Eduardo Torres Carranza.
- Universidad Nacional de Trujillo, Facultad de Ciencias Sociales.
- Universidad Privada Antenor Orrego, Dr. Abundio Sagástegui, Museo de Historia Natural, por su sabiduría, gentileza y hospitalidad durante todos los años.
- Universidad Nacional de San Agustín de Arequipa, Facultad de Ciencias Biológicas y Agropecuarias, por los permisos otorgados.
- Instituto Nacional de Cultura, Credencial C 10108-2000 y C 0118, 2001 para hacer las investigaciones arqueológicas.

Agradecemos a:

- Instituto Geográfico, y a la Universidad de Copenhague por permitirnos utilizar sus instalaciones.
- Dr. Michael O. Dillon por sus consejos y determinación de muestras botánicas.
- Profesor Emérito Daniel D. Gade por sus estimulantes commentarios.
- Dr. Peter Wagner de la Biblioteca Central Botánica de la Universidad de Copenhague por revisar parte de los textos en Inglés sobre la flora.

En el campo recibimos gran apoyo del:

- Autoridades de Chachapoyas en especial del Alcalde Provincial Leonardo Rojas Sánchez
- Teniente Alcalde de Rodríguez de Mendoza y del Presidente Ejecutivo del Consejo Transitorio de Administración Regional Amazonas (CTAR), Sr. Pedro Fernández Rodríguez e Ing. Carlos Mestanza.

Un reconocimiento muy especial va al profesor Rómulo Ocampo Zamora por su apoyo sin fin en asuntos de logística y como amigo estupendo tanto en momentos de pena como en los tiempos buenos. Sus canciones en las mañanas dieron mucho ánimo a todos.

Se agradece a todas las autoridades en Chirimoto, Omia y a los profesores, directores, catequistas, pastores y comerciantes de los caseríos

6

y cada uno de los pobladores de La Meseta y la cuenca del río Huambo que dieron su tiempo para contestar a nuestras preguntas.

Estamos agradecidos a David Añasco y familia y toda la población en Canaan.

Estamos sumamente reconocidos a don Fabián Añasco y familia por su amistad y apoyo durante muchos años y por nombrarnos "distinguidos hijos del pueblo Añasco" durante nuestra estadía en sus casas el 2000.

Igualmente a las familias de Luz del Oriente; Oscar Jambo su esposa e hijos que nos acogieron en su casa como integrantes de su hogar, a la familia de Ananías Tuesta e hijos, a Juana Guiop por sus largas conversaciones sobre su práctica curanderil, a Máximo Valdez y su esposa que son ejemplo en la práctica de sus creencias religiosas en la montaña, integrantes de la iglesia evangélica peruana, a Dolores Tuesta y familia, Celier Silva, Espíritu Huamán, Erlinda Salón, Desiderio Guiop, Alcibiádes Riva, Marino Purola, Walter Tuesta, Lizandro Salón, José López, Baldomero Bazán, Melquisedec Rojas, Gerónima Qulky, Catalino Zelada, Jorge Oñate, Francisco Castillo, Zenón Torres, a sus hijos Marly, Hilda y Clotilde. A las familias de Río Verde: Delicia Collazos e hijos por compartir sus vivencias en la montaña, a la familia de Dolores Santillán, Vinda López, Nilser Hidalgo, Félix Alva, Tomás Grandez y Joselito Grandez.

A las familias de San Antonio: Euclides Marín, Nelson Montoya y Andrés Hernández, también a Leopoldo Merino, José Vela, Reodórico Gomez, Aurelio López, Eustaquio Huamán, Anacleto Huamán, Artemio Chávez, Salvador Horna, José Montoya Castro, Pedro Tuesta, José Castro y Melanio Alvarado.

A las familias del Paraíso: A Salvador Chanta, Gabriel Hidalgo, María Tocas, Olinda Quispe, José Loja, Ricardo Trujillo, Francisco Quispe, Segundo Tamayo, Darwin Riva, Elmer Quispe, Moisés Chanta, Seberino Vásquez, Santos Espinoza, Rafael Espinoza, Regnerio Quispe, Luciano Huamán.

A las familias de Zarumilla: a don Juan Bustamante y familia por su hospitalidad y alquilarnos habitaciones en su casa y su buena comida, don Reodórico Torres y familia, Benigno Torres por narrarnos su historia de vida, a Peris y a Nancy y especialmente al señor Ampuero que nos guío en la montaña en medio de la oscuridad y a Luis Torres, Julián Riva, José Torres, Juana Torres, Linoria Rodríguez y familia, a José Hidalgo, Segundo Baca, Víctor López, Mario Villa, Cesar Castro, Eduar Torres, Gerardo Alva, José López, Agripino Rojas, Segundo López, Ovidio Dávila, Máximo Portocarrero, Martín Loja, Rosa Salazar, Filomeno Mas, María de los Santos López y Felix Tafur.

A las familias de Achamal: Elvia Trigozo, Alfonso Trigozo, Esther Trigozo, Jose Occ, Amadeo Hernández, María del Carmen Fernández, Francisco Tuesta, Mariza Tuesta Tuesta, Maximiliano Hernández, Luis Yalta, Teófilo Izquierdo, Hilmer Fernández, Linoria Torres, Eliades Rivas, Vladimiro Trigozo, Angélica Hernández, Armando Rodríguez, Leni López, Deciderio Novoa, Rosa Rodríguez,

Priciliano Tuesta, José Aguilar, Miselino Tuesta, Anaximandro Tuesta, José Calderón, Irma Occ, Víctor Tuesta y Luzbeth Occ.

A Las familias del Guambo: Agustín Cruzado, Leoncio Rodríguez, Lorenza Guevara, Francisca Vásquez, Antonio Mejía, Simón Oyarce, Eduardo Oyarce, Carlos Huamaní, Cesar Vásquez, Huamán Vásquez, Octavio Vilchez, Ramiro Orrillo, Aurelia Paredes, Valentín Vásquez, Pascual Oririllo, Alejandrina Rodríguez, Abner Vásquez, Wilfredo Oyarce, César Rodríguez, Faustino Huamán, Oscar Orillo, Alejandro Cruz, Homero Vilchez, Juan Rodríguez, Oscar Castro, Inocente Rodríguez y Cristóbal Rodríguez.

Agredecemos a todos las familas que nos apoyaron durante los trabajos del campo.

En Lima agredecemos sinceramente a Kirsten y Hugo Palma por su hospitalidad y amistad excepcionales durante muchos años y por darnos el acceso al Archivo del Ministerio de Relaciones Exteriores Exteriores.

La directora del proyecto desea agradecer especialmente a todos los participantes valerosos : Manuel Calderón Silva, Ysabel Diaz Valencia, Kim Alan Edmunds, Carolina Espinoza Camus, Dante Hernández Prieto, Mikael Kamp Sørensen, Segundo Leiva Gonzalez, Rómulo Ocampo Zamora, Víctor Peña Huaman, Víctor Quipuscoa Silvestre, Vivian Rose, Susana Sanchez Ocampo, Mark Strarup Jensen, Arturo Tandaypan Villacorta, Lars Henrik Thrane y Ceci Maribel Vilchez Toribio, que se atrevieron a soportar el trabajo en el campo. Cada uno contribuyó a los módulos del proyecto.

Pròlogo

Durante un viaje de investigación en 1997, al pasar por el Río Huambo, un área aislada en el noreste del Perú en la Ceja de Selva, me sorprendí de ver viviendas y una excesiva deforestación en una zona que según el mapa oficial del Perú parece estar deshabitada.

Este hecho despertó mi curiosidad por la historia y el desarrollo humano de la zona.

La excesiva tala de árboles en las laderas del valle por parte de los colonos, con el propósito de conseguir tierras de cultivo, expone el área a la erosión del suelo, así como lo hacen las lluvias de la zona, que son muy intensas y devastadoras. Durante el año los niveles de precipitación son altos, con mayor intensidad en los meses de enero, febrero y marzo, cuando los ríos aumentan enormemente. Aún en la época de menor precipitación los ríos son difíciles de cruzar debido a la fuerte corriente.

Mis experiencias previas de investigaciones basadas en caminatas a través de chacras tórridas y ríos turbulentos por caminos de barro en cuestas escarpadas de la montaña, no me impidieron perseguir el proyecto de levantar fondos para realizar un estudio interdisciplinario en estas regiones olvidadas.

Mi objetivo era analizar el uso y manejo del ambiente desde la prehistoria hasta las épocas actuales, y promover la conservación de la diversidad biológica fomentando patrones culturales de cordialidad y amistad con la naturaleza que contribuyan al desarrollo económico.

El paisaje es parte de la historia, testimonio de las actividades del ser humano. El uso de los recursos naturales es una llave para comprender las tendencias que a largo plazo han creado el ambiente de hoy.

Un análisis ambiental históricamente informado, basado en estudios regionales, ofrece así una oportunidad importante para comprender las formaciones del paisaje.

Inge Schjellerup

Introducción

La Ceja de Montaña ha estado al margen de la corriente principal de la investigación científica y nunca ha sido objeto de mucha atención. La investigación con perspectiva histórico-ecológica es de extrema importancia para entender el desarrollo del paisaje y de las actividades humanas durante el tiempo. La carencia de datos empíricos en las oficinas gubernamentales, departamentales y provinciales del área geográfica proporcionó la justificación para conducir un estudio multi e interdisciplinario que abarcase las disciplinas de arqueología, antropología, botánica y geografía.

El presente libro es el resultado de nuestras investigaciones, realizadas entre los años 2000 y 2003.

Los datos históricos provienen de la Biblioteca Nacional de Lima, del Ministerio de Asuntos Exteriores, Sección de Límites, Lima, y del Archivo de la Municipalidad de Chachapoyas y el Archivo Arzobispal, Chachapoyas. Los trabajos de campo fueron realizados de agosto a octubre de 2000 y de agosto a noviembre de 2001 en la cuenca del río Huambo y en La Meseta, que comprende llanuras y colinas en las provincias de Huallaga y Rodríguez de Mendoza en los departamentos de Amazonas y San Martín.

Realizar investigaciones científicas en el área requirió expediciones cuidadosamente preparadas, pues no hay caminos ni redes de comunicación. Todo el viaje se realizó a pie por caminos pantanosos, arcillosos y cuestas escarpadas en las montañas, a través de la densa vegetación, donde las lluvias torrenciales a menudo imposibilitaban el trabajo. Se efectuaron también travesías peligrosas de varios ríos. En el área abundan, además, las serpientes venenosas. Por fin, la obtención de los permisos necesarios fue una innecesaria molestia burocrática.

El objetivo principal del estudio era identificar cambios en los sistemas de utilización de los bosques húmedos montanos orientales del Perú. Esto implica la transición de un sistema tradicionalmente balanceado al moderno, y sus efectos ecológicos.

La hipótesis de trabajo incluyó los componentes siguientes:

·Los recursos naturales (flora y fauna) en que se desenvuelven las culturas humanas son parámetros importantes para la comprensión de la organización física y social y para entender el espacio de actividad humana dentro sus asentamientos.

·El conocimiento de la geografía local combinado con la investigación de campo antropológico y arqueológico es indispensable para tratar de comprender las condiciones locales en relación con las evidencias históricas.

·La utilización de recursos naturales específicos determina la extensión geográfica de cada cultura en las diferentes zonas ecológicas, pudiéndose establecer límites entre ellas.

·Los cambios en la utilización de los recursos corresponden a cambios en las estructuras económicas y sociales de la cultura o la sociedad dominante.

·Las nuevas estrategias para la utilización de la tierra se desarrollan como consecuencia de cambios climáticos y presión poblacional.

La historia de las relaciones entre el hombre y su ambiente es esencial para entender los cambios y proporciona información sobre los procesos y la importancia de acontecimientos climáticos y biológicos (como terremotos, huracanes, enfermedades) o acontecimientos políticos (como leyes, guerras y demás).

Las historias del uso y manejo del suelo, "historias de vida", pueden identificar los acontecimientos y las condiciones locales que forman los procesos en las estructuras locales y que regulan el uso de los recursos. Las investigaciones sobre cambios en la cobertura vegetal y el uso de la tierra, tienen el potencial de revelar el carácter dinámico y la complejidad de las condiciones humano-ambientales. Careciendo de una perspectiva cronológica en la investigación, muchos botánicos tienen una visión de la cubierta vegetal de los bosques de las montañas del este de los Andes como vegetación virgen, cuando en realidad son bosques maduros, a menudo resultado de un uso humano ancestral.

A pesar de la multiplicidad de estudios sobre los cambios recientes que han sufrido los grupos nativos de la Amazonia en sus condiciones socio-políticas y sobre el deterioro de los paisajes, hay asombrosamente poca relación entre la investigación basada en estudios históricos incluyendo la ecología terrestre y los estudios de los cambios globales del medio ambiente.

¿Pero qué sabe la historia de las actividades humanas anteriores en la región?

Estudios recientes (Schjellerup 1997) demuestran que entre los siglos IX y XV, la etnia de los Chachapoya desarrolló su propia organización socio-política y estableció poderosos curacazgos en asentamientos organizados jerárquicamente con construcciones monumentales. La mayoría de los asentamientos de los chachapoya están ubicados en posiciones estratégicas como en las cimas de las montañas, sobre las rutas de comunicación, a lo largo del curso de los ríos y en los fondos de los valles. Los Chachapoya utilizaban las zonas ecológicas superiores para la producción de tubérculos.

Todavía no tenemos información sobre la distribución exacta de la cultura chachapoya en el nororiente del Perú.

La conquista Inca y el período de colonización que precedió a la conquista española, significó muchos cambios para los Chachapoya. El paisaje se modificó con los nuevos estilos arquitectónicos y el énfasis de los cultivos se puso en otra zona ecológica. Este breve intermedio de aproximadamente 60 años, tuvo severas consecuencias para la población y su subsistencia, pero no tenemos conocimiento preciso de la manera como fueron introducidos los cultivos y los asentamientos (Schjellerup 1997).

Las actividades económicas y políticas españolas - después de los primeros años turbulentos de la conquista - devastaron el sistema nativo. Una declinación drástica de la población combinada con la introducción de cosechas nuevas y animales, y las nuevas demandas de tributo cambiaron una vez más el paisaje, como nuestros estudios en los archivos han revelado.

Las modificaciones ambientales no estuvieron limitadas a los tiempos coloniales españoles. Hoy los cambios de densidad demográfica, los patrones de asentamientos y la imprevisión de la producción de los cultivos constituyen riesgos agrícolas y sirven de impulso para nuevos cambios.

Este libro busca dar información detallada sobre la población y sus procesos de migración desde el antepasado a la actualidad en la cuenca del río Huambo y en La Meseta, y su impacto en la tierra.

El primer capítulo da una introducción general a las áreas de estudio geografía, geología y topografía, y a los temas del clima, la vegetación, la población y la utilización del suelo.

El segundo capítulo discute las actividades humanas en tiempos prehispánicos. Se presentan veintiséis sitios arqueológicos nuevos desde el Intermedio Tardío (aproximadamente 1000-1470 AD) y el Horizonte Tardío (1470 – 1532 AD) y se describen los restos encontrados de las culturas de los Chachapoya y de los Incas. Análisis del polen dan evidencia de los cultivos en los andenes.

El tercer capítulo se dedica a la historia de la colonización desde período colonial hasta hoy. La colonización se considera como establecimientos de áreas previamente deshabitadas o escasamente pobladas. La información se basa en documentos históricos inéditos y libros de viajeros publicados por viajeros y científicos entre los siglos XVI y XX.

El cuarto capítulo describe y analiza la situación contemporánea con base en la investigación antropológica. Temas como infraestructura, población y religión, actividades socio-económicas y uso de recursos naturales se describen con reflexiones sobre las opciones estratégicas con sus causas e implicaciones. Es esencial efectuar evaluaciones más exactas y pormenorizadas de las zonas de recurso y de su resistencia como zonas de recurso para una gama más amplia de actividades.

La investigación botánica se presenta en el capítulo cinco. El análisis de la vegetación de los bosques maduros y secundarios y alrededor de los sitios arqueológicos, de cultivos y plantas silvestres, es de importancia fundamental para la conservación y para las perspectivas de conservar la diversidad biológica en las áreas maduras restantes. Alrededor de 10 especies resultaron nuevas para la ciencia. Se describe también el uso humano de los recursos naturales, la etnobotánica, con el apoyo de la investigación antropológica.

El sexto capítulo trata de los cambios en el uso de la tierra y de los grados de deforestación a base de análisis de imágenes de satélites y datos adicionales recogidos en el campo. Las imágenes de satélites se han convertido en mapas temáticos de la utilización de la tierra y el desarrollo de estas clases se analiza en el período de 1987 a 2001. Se ofrece un cálculo de los grados de deforestación para las distintas áreas, analizando la influencia del terreno y de la infraestructura.

En el capítulo final se evalúan y se analizan los datos y la evidencia proporcionada por la arqueología, la antropología, la botánica y la geografía. Ha sido identificada la relación nunca constante entre el hombre y su ambiente, con la utilización variante de la tierra a través de los tiempos. Con el foco diacrónico los cambios recientes han dado una dimensión cronológica a la formación cultural y natural del paisaje que apoyará a los planificadores locales y gubernamentales en sus futuros proyectos de desarrollo.

5-9-2001

Capítulo 1: Introducción al área de investigación

Geografía

El área de investigación está situada en el norte del Perú en aproximadamente 6° 05 ' S, 77° 30 ' W en los departamentos de Amazonas, San Martin y la Libertad (Fig. 1). Es parte de la zona húmeda de bosque montañoso del Perú que se extiende en una dirección aproximadamente norte-sur en las cuestas orientales de los Andes. Según Young y Leon (1999), esta zona representa algo del último yermo forestal en América del Sur, y el área se considera de importancia global para la diversidad biológica (Young 1992; Young & Valencia 1992; Young 1995; Kessler 1999; Young & Leon, 1999). Sin embargo, la migración humana a la zona de bosque montano ha aumentando en los años recientes, ejerciendo cada vez más presión en los recursos naturales (Borgtoft et al. 1998; Schjellerup et al. 1999, Young & Leon 1999; Schjellerup & Sørensen 2001).

El área de investigación cubierto por la campaña del campo está situada alrededor de un transecto de aproximadamente 90 kilómetros entre las capitales distritales de Rodríguez de Mendoza en el norte y Bolivar en el sur (Fig. 2). En el centro de este transecto, el área medular del estudio cubre un área de aproximadamente 590 km² (12 x 50 kilómetros) y se divide en dos regiones geográficas separadas por el Río Jelache. La parte norte y sur de la cuenca de Río Huambo, mientras que el área meridional constituye parte de la cuenca del Río Jelache; llamado también río Verde, porque las aguas en

Fig. 1. Mapas de América del Sur y del Perú. El rectángulo muestra la localización del área de investigación. // Maps of South America and Peru illustrating the location of the investigation area.

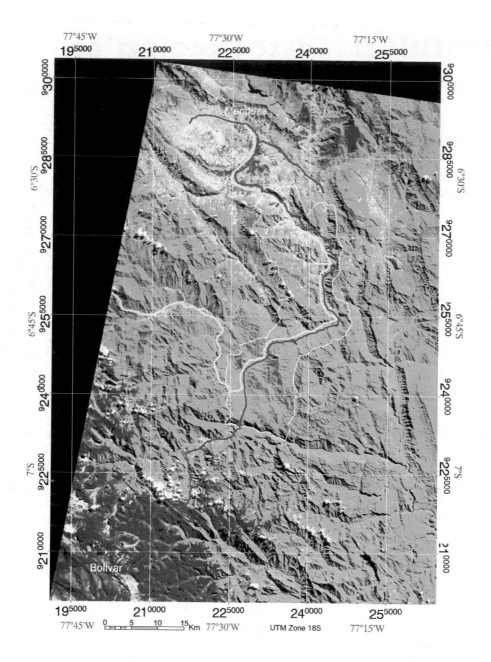

Fig. 2. *Mapa del área de investigación. La parte central de investigación está demarcado por el polígono blanco, mientras las rutas seguidas por el equipo de investigación está ilustrado por la línea amarilla (2000) y la línea roja (2001). Las capitales regionales de Rodríguez de Mendoza (Amazonas) y Bolívar (La Libertad) están marcadas también. // Map of the investigation area. The central investigation area is denoted by the white polygon while the expedition route travelled by the research team is illustrated by the yellow line (2000) and the red line (2001). Also, the district capitals of Rodriguez de Mendoza (Amazonas) and Bolívar (La Libertad) are shown.*

conjunto se observan de color verde, posiblemente por la presencia de algas en el fondo del río.

Políticamente, la parte norte del valle de Huambo refiere a la provincia de Rodriguez de Mendoza en el departamento de Amazonas, mientras que la parte meridional pertenece a la provincia de Huallaga en el departamento de San Martín. Existen una docena de caseríos de 5-50 casas individuales en el área.

Topografía y geología

La zona de bosque húmedo montano del Perú es caracterizada por escarpadas gradientes de elevación y valles profundamente escindidos que bajan de la Cordillera Oriental hacia las tierras bajas de Amazonas (Fig. 3). Los valles principalmente son de forma V, indicando que procesos fluviales son los principales agentes geomorfológicos.

El río Huambo atraviesa la parte norte del área de investigación con elevaciones que se extienden a partir de 800 msnm hasta 2600 msnm en las crestas. Numerosos valles laterales en el presente constituyen una dendrítica red hidrológica.

En la parte sur del área de investigación, la topografía es menos pronunciada y la altitud promedio es aproximadamente 2000 msnm con las elevaciones más altas también acercándose a los 2600 msnm.

La geología en la zona del bosque montano se compone principalmente de rocas paleozoicas dobladas, y metamorfoseadas con piedras calizas cretáceas y terciarias entremezcladas. En el área de Huambo la roca firme se compone sobre todo de elementos carbónicos, pérmicos y triásicos (Jimenez et al. 1997). Alrededor del punto de entrada del valle en Achamal, la formación Mitu se compone de conglomerados. Los clastos principalmente consisten en piedra arenisca y rocas metamorfoseadas mientras que el sur adicional en los clastos del valle son intrusiones predominantes genésicas o andesitas de origen volcánico (Jimenez et al. 1997).

Los suelos en el valle de Huambo tienen un alto contenido de arcilla, pero generalmente contienen una gran proporción de detritos de roca; sin embargo, en algunos lugares, los suelos son calcáreos.

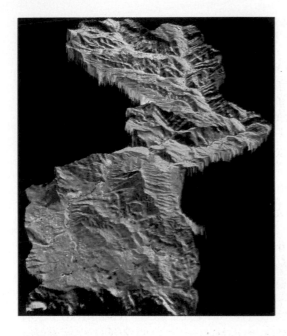

Fig. 3. *Imágen 3D de la parte central de investigación. La topografía en la parte sur (La Meseta) es menos inclinado que el valle de Huambo en el norte. // 3D image of the central part of the investigation area. The topography in the southern region (La Meseta) is less pronounced than in the Huambo Valley in the north.*

Clima

Toda la zona del bosque montano oriental del Perú es caracterizada por una carencia de datos sistemáticos de clima (Young y Leon, 1999). Mapas generales de clima indican una gama de temperaturas promedio de 15º-22º, y esta variedad*36 es confirmada por observaciones de campo (véase capítulo 5) y entrevistas con la población local (Schjellerup et. al. 1999).

Los niveles de precipitación anual son de aproximadamente 2500-3000 milímetros (Young y Leon 1999), aunque según Johnson (1976) la precipitación excede los 7000 milímetros en ciertos lugares. Hay una distinta variación estacional en los niveles de precipitación, con una estación de lluvias de setiembre - abril y un período más seco de mayo y agosto.

Vegetación

Aunque la parte dominante del área es cubierta por bosque maduro de hoja perenne, las pronunciadas gradientes altitudinales producen una variedad de tipos transitorios de vegetación (Fig. 4). La zona de bosque montano del Perú se cracteriza por altos niveles de biodiversidad debido a la transición entre especies alpestres en la Jalca o el Páramo (áreas de montaña)

20

y la composición tropical de las especies que se encuentran en la tierra baja de Amazonas (Gentry 1992; Young y León 1999).

El bosque tropical montano se encuentra en todas las elevaciones del área; sin embargo, en la mayoría de las crestas sobre 1800 msnm especies de bambú (chontales) o helechos (chozales) dominan. Como resultado del uso de la tierra humano en los valles, muchas áreas cerca de los ríos o las quebradas han sido rozados y participan en un patrón rotatorio de agricultura de subsistencia. El paisaje vegetacional es así un mosaico de unidades pequeñas de bosques secundarios de varias edades, huertas y chacras de cultivos, pastos y áreas recién rozadas.

Población y uso de la tierra

Las primeras notas del establecimiento humano y agricultura de subsistencia en el área de Huambo son documentados desde la última parte de siglo XVII por las monjas franciscanas (véase cápitulo 3). Recientes investigaciones de campo en el área han documentado la existencia de ruinas y andenes de los Incas, confirmando la presencia de actividad

Fig. 4. *Niebla de mañana que se levanta en el valle de Huambo cerca de Luz del Oriente. // Morning mist rising up the Huambo Valley at Luz del Oriente. Foto K. Edmunds.*

humana en el área por siglos (Schjellerup et. al. 1999; Schjellerup y Sørensen 2001).

La agricultura de subsistencia sigue siendo el predominante uso de la tierra en el valle de Huambo, mientras que el área de Río Jelache en gran parte ha conservado su carácter maduro. No hay actividades madereras presentes en las áreas, como no hay infraestructura para apoyarla. Una red de caminos de herradura es la única conexión física entre los caseríos en el área.

Sin embargo, en años recientes se ha visto un aumento profundo en la migración de las montañas andinas hacia la zona del bosque montano (Young y Leon, 1999). En el valle de Huambo, la agricultura de subsistencia está siendo reemplazada por la introducción de cultivos comerciales (sobre todo café orgánico) y crianza de ganado; complementándose con los cultivos tradicionales; yuca, plátano y maíz. Imágenes satelitales confirman que las tasas de deforestación son extremadamente altas, que acrecientan la degradación y la destrucción de los habitat de la flora y la fauna.

Capítulo 2: La Pre-Historia

- Actividades pre-Hispanicas en la cuenca del río Huambo y en La Meseta.

La parte noreste del Perú es una de las regiones que raramente ha sido estudiada a pesar de los vestigios arqueológicos extraordinarios representados por la arquitectura monumental, sistemas de andenes, caminos antiguos y una gran variedad de tumbas desde el Horizonte Medio (800-1000 AD), Intermedio Tardío (1000-1400 AD) hasta el Horizonte Tardío (1400 –1532 AD). Solamente se han realizado algunos estudios sobre la prehistoria de la Ceja de Selva por lo que aún muy poco sabemos para entender el desarrollo cultural.

Las investigaciones arqueológicas realizadas en los años 2000-2001 fueron una continuación de las investigaciones realizadas anteriormente en las cercanías de la Sierra y Ceja de Selva Alta (Schjellerup 1985, 1992, 1997) donde la finalidad fue estudiar la colonización humana, el patrón poblacional en el bosque montano y las relaciones entre la Sierra y la Selva.

Los sitios arqueológicos

La investigación fue realizada desde el sur hacia el norte para combinar los sitios ya reportados y estudiados por Schjellerup (1985 y posteriores) (Fig. 6).

Sitios arqueológicos en La Meseta

La Ribera

En los acantilados de peñas calizas se encuentra un muro de piedras talladas de 4 m de altura a 6°51'92" S y 77°29'80" W c. 20 metros sobre el Río Ribera en la altitud de 2060 m. Por arriba las piedras son puestas como un borde en ornamentos cuadrados igual como alrededor de una de las casas circulares en la Peña Calata (Schjellerup 1997) (Fig. 5). Encima del muro (ancho 6,10 m) se encuentran restos de tumbas totalmente destruidas con fragmentos de huesos humanos y un fragmento de un palo de chonta. Según los vecinos han encontrado fragmentos de plata, quartzo y cerámica. La construcción funeraria es de la cultura Chachapoyas.

Inka Llacta (I.LL 010)

Esta construcción Inca está ubicada en La Meseta, en la provincia de Huallaga, departamento de San Martín, a 6°53'58" S y 77°27'53" W a una

Recuadro 1 - Metodología

La metodología de investigación consistió en: prospección, levantamiento planimétrico, registros, excavaciones, muestras de polen, trabajos de gabinete y elaboración de planos.

La primera estuvo basada en una prospección sistemática en la densa selva montañosa y en los asentamientos contemporáneos. Esta actividad se realizó a pie para bosquejar la ocupación pre-hispánica a lo largo de los sistemas ribereños del río Huambo y parte de la vertiente del río Jelache en la Meseta.

Con la ayuda de la información que nos dieron los diferentes pobladores y con el GPS se ubicó las coordenadas de cada sitio prospectado. También se hizo uso de la carta nacional Huayabamba 1457 (14-i) la que desafortunadamente tuvo muchos errores referente a los ríos, las quebradas y a los asentamientos. Registramos veintiséis sitios arqueológicos nuevos, con características y tamaños diferentes que consisten en: asentamientos, estructuras solas y en grupo, sistemas de andenería y centros ceremoniales del Intermedio Tardío y Horizonte Tardío, ninguno de los cuales estaban registrados anteriormente en el registro del Instituto Nacional de Cultura. Ahora cada sitio cuenta con su ficha y su código respectivo.

Usamos brújulas, winchas y teodolito para hacer el levantamiento planimétrico de los sitios. En algunos de ellos fué muy difícil por lo espeso de la vegetación.

En Inka Llacta realizamos excavaciones, recogiéndose muestras de polen al igual que en Inka Llacta y Pata Llacta. Los trabajos de gabinete comprendieron la elaboración de los planos y dibujos de la cerámica.

altitud de 1975 m. El sitio comprende tres sectores: el sitio principal de élite, la estructura de un tampu y dos estructuras. El sitio principal tiene de tres componentes arquitectónicos (I, II y III); con una extensión de aproximadamente 4 ha; de las cuales 3264 m² corresponden a la parte de la élite y 36,100 m² son de andenería agrícola (Fig. 7).

El componente arquitectónico I está físicamente separado de los componentes II y III por un canal que recorre todo el asentamiento de sureste

Fig. 5. La Ribera. // La Ribera. Foto I. Schjellerup

a noreste; éste tiene su curso en una depresión parcialmente natural en la roca pero más allá ha sido cortada y alineada con paredes de piedra en ambos lados. El canal recorre 150 m (1.40 m de ancho) el asentamiento y presenta una diferencia de altitud de aproximadamente c. 10 m de sur a norte con diversas caídas con una profundidad de c. 1 m.

Sector I

Componente I

La parte central de la élite consiste en 18 estructuras habitacionales. La mayoría de las construcciones son rectangulares y cubren un área de 1680 m² [1].

La mayor parte de las edificaciones están ubicadas alrededor de patios pequeños en la típica arquitectura kancha al estilo de los Incas.

La estructura rectangular R.2 es de especial interés porque está construída en mampostería al estilo Cuzco imperial, de una elaborada piedra arenisca de color rojo suave (Fig. 8). Tallaron una línea en la parte superior de las piedras que rodean a toda la construcción. La piedra arenisca no se encuentra naturalmente en los alrededores sino a dos

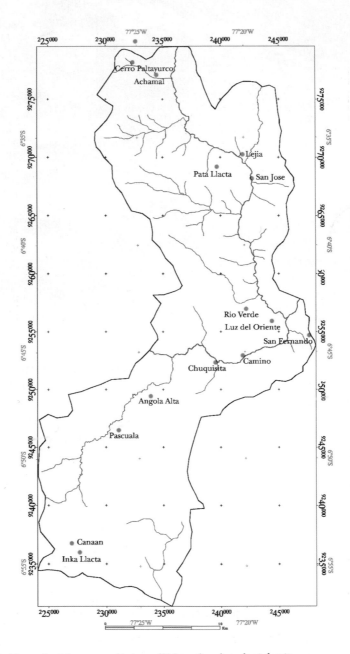

Fig. 6. *Mapa de sitios arqueológicos. // Map of archaeologicla sites.*

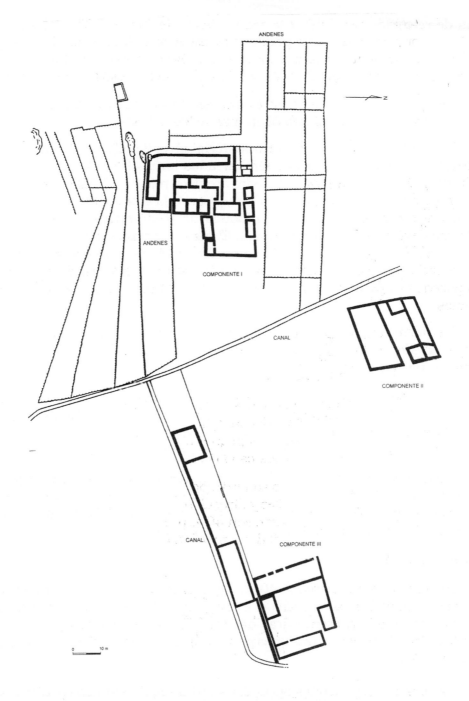

Fig. 7. *Plano de Inka Llacta. Dibujado por V. Peña, A. Tandaypan, I. Schjellerup y L. Thrane. // Plan of Inka Llacta.*

días de recorrido cerca del sitio arqueológico de Pascuala Baja. La entrada (0.70 m) conduce a un patio pequeño hacia el este. Al interior el muro de la estructura presenta una manpostería ordinaria y puede haber estado revestida de barro y tal vez pintado. Se observaron vestigios de nichos.

Desgraciadamente la construcción está muy destruída por el colapso del techo y por el crecimiento de la raíz de los arboles.

La otra estructura de mampostería al estilo Cuzco imperial es la estructura R.16, un baño Inca similar a los baños Inca de Cochabamba y Pukarumi (Schjellerup 1997) de piedra arenisca roja (Fig. 9). El baño consiguió su abastecimiento de agua de un canal sobre la estructura hacia el oeste. Un conducto abierto tallado en bloques de piedras unidas de extremo a extremo llevó el agua de arriba abajo. El baño fué drenado por medio de una depresión cuadrada con un orificio en dirección este, se encontró en muy mal estado de conservación, la parte oriental del baño casi desaparecida y las paredes laterales muy destruidas debido al crecimiento de la raíz de los arboles.

La parte central de Inka Llacta esta rodeado al norte y este por una sucesión de andenería de piedras de diferentes alturas y longitudes construidas según la topografía.

Los andenes más al sur son más largos y estrechos que los andenes del norte. Los andenes más largos del sur miden 110 x 11 m; 80 x 9 m, 80 x 8 m; y 54 x 12 m y los andenes más pequeños: 28 x 5.60 m; 28 x 4.80 m; 24 x 4 m y 17 x 5 m, la altura de estos varia entre 0.80 a 1.20 m.

Hacia el norte los andenes son más pequeños pero más anchos y están construidos en diferentes niveles y direcciones hacia el sur, oeste y este. Las medidas de los andenes del norte son 40 x 10 m; 33 x 7.60 m; 26 x 8 m; 25 x 15 m; 25 x 8 m; 15 x 5.60 m; 8 x 6 m y 7 x 6 m.

Componente II

Al otro lado del canal a 40 metros directamente al este de la parte central de Inka Llacta se ubica el componente II que consiste de una gran plataforma baja con estructuras habitacionales dispersadas y estructuras tipo kancha. Siete construcciones principalmente rectan-gulares más largas son de pirka[2].

Las dos construcciones tipo kalanka (R.6 - R.7) están construidas sobre una gran plataforma[3]. Una escalera ancha y baja con cuatro gradas conduce a la plataforma, mide 3.60 m de ancho x 2.40 m de largo, con escalones de 0,25 x 0.60 m.

Fig 8. *La parte central, R.2 en Componente I, Inka Llacta. // The central elite area R.2, Sector I, Inka Llacta. Foto I. Schjellerup.*

Las otras construcciones cerca de las kanchas (R.1; R.2; R.3; R.4 y R.5) cubre un área de 352.80 m². El recinto 1 destaca por su dimensión y la presencia de 3 accesos continuos en el lado oeste y uno en la esquina noroeste.

Componente III

Hacia 45 m al noreste del centro de la construcción de la élite al otro lado del canal, hay un gran patio (P.2) que está rodeado por dos grandes y tres pequeñas construcciones rectangulares de piedra que cubren una área de 784m²[4]. La abertura que conduce a estas construcciones se ubican al este del patio.

Sector II

Arriba de la principal instalación Inca a una altitud de 2097 m a 6°54'37"S y 77°27'44" W se ubica un recinto rectangular[5] que en realidad es una estructura tipo kancha con un muro de pirka que lo rodea en todos los lados. No se encontró la abertura al norte. El muro que rodea la estructura constituye el muro de atrás de seis viviendas rectangulares y

29

Fig. 9. El baño del Inca. // *The Inca bath. Foto I. Schjellerup*

cuadradas al interior del recinto, la cual tiene un patio abierto al frente hacia el norte. La kancha está dividida por un muro en dos secciones dándole un mayor control al acceso a una vivienda rectangular, más estrecha hacia el sur [6]. Los muros están hechos de pirka con mortero de barro y mantiene una altura de 1.50 m (Fig. 10a).

Sector III

Entre el Sector II y el sitio principal una estructura habitacional rectangular (9 x 6 m) es ubicada cerca de una vivienda redonda (diámetro 8 m) está construida de pirka con mortero de barro. Las paredes tienen mas de 1 m de altura. Las dos viviendas arriba de Inka Llacta parecen hoy aisladas del centro principal pero pueden haber sido postas de control en el camino Inca que conduce a la parte baja al asentamiento Inca (Fig. 10b).

Las tres excavaciones realizadas en el sector I, componente I revelaron que el sitio ha tenido dos ocupaciones pero no estamos en condición de dar alguna cronología. Los hallazgos casi inexistentes de los lugares excavados en la parte de la elite demuestran que el lugar ha sido limpiado cuidadosamente en sus días de función.

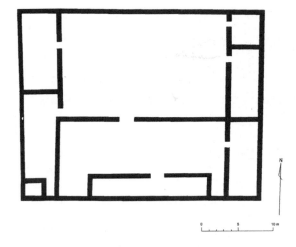

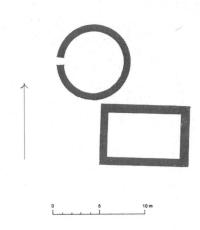

Fig. 10a. *Plan de Sector II . Dibujado por V. Quipuscoa y S. Leiva. // Plan of Sector II.*

Fig. 10b. *Plan de Sector III . Dibujado por I. Schjellerup y R. Ocampo // Plan of Sector II.*

Recuadro 2: Las excavaciones arqueológicas

Se realizaron tres excavaciones en el Componente I en la parte de la élite de Inca Llacta: en el edificio de estilo Cuzco, en el baño y en un pozo de "huaquero" en el patio pequeño afuera del recinto de estilo Cuzco.

Excavación 1

Se hizo una excavación en forma de L desde la entrada de la construcción estilo Cuzco, al interior a lo largo del muro este, de 2.20 m de largo y 1 m de ancho. El objetivo fue buscar la estratigrafía y conseguir vestigios culturales para definir la cronología del sitio.

Se identificaron siete capas de diferente grosor y algunos vestigios culturales. La superficie se caracterizó por una verde vegetación de musgos, helechos, árboles y hojas caídas:

Capa 1: Humus pardo oscuro con piedras cortadas caídas y abundante vegetación.
Capa 2: Suelo grisáceo con lentes rojizos y carbón. Grosor 0.10 m.
Capa 3: Suelo amarillento homogéneo sin material cultural. Grosor 0.25 m.
Capa 4: Suelo grisáceo mezclado con guijarros de río sin material cultural. Grosor 0.05 m.

Capa 5: Suelo amarillento similar a la capa 3 sin material cultural. Grosor 0.20 m.

Capa 6: Suelo rojo homogéneamente fino sin material cultural.

Capa 7: Relleno de suelo amarillento con guijarros de río, subsuelo natural.

La excavación demostró que las capas 2-6 son capas culturales, la capa 6 fue el piso original de la construcción que luego fue cubierto con otro piso color amarillento con pequeños guijarros de río. Luego nuevamente un nuevo suelo amarillento fue puesto encima del nivel de entrada como se ve en la capa 2. De aquí en adelante la construcción fue abandonada y nuevas capas de tierra, palos de la construcción del techo y piedras caídas de los muros cubren el interior de la vivienda.

Excavación 2

La excavación consistió en la limpieza del interior del baño inca R.16, 3 x 3 m. Se registraron cuatro capas.

La superficie consistió de humus pardo oscuro con pequeñas raíces y hojas caídas.

Capa 1: Suelo beige con piedras caídas del lado del baño. Grosor 0.72 m.

Capa 2: Relleno de tierra amarillenta con pequeños guijarros de río, similar a la capa 7 del R.2. Grosor 0.33 m.

Capa 3: Relleno de pequeños guijarros de río dentro del espacio cuadrado al centro del baño.

Capa 4: Los lados de la parte inferior del suelo del baño consistieron en piedras de corte plano donde se encontraron un fragmento de cerámica y un pequeño hueso quemado de venado.

La limpieza del lado oeste sobre el baño mostró la entrada del agua por un canal formado de varias piedras grandes cortado de extremo a extremo en el centro para la fluidez del agua, que cae en el espacio cuadrado en el centro del baño. En algún momento el manantial fue rellenado con una capa de tierra amarillenta (Capa 2) y salió de uso para luego ser cubierto con piedras y vegetación caída.

Excavación 3

Un pequeño pozo de huaquero en el extremo norte de la construcción R.1 pareció tentador para excavarlo y obtener información.

Se excavó 2.40 x 1.20 m hasta la profundidad 1.25 m para obtener una secuencia estratigráfica. La estratigrafía mostró tres capas naturales.

La superficie consistió de humus con ramas y hojas caídas de los árboles.

Capa 1. Suelo grisáceo con escombros de piedras caídas de las paredes de las construcciones. Sin material cultural.

Capa 2. Suelo amarillento con guijarros del río sin material cultural.

Capa 3. Suelo grisáceo compacto sin material cultural.

La excavación demostró dos capas culturales Capas 2 y 3, de las cuales la Capa 3 fue el piso mas temprano asociado con el nivel del piso para construir el patio R.1. Luego una gruesa capa de tierra amarillenta se puso encima para constituir un piso correspondiente al piso amarillento de la vivienda del estilo Cuzco R.2.

No se puede sobreexagerar la importancia de este sitio Inca con la arquitectura imperial del estilo Cuzco en la densa Ceja de Selva. La decisión de ubicar el sitio en la Selva significó el corte de árboles en un área grande y mantener éste libre de malezas y árboles aún en los alrededores.

El sistema de comunicación con chasquis a otros sitios Inca p.ej. Cochabamba hacia el suroeste se ha mantenido en un terreno lleno de jaguares feroces, culebras venenosas y todo tipo de insectos. Probablemente el sitio fue elegido por su geografía sagrada con el canal natural y el continuo abastecimiento de agua en la densa selva. Las terrazas fueron utilizadas para el cultivo de maíz, de las arvejas y árboles frutales tales como el mango y la palta según los análisis de polen. Helechos y musgos eran comunes dentro del bosque, que también parecen haber sido abundantes en la vecindad de las terrazas, incluso mientras que el área fue cultivada no se encontró polen de la coca en el análisis (Cummings 2003). Lo que probablemente indica que no fue cultivado en ese lugar. El cultivo de la coca era de gran importancia para los Incas en sus ceremonias religiosas.

El terreno da posibilidades para la caza de animales salvajes y a las clases de aves con plumas de colores brillantes como los loros que aún se encuentran en la región. Siendo un sitio Inca importante la pregunta es quién fue el Inca que llegó aquí? Puede ser Huayna Capac, durante su estadía en Atuén, para cazar? (Schjellerup 1997). El sitio fue visitado por Inge Schjellerup en 1991 con el descubridor del sitio Don Fabian Añasco.

Fig. 11. Plano de Canaan. Dibujado por V. Peña, I. Schjellerup y S. Ocampo. // Plan of Canaan.

Canaan (C.011)

Los vestigios arqueológicos de un tampu Inca se encontraron en las inmediaciones del centro poblado Canaan en La Meseta, en la provincia Huallaga, departamento de San Martín; a 6°88'78" S y 77°45'98" W a una altura de 1900 m.

El sitio está muy destruído por la moderna colonización del lugar donde la población ha establecido el nuevo asentamiento Canaan en 1999 en el sitio antiguo. Un área de 3.6 ha se libraron de los árboles según el plan urbano del fundador (véase el capitulo de antropología).

El tampu fue construído de forma rectangular, en tres partes con muros doble paramento y 4 estructuras habitacionales al interior y un muro cercándolo con un patio abierto en el cual se ubicaron solo parte de los muros (45 x 40 m). Todos los muros fueron construidos de pirka con mortero de barro. En el extremo oeste afuera del kancha se registró vestigios de una vivienda circular (diam. 13 m) (Fig. 11). No se halló ningún fragmento de cerámica .

El diseño arquitectónico es la evidencia de un tampu Inca mientras que la vivienda circular puede ser la evidencia de la ocupación Chachapoyas según la arquitectura con la base, de la casa, circular.

Pascuala Baja, Sector 1 (P.009) y Sector 2 (P.012)

A un día de recorrido a pie en La Meseta se encuentra el esparcido sitio arqueológico de Pascuala Baja, sector 1, cerca a la tumba del difunto

Don Benigno Añasco (Schjellerup et al. 2000) a 6°48'19" S y 77°26'11"W en la altura de 1765 m. Sector 2 se encuentra al otro lado de un riachuelo noreste de Sector 1.

El sitio comprende elementos arquitectónicos típicos hallados en instalaciones Inca pero las estructuras habitacionales están mas esparcidas, que puede ser porque solamente hemos sido capaces de ubicar algunas de las construcciones en la densa vegetación.

Pascuala Baja, sector 1 consiste de cuatro grupos de vestigios de muros a, b, c y d. Todas las estructuras son construídas en pirka con mortero de barro.

El grupo a (Fig. 12) consiste de dos estructuras rectangulares [7], donde una de las construcciones tiene una extensión cuadrada[8]. Al este de la estructura hay un agujero circular (3.50 m de diámetro). Hacia al oeste se encuentra restos de muro otras dos estructuras de casas. Los muros mantienen una altura de 1.50 m con un ancho entre 0.60 m a 0.80 m y están construidos en pirka con mortero de barro.

Un muro de piedra de 2 m de ancho y 0.90 m de alto se extiende de noreste a suroeste pasando por el asentamiento y probablemente estuvo asociado con parte del muro que se ve en el grupo b.

Se observaron tres filas de pirka en el suelo.

Los grupos b y c consisten de dos grupos de estructuras habitacionales a 40 metros de distancia muy irregulares en su construcción. Se ubican a 6°48'26"S y 77°26'10" W.

El grupo b (Fig. 13) consiste de dos elementos: una estructura tipo kallanka[9] y tres estructuras rectangulares inclinados[10].

El ancho del muro de piedra es de1.50 m y 0.30 - 0.90 m de altura y probablemente estuvo asociado al muro observado en el sector 1.

El grupo c (Fig. 14) consta de tres edificaciones rectangulares[11]. Los muros mantienen una altura de 0.60 m.

El grupo d (Fig. 15) consta del mismo modo de dos edificaciones rectangulares[12], con reminiscencias de una tercera estructura (9.60 x 4.00 m).

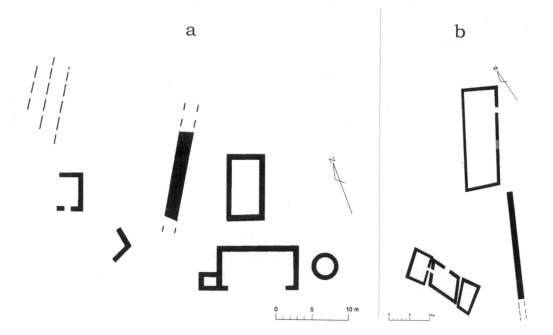

a   **b**

0   5   10 m

Fig. 12. Pascuala Baja, Sector I, Grupo a. Dibujado por I. Schjellerup, L. Thrane y M. Strarup. // Pascuala Baja, Sector I, Group a.

Fig. 13. Pascuala Baja, Sector I, Grupo b. // Pascuala Baja, Sector I, Group b.

Pascuala Baja, Sector 2 (P:012)

Pascuala Baja, sector 2 esta ubicado a unos 500 m al nor este de Pascuala Baja sector 1 al otro lado de un riachuelo a una antitud de 1836 m y consta de dos componentes: una estructura rectangular tipo kallanka orientada de este-oeste de (21 x 6 m) y una estructura tipo kancha orientado en dirección sur-norte (Fig. 16). La kallanka rectangular fue construido con muros de 0.80 m de ancho con piedras talladas grandes y medianas con mortero de barro y mantiene 1.20 m de altura. En la esquina sur-este dentro de la construcción se ubica una banqueta de forma cuadrada (2.50 x 2.50 m) construida de piedras medianas sin mortero. La kallanka esta muy dañada por la vegetación.

La estructura kancha está ubicada a 23 m al este de la kallanka . El recinto rectangular con una sola abertura mide 28 x 8 m. Al interior de la parte posterior del recinto y en ambos lados se presentan tres estructuras habitacionales simétricas (8 x 4.50 m) que conducen afuera a un patio abierto. La abertura de la entrada mide 1.00 m. Los muros están construidos de piedras talladas, grandes y medianas con mortero de barro, los muros internos miden 0.60 m, los muros externos miden 0.90 m. En

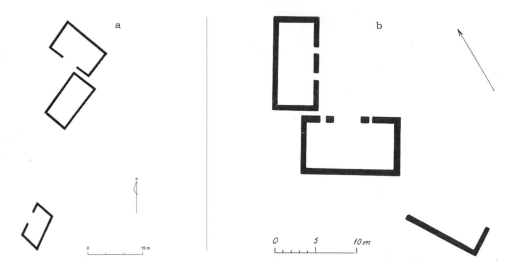

Fig. 14. *Plano de Pascuala Baja, Sector I, Grupo c. Dibujado por I. Schjellerup y V. Peña. // Plan of Pascuala Baja, Sector I, Group c.*

Fig. 15. *Plano de Pascuala Baja, Sector I, Grupo d. Dibujado por I. Schjellerup y V. Peña. // Plan of Pascuala Baja, Sector I, Group d.*

las partes mejor conservadas los muros mantienen una altura de 0.80 m a 1.20 m.

Todas las construcciones del área de Pascuala Baja muestran características de arquitectura Inca aunque no todas están muy bien construídos. Nosotros interpretamos al sitio de Pascuala Baja como un asentamiento Inca que se relaciona por el sur a Inca Llacta y más al norte con los sitios a lo largo del río Huambo.

Angola Alta

Al lado del camino actual que conduce de Pascuala Baja a San Fernando a 6°46'03" S y 77°23'23'16" W a una altura de 1830 m se encuentra un terraplén de tierra redondo que tiene c.30 m en diámetro cerca a un riochuelo. De filiación cultural indeterminado.

Chuquisita A y B (CH.008, CH.013))

Chuquisita A está ubicado a 6°45'29"S y 77°21'13"W, a una altitud de 1100 m. La arquitectura indica que el sitio es de origen Inca.

El sitio presenta las características de un tampu menor con cinco estructuras habitacionales rectangulares construidas de pirka con mortero de barro, sobre un lugar nivelado en la parte superior de un lado

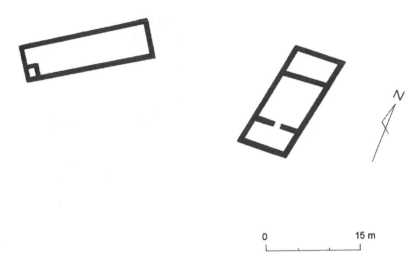

0   15 m

Fig. 16. Plano de Pascuala Baja, Sector II. Dibujado por I. Schjellerup, V. Peña y A. Tandaypan. // Plan of Pascuala Baja, Sector I

del cerro (Fig. 17). Tres de las viviendas son casi del mismo tamaño una frente a la otra en una estructura abierta[13] tipo kancha con una kallanka (20.00 x 8.40 m) hacia el s ur. Una pequeña estructura rectangular (4.65 x 2.65 m) está dividida en dos por un muro. Los muros mantienen una altura de 0.60 - 1.25 m.

Alrededor de Chuquisita A y B se encuentra abundancia de matorrales de coca silvestre en toda la ladera y por debajo una serie de andenes.

Chuquisita B (CH.013)

Chuquisita B se encuentra en la ribera del Río Jelache (Río Verde) a 6°45'35" S y 77°20'07"W, alrededor de 930 m. de altitud.

El sitio consta de andenes de piedra en la ladera del cerro. Las piedras son grandes y están unidas con mortero de barro para darles mayor consistencia y extensión a los andenes.

Se registraron tres segmentos de tres andenes con una altitud de 0.40 m a 0.60 m. Probablemente una gran área de la montaña fue usada para el cultivo de coca en el Horizonte Tardío.

San Fernando (SF.006)

Detrás de un promontorio montañoso de un cerro donde el Río Huambo se une con el Río Jelache y continua como Río Huayabamba se

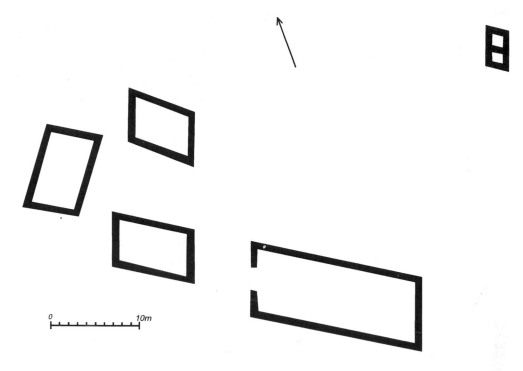

Fig. 17. *Plano de Chuquisita. Dibujado por I. Schjellerup, L. Thrane y M. Strarup. // Plan of Chuquisita.*

observaron varios muros pequeños con estructuras circulares y rectangulares a 6°44'24"S y 77°16'53"W, a una altitud de 1695 m.

Las estructuras circulares miden de 2.80 m a 4.10 m con una altura de 1.60 m. Los muros fueron construidos de piedra con mortero de barro. En la densa vegetación de los alrededores del sitio se observó un muro de 1.50 m de altura y 20 m de longitud.

La mayoría de los elementos arquitectónicos vistos en San Fernando se sabe que proceden de otros sitios arqueológicos tales como Huepon (Schjellerup 1997), que pertenecen a la cultura Chachapoyas. Por lo tanto San Fernando se considera que pertenece a la cultura Chachapoyas con una influencia tardía Inca, ubicado en un lugar extremadamente estratégico sobre la unión de dos ríos.

Sitios arqueológicos en la cuenca de del Río Huambo

Luz del Oriente (LO.007)

Se registró una pequeña sección de un camino prehispánico a lo largo del camino actual que lleva de Luz del Oriente hasta La Unión a 6°44'49"S y 77°19'13"W a una altitud de 1100 m.

El camino empedrado probablemente sale de Valle de los Chilchos y viene detrás del Río Jelache debajo de los extremos levantados del cerro. El camino está parcialmente protegido por la falda del cerro.

Luz del Oriente A (LO.014a)

El sitio contiene un sistema de andenes de piedra en la márgen derecha del Río Huambo, al noreste del anexo Luz del Oriente en 6°44'65"S y 77°18'11"W a una altitud alrededor de los 1500 m.

Seis andenes, cada uno de 1 m de altura, fueron construídos desde la cima del cerro. Los andenes bajan por la ladera empinada al este siguiendo el contorno del cerro con una distancia de 8-12 metros.

Las paredes de los andenes consisten de pirka con mortero de barro. Los andenes están totalmente escondidos y muy destruidos por la densa vegetación lo que conllevó a ser imposible dibujar un plano de su ubicación.

No podemos dar una filiación cultural o datación del sitio.

Luz del Oriente B (LO.014b)

Un sitio similar fue observado con cuatro niveles de andenes planos en el lado derecho del Río Huambo en el anexo de Luz del Oriente a 6°44'48"S y 77°18'39"W en una altitud alrededor 1400 m.

Los andenes formados de tierra están acomodados estrechamente orientados de norte a sur en una colina de la parte inferior del cerro cerca de un desfiladero al oeste. Cada anden mide c. 12 m con una altitura de 1m. Debido al uso moderno de los andenes para el cultivo ellos han perdido su trazo original y función.

Río Verde (LO.005)

Está caracterizado por la presencia de muros de contención que configuran andenes de diversas dimensiones de 1.50 m a 15 m a 6°43'10"S y 77°19'56"W en la altura de 1380 m. Los andenes son construidos con argamasa de barro y conservan una altura de c. 1 m. Están cubiertos por una espesa vegetación.

Pata Llacta A, B, Buenos Aires (B.A. 003)

El sitio arqueológico está ubicado en la parte superior de la ladera del cerro a 6°36'19"S y 77°21'1" W en la altura de 1550 m y consiste en un asentamiento Inca. Pata Llacta A y el susodicho se ubica en andenes de piedra con algunas estructuras habitacionales en Pata Llacta B.

Lo que queda hoy del asentamiento es muy fragmentario pero hay evidencias de un sitio de construcción Inca que combina una gran área de andenería con características arquitectónicas Inca en las estructuras habitacionales.

El complejo Inca está ubicado sobre un área nivelada donde existió material de relleno hacia el norte de la estructura tipo kancha (Figs. 18 y 19). El sitio ocupa un área de 1350 has. Los muros alcanzan una altura de 0.50 - 1.00 m (0.60 m de ancho) y están construidos de pirka con mortero de barro. Las estructuras rectangulares y cuadradas son parte de un tampu Inca incluyendo características arquitectónicas de estilo Inca.

El complejo puede subdividirse en cuatro grupos. El grupo principal de edificaciones comprende una kancha casi cuadrada con cuatro estructuras rectangulares. Dos son asimétricos[14] y los otros dos simétricos (5 x 3 m) ubicados alrededor de un patio cn forma de U.

El segundo grupo consiste de un gran kallanka rectangular (36 x 10 m) orientado de oeste-este; hacia el norte la kallanka se une a una plataforma con una abertura de 1.80 m de ancho.

El tercer grupo consiste de una gran kallanka estructuras rectangulares y cuadradas dispersadas[15].

El cuarto grupo, dos estructuras rectangulares[16] están ubicados al norte del asentamiento. Las viviendas tienen divisiones interiores y están asociados con un sistema de terrazas en las inmediaciones.

Pata Llacta puede ser caracterizada como un clásico tampu Inca ubicado en un sobresaliente natural de una fértil colina. El sitio tiene una ubicación muy estratégica con vista total del lado norte del valle de Huambo.

Fig. 18. *Pata Llacta. Dirección de vista del sur al norte. // Pata Llacta. View direction is from the south towards the north. Foto I. Schjellerup*

Pata Llacta b

Al sur un gran sistema de andenería de piedra se ubica encima del principal asentamiento Inca a lo largo del cerro a 6°36'55"S y 77°19'35"W en las altitudes de 1700-1600 m, y cubre una gran área de c. 8 ha (Fig. 20). La ladera tiene un promedio de inclinación de 20°.

En la parte superior los andenes están escondidos entre las plantaciones de café. Los demás andenes de la ladera están abiertos en terrenos de pasto, usados para el pastoreo de ganado, produciendose asi la destrucción de los andenes. Los andenes siguen la topografía del cerro. Entre los andenes se ubica un grupo de casas rectangulares[17] con doble muro de división sobre un saliente más nivelado, y otras estructuras particulares se encuentran en algunos de los andenes.

San José (S.J. 015)

Al otro lado al este del río Huambo se encuentra el sitio arqueológico de San José ubicado en una gran ribera abierta al río a los 6°36'55"S y 77°19'32"W, a una altitud de 1100 m.

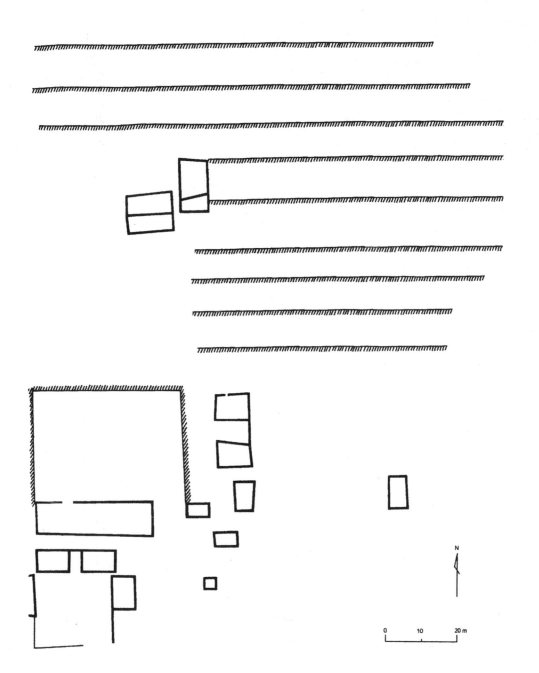

Fig 19. *Plano de Pata Llacta, Sector A. Dibujado por I. Schjellerup, L. Thrane y M. Strarup. // Plan of Pata Llacta.*

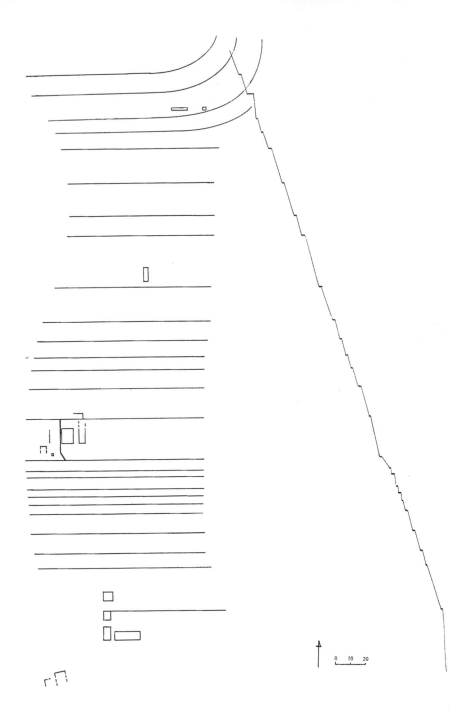

Fig. 20. Plano de Pata Llacta, Sector B. Dibujado por I. Schjellerup. // Plan of Pata Llacta, Sector B..

El sitio es muy fragmentado. Vestigios de algunos andenes con piedras uniformes están mezclados con los depósitos naturales de rocas y peñas. Parte de los muros parecen rodear una plataforma. El sitio tiene un área aproximada de 2000 m². San José puede haber sido uno de los sitios donde una de las tribus mencionados por Tena (1785) tenía su gran galpón (véase capítulo 3).

Lejía A (L.016)

El sitio arqueológico de Lejía comprende dos partes: Legía A a los 6°35'15"S y 77°19'58"W, a una altitud de 1205 m, y Lejía B.

Lejía A es un área pequeña con andenería en tres niveles y ubicada en una estrecha depresión pequeña que bordea un promontorio rocoso pequeño. Los tres andenes están construidos de grandes piedras, y orientadas de este a oeste. A pesar que las ruinas son ubicadas en un área cultivada, están conservadas debido a la cobertura de hierba.

Lejía B (L.017)

Al noreste del anexo Lejía, un área nivelada a los 6°35'50"S y 77°20'00"W en la altitud de 1400 m se ensancha sobre una formación rocosa, que demuestra vestigios de cuatro estructuras habitacionales de arquitectura Inca. Dos de las estructuras habitacionales son cuadradas (4 x 4 m), una es rectangular (20 x 10 m) y la última una estructura circular con un diámetro de 4 m. Los muros están construidos de pirka con mortero de barro y se levantan hasta una altura de 0.40 m y su grosor es de 0.60 m. La mayor parte del sitio esta disturbado, ya que las piedras han sido usadas para la construcción de cercos y casas nuevas. El sitio era probablemente un tampu Inca ubicado en una posición estratégica con vista al valle del Huambo y al sitio de Pata Llacta del otro lado del río.

Achamal A.002

Encima el pueblo de Achamal se encontró un sistema de andenes de piedra a 6°32'23"S y 77°24'20"W, a una altitud de 1650 m.

Los andenes, similares a aquellas halladas en Cerro Paltayurco, están construidos de pirka con mortero de barro y tienen una longitud de 1.50 m hasta 15 m siguiendo la topografía de la falda del cerro (Fig. 21). El ancho de los andenes varia 0.50 a 1 m.

Los andenes deteriorados están ubicados en el abrupto cerro montañoso de Achamal cubierto con densa vegetación y es muy difícil de penetrar. No fue posible dar una filiación cultural.

Cerro Paltayurco (A.001)

Se observó otro sistema de andenes de piedra en la parte baja del cerro Paltayurco, cerca de Achamal a 6°31'43"S y 77°25'34"W, a una altitud de 1890 m.

Los muros de los andenes están ligeramente inclinados al interior dando una mejor estabilidad. Fueron construidas con piedra y mortero de barro. Los andenes tienen una longitud de 1.50 a 20 m y entre 1 a 4 m de ancho y se mantienen en 0.80 m de promedio de alto. No fue posible dar una filiación cultural.

Los propietarios nos dijeron que las terrazas cubren un área de 3 has pero están muy destruidas debido a que el área es usada para el pasto y crianza de ganado en la actualidad.

El Cedro (C.018)

El sitio esta ubicado en el distrito de Milpuc, provincia Rodríguez de Mendoza a 6°30'12"S y 77°25'13"W, a una altitud de 1928 m.

El acondicionamiento natural de peñas, rocas y grandes piedras ha sido hecho en un paisaje cultural donde varias peñas tienen en sus lados

Fig. 21. *Sistema de andenes en Achamal. // System of terraces in Achamal. Foto L. Thrane.*

construcciones trabajadas con piedras. Este sitio arqueológico muy grande comprende áltos muros de piedra, vestigios de estructuras de viviendas redondas, plataformas y cuevas funerarias.

El sitio de Cedro está ubicado en la cima del más alto cerro montañoso muy rocoso que se extiende en dirección suroeste noreste y domina el sistema de valles cerca de Milpuc y Chirimoto. La cima de la montaña fue modificada en una plataforma cuadrada plana rodeada con un muro de piedra de 2 m de altura de con esquinas redondeadas. El ingreso a la cima fue por medio de un estrecho pasaje construido con muros en ambos lados de 1 m de ancho (Fig. 22).

El paisaje rocoso con sus construcciones y muros de piedra tan diferentes de los alrededores dan fe de un paisaje sagrado donde se realizaron ceremonias especiales. Siendo el punto más alto el sitio tiene un panorama y control total de los valles de los alrededores. Una enorme cueva debajo del sitio estuvo llena de huesos humanos destruidos. Una muestra de un omóplato de la cueva dio la fecha de AD 1279 (muestra AAR-7974, AD 1261-1286 (Stuiver et al. 1998) que es según esta muestra de fase media de la cultura Chachapoyas. Aunque no se encontró cerámica en la totalidad del trazo, el carácter de la construcción del muro indica un sitio sagrado de los Chachapoyas.

Chontapampa (CH.019)

El sitio arqueológico Chontapampa está ubicado al este del pueblo actual de Chontapampa, distrito de Omia, provincia Rodríguez de Mendoza a 6°29'17"S y 77°24'23"W a una altitud de 1733 m.

El sitio arqueológico es un gran asentamiento aglomerado con cuevas funerarias dispersas.

Chontapampa está ubicada en la cima de un cerro rocoso con faldas que bajan al oeste y tiene vista total del valle. El cerro esta rodeado con tres muros de piedra encima con estructuras circulares habitacionales. El sitio está totalmente cubierto con plantas *chusquea* sp. por lo que no fuimos capaces de calcular la cantidad de viviendas.

Sin embargo se limpió parte de uno de los muros circundantes, que tiene 2.50 m de altura. Este fue construido con grandes bloques de piedra caliza aproximadamente cuadrada[18] (Fig. 23). En algunos casos es notorio el aprovechamiento del afloramiento rocoso en donde se adosaron los muros para darles mayor estabilidad estructural.

Fig. 22. *El ingreso a la cima de El Cedro. // Entrance to the summit of El Cedro.Foto I. Schjellerup.*

Al sur una parte muy rocosa y empinada del cerro montañoso esta llena con cuevas rocosas naturales que han sido usadas como cámaras funerarias. La abundancia de fragmentos de cerámica desde Chachapoyas Temprano hasta Chachapoyas Tardío fue encontrada en las cuevas.

Chontapampa es muy similar a Huepon (Schjellerup 1997) con respecto a la arquitectura, las naturales grutas rocosas para entierros y la posición estratégica, por lo que no hay duda de clasificar a Chontapampa como un importante asentamiento Chachapoyas.

Cushillo (C.020)

Cushillo pertenece al distrito de Omia a 6°25'58"S y 77°24'96"W a una altitud de 1740 m. El sitio arqueológico está a unas cuatro horas de camino desde la carretera entre Rodríguez de Mendoza y Omia en el lado oeste del río Omia, la cual junto con el río Huamanpata forma el río Huambo.

Una serie de seis plataformas altas amuralladas se levantan sobre una cresta rocosa siguiendo la forma oval irregular de la cresta al frente del promontorio rocoso de la cima del cerro (Fig. 24). El único acceso es

Fig. 23. *Muro rodeando el sitio arqueológico de Chontapampa. // Wall surrounding the archaeological site of Chontapampa. Foto I. Schjellerup.*

por medio de un estrecho pasadizo que asciende hacia arriba de los muros hacia el este. El muro comparte las mismas características observadas en Chontapampa pero con menor corte cuadrado y piedras rectangulares en los muros circundantes (Fig. 25). El nivel superior tiene una longitud de 14 m x 3 a 7 m de ancho rodeado por un muro de 1 m de altura. En este nivel se halló en el sur una pequeña construcción en forma de U amurallada de piedra con mortero de barro.

La segunda plataforma casi circular tiene un diámetro de 17 m y está rodeado por un muro de 1 m de altura. En este nivel se halló en el sur una pequeña construcción en forma de U, amurrallada de piedra con mortero de barro (2.80 x 2 m).

La tercera plataforma debajo del segundo nivel tiene una forma alargada (15 x 5 m). Hacia el oeste de este muro constituyen los límites de la construcción debido a la caída natural de la empinada. Al norte hay otra estructura de piedra (3 x 2.50 m). La cuarta y quinta plataforma fueron construidas al este en forma de media luna (14 x 2 m). Los muros circundantes están construidos de piedras de corte cuadrado y alcanzan una altura de 3 a 3.50 m. La sexta y última plataforma de 3 m de longitud es el límite hacia el este desde donde asciende el acceso a la cima. Al sur y norte, debajo y detrás de la cresta amurallada parecen estar dos pequeñas plazas niveladas. El sitio ubicado estratégicamente tienen vista total del área hacia el este pero debido a su ubicación, sobre una cresta rocosa entre otras dos formaciones rocosas con muchos peñascos, el sitio parece haber tenido un propósito ceremonial y control estratégico, pertenece a la cultura Chachapoyas.

El Aliso (A.021)

El Aliso está ubicado en el lado oeste del Río Huamanpata, tributario principal del río Huambo, cerca del caserío Aliso en el distrito Omia a 6°26'59"S y 77°21'90"W, a una altitud de 1542 m.

El Aliso es un asentamiento que demuestra una gran variedad de estructuras arquitectónicas que han sido adaptadas al cambio de la topografía local (Fig. 19). El asentamiento fue construido en una superficie irregular ligeramente empinada hacia el oeste, la cual fue acomodada con el nivelamiento del terreno y con la construcción de terrazas de apoyo.

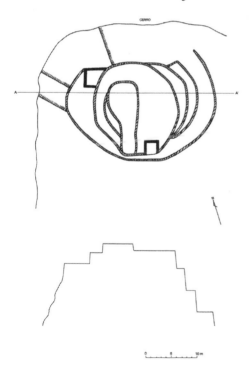

Fig. 24. *Plan de Cushillo. Dibujado por V. Peña y A. Tandaypan. // Plan of Cushillo.*

Fig. 25. *Muros circundantes en Cushillo. // Walls surrounding el Cushillo. Foto I. Schjellerup.*

Los elementos arquitectónicos consisten de estructuras habitacionales solas y agrupados en forma dispersa. En el grupo nuclear se observaron construcciones circulares y en menor grado rectangula-res y cuadradas. Los muros de las viviendas, que mantienen una altura de 0.50 - 1.20 m están hechos de piedra con mortero de barro[19]. La otra parte del asentamiento con similar arquitectura está ubicada en el otro lado, en un pequeño desfiladero. El asentamiento está asociado con un sistema deteriorado de andenes de piedra que siguen la topografía de la ladera cubriendo un área de c. 2 ha. La altura de los andenes es de 0.50 m.

Muchas de las estructuras de las viviendas y andenes han sido demolidas para la construcción de nuevos cercos y viviendas.

El sitio muestra características de las culturas Inca y Chachapoya.

Pampa Vado (P.V.022)

Pampa Vado está ubicada a 6°19'03"S y 77°32'09"W a una altitud de 2150 m al lado de la laguna Huaman Pata cerca al tributario del Río Pampa Vado, en la provincia de Rodríguez de Mendoza. El río Huambo nace en el lago Huamanpata donde toma el nombre del lago y kilómetros más abajo se une con el río San Antonio, de esta unión nace el río Huambo. El lago tiene la característica muy peculiar de ser un enorme lago durante la época de lluvias y llega a ser pantanoso con un profundo arroyo que recorre en el centro del lago. El sitio arqueológico de Pampa Vado tiene todos los elementos arquitectónicos de un tampu inca (Figs. 27 y 28).

El tampu está constituído de un recinto rectangular tipo kancha (35 x 29 m), las estructuras de las casas están construídas con la pared del fondo del muro posterior en un terreno nivelado. Seis construcciones se distribuyen en tres lados del recinto, el más grande se ubica en el muro de atrás hacia el norte[20] . Todas las viviendas tienen sus frontis y puertas abiertas al patio del centro. La entrada (2 m de ancho) al recinto es por el sur. Todos los muros están construidos de piedra con mortero de barro y mantienen una altura de 1.75 m.

Al norte y sur el tampu está asociado con andenes que parecen haber funcionado ya sea para mantener el terreno y para el cultivo. Del mismo modo las paredes de los andenes están construídas de piedra y tienen una altura de 0.80 m a 1 m. La longitud varía de 60 m a 71 m y el ancho de 23 m a 62.50 m.

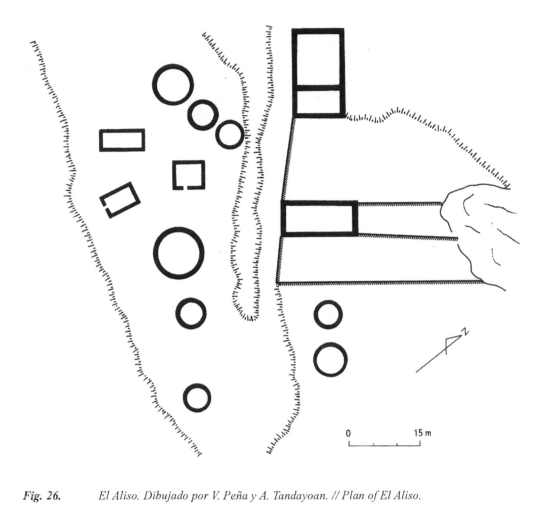

Fig. 26.   *El Aliso. Dibujado por V. Peña y A. Tandayoan. // Plan of El Aliso.*

Iglesia Pampa

Iglesia Pampa es una construcción grande rectangular de pirka a 6°18'49"S y 77°29'10" W en la altitud de 2200 m, mide c. 30 x 10 m. Las paredes tienen una altura de 1- 1,30 m. La construcción está muy destruída y se ubica al lado del camino a la laguna de Huaman Pata en una densa vegetación. De filiación cultural probablemente Inca.

Al lado de la laguna se encuentran más restos arqueológicos en formas de construcciones circulares y andenes pero dispersos y muy destruidos.

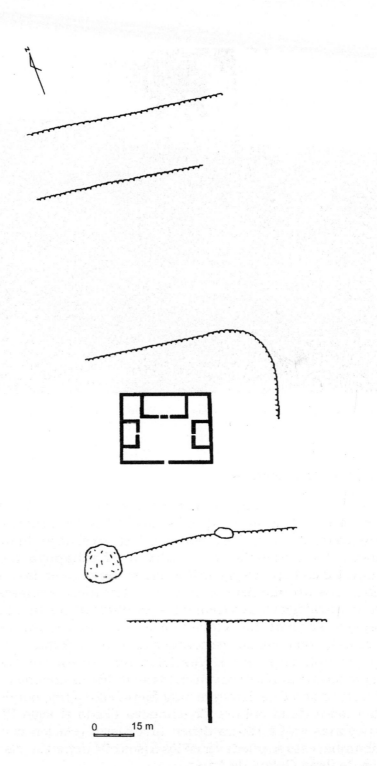

0   15 m

Fig. 27.   *Plano de Pampa Vado. Dibujado por I. Schjellerup. // Plan of Pampa Vado.*

Fig. 28. Inge Schjellerup en Pampa Vado. // Inge Schjellerup in Pampa Vado. Foto V. Rose

El pasado reconstruido

Como no se ha investigado el área antes hemos descubierto y registrado una gran cantidad de sitios arqueológicos en las dos temporadas de campo en la cuenca del río Huambo, desde su origen en el Lago Huamanpata hasta La Meseta. La evidencia de la cultura Chachapoya fue encontrada especialmente en la provincia de Rodríguez Mendoza en las alturas de 1600 m y más. Los asentamientos muestran virtudes seculares, sagradas y posiciones estratégicas. Los elementos arquitectónicos típicos de la cultura Chachapoyas se presentan a tráves de las viviendas circulares con cámaras subterráneas, como las que se conocen en Patron Samana, Pampamarca y Kuelap (Schjellerup 1997). Vestigios de asentamientos y entierros Chachapoyas que también se ven en los acantilados encima de Mito, revelan una concentración Chachapoyas muy fuerte en el área, donde se presentan todas las fases de la cultura Chachapoya desde el siglo IX. Las tumbas chachapoyanas en La Ribera tienen una fuerte relación con el distrito de Chuquibamba, esto se puede ver en los frisos que tienen la misma decoración como los de Peña Calata de Atuén.

Los Incas cambiaron el espacio de su paisaje cultural cuando invadieron las tierras de los Chachapoyas aproximadamente en 1470. Los Chachapoyas pusieron su estampa distintiva en su territorio desde el siglo noveno. Sabemos de la fuerte confrontación entre las dos poblaciones con grandes batallas desde sus primeros encuentros, pero como dirigieron ellos su vida por cerca de 60 años de ocupación Inca, solamente una mayor investigación dará la respuesta.

La fuerte evidencia de los Incas en toda la región en el Horizonte Tardío es sorprendente. Como perlas en un cordel podemos ubicar ahora los sitios Inca desde la Sierra con el centro administrativo Inca de Cochabamba y otras instalaciones Inca cruzando la Cordillera Este, bajando a la Ceja de Selva siguiendo el sistema de ríos desde el río Huabayacu cerca del distrito Chuquibamba y desde Bolívar a lo largo del río Yonan. Caminos del Inca fueron construídos de Caxamarquilla, de Cochabamba y del Valle de los Chilchos a lo largo de los sistemas de los ríos y se juntaron en la unión de los ríos Huambo y Huayabamba, para continuar sobre y a lo largo del río Huambo hasta Huaman Pata y también más hacia el Este.

En todo el Imperio Inca se construyeron varios tampus a lo largo del sistema de caminos Inca y la mayoría de los sitios Inca están en relación con el sistema de caminos, así como los tampus y las grandes áreas agrícolas, donde se modificó el paisaje con andenería en las faldas de los cerros. El análisis del polen dió la evidencia del cultivo del maíz, de *Cucurbita*, del Solanaceae, del *Amaranthus*, de Chenopodiaceae, de Fabaceae y de Mentas en Pata Llacta. Las muestras del polen de Inka Llacta dan a conocer que hubo cultivos de maíz y arveja alrededor de arboles frutales. Desafortunadamente muchas muestras de polen de Inka Llacta estaban en un estado pobre de la preservación. Las chacras abandonadas de la coca regeneraron en bosques con arbustos silvestres de coca cerca del Tampu Chuiqusita, los restos de los andenes Inca probaron ser el área más importante para el cultivo de la coca.

Los sitios Inca tienen un carácter jerárquico observados en los sitios grandes y pequeños, como las instalaciones Inca de Ingapirca, Incencio, Pukarumi (Schjellerup 1997), Inka Llacta y en los otros sitios que hemos encontrado. No todos los sitios Incas son construídos con la perfección e inquietud a otros sitios incas. La presencia de Inca Llacta con arquitectura imperial estilo Cuzco en el centro de la densa Selva nublada demuestra una nueva luz de la conquista y gobierno Inca en esta remota parte del Nor Este del Tawantinsuyo. Aún se necesitan más excavaciones para dar mayor información de la función del sitio.

Los asentamientos Incas son testigos de un hábitat permanente. Están situados en las alturas de 1100 - 2150 m, todos se ubican dentro de la zona endémica de leishmaniasis. Gade (1979, 1999) menciona que los Incas hicieron poco para colocar asentamientos permanentes en esta zona, debido a la enfermedad virulenta. Él menciona ejemplos de documentos tempranos de la post-Conquista sobre gente que cambiaban de puestos entre las comunidades de la Sierra y chacras en la *montaña*, en las áreas tropicales como adaptación especial para hacer frente al factor de la enfermedad.

Los Incas eran de la sierra y no estaban acostumbrados ni al clima ni al ambiente en la Ceja de Selva. Vivían los Incas o quiénes (los mitimaes?) quiénes estuvieron en estos sitios estaban permanentemente o cambiaban de lugar? Si Inka Llacta fué construída como estación para la caza para el Inca Huayna Capac, él probablemente solo permaneció allí por un corto tiempo y dejó el lugar para ser cuidado. El mantenimiento de sitios en los bosques requiere bastante y un duro trabajo. Los rituales del Inca siguieron su calendario especial y tuvieron que ser realizados durante todo el año.

El carácter sagrado del sitio con un canal de agua y las tierras convenientes para el cultivo de maíz y de la coca era un lugar importante en la cosmología de los Incas. Las ceremonias y el trueque del intercambio de regalos pudieron haber ocurrido entre los grupos tribales que vivieron en el área. Los chasquis y los portadores del Inca llevaron los artículos lujosos como pieles de animales silvestres, plumas, y coca de nuevo a la Sierra.

Debe haber existido un contacto constante entre la Sierra y la Ceja de Selva a pesar de ser un terreno difícil por el número limitado de los pasos de la montaña y de las enfermedades. El acceso pre-Hispánico al Este se sabe ahora que ha sido desde Condormarca en Pataz, de Caxamarquilla (hoy Bolivar), de Leimebamba a través del Valle de los Chilchos y de la Jalca Grande. Hemos podido demostrar una interacción fuerte entre la Sierra y el Ceja de Selva vía los sistemas de los ríos en el Intermedio Tardío y el Horizonte Tardío.

No hemos encontrado vestigios de las tribus originales que pertenecían al área (véase el próximo capítulo), los cuales habrían tenido presencia durante los ocupaciones de los Chachapoyas y de los Incas en la región. Cómo era la interacción entre los diferentes grupos en el largo tramo de años? Solo mas investigaciones arqueológicas pueden dar algunas respuestas.

[1] Mediciones: Patio P.1: 15 x 4 m; R.2: 6.80 x 4.80 m; R.3: 5.20 x 4.80 m; R.4: 5.60 x 5 m; R.5: 5.60 x 4 m; R.6: 5.60 x 4 m; R.7: 6 x 4.80 m; R.8: 9.60 x 4.80 m; R.9: 9.60 x 5.20m; R.10: 8.80 x 4.40 m; R.11: 6 x 4 m; Patio P.12: 14 x 14 m; R.13: 6.80 x 3.60 m; R.14: 6 x 4 m; R.15: 4.40 x 3.60 m; R.16: 4 x 2.80 m; R.17: 36 x 4 m; R.18: 7 x 5 m.

[2] R.1: 26 x 8 m; Patio P.2: 19.60 x 18 m; R.3: 9.20 x 4.80 m; R.4: 18.80 x 5.60 m; R.5: 8.50 x 6 m; R.6: 24 x 8 m y R.7: 13 x 9.60 m.

[3] 116 x 12 m, 1 m de altura.

[4] Mediciones: R.1: 25 x 11.20 m; Patio P.2: 12.50 x 10 m; R.3: 6 x 5 m; R.4: 18 x 4.80 m; R.5: 6.80 x 4.50 m y R.6: 6.50 x 5.20 m.

[5] 35.20 x 26.50 m.

[6] Mediciones de las estructuras de las casas: 3.90 x 3.10 m; 10.20 x 3.90 m; 10.80 x 3.90 m; 17.10 x 2.20 m; 2.40 x 1.80 m y 6.10 x 4.90 m.

[7] 9.10 x 5.60 m; 11.70 x 6.00 m.

[8] 2.40 x 2.40 m.

[9] 23.00, 22.00 x 8.80 m; grosor del muro 0.80 m.

[10] 7.40, 7.00 x 5.00, 3.60 m; 8.00, 7.80 x 6.40, 6.20 m; abertura de la puerta 1.40 m, abertura hacia la otra vivienda 0.60 m; 7.40, 6.80 x 5.10, 5.00 m; abertura hacia la otra vivienda 0.60 m; grosor del muro en las tres viviendas 0.70 m.

[11] 13.90 x 8.30 m; 12.70m x 3.60 m y 10 x 5.50 m.

[12] 12.80 x 5.80 m; 12.00 x 5.80 m; abertura de la puerta 0.60 m.

[13] 9.30 x 6 m; 8.95 x 5.75 m; 9.30 x 6.00 m.

[14] 5 x 3.50 m; 7.50 x 3.50 m.

[15] 5 x 4 m; 4.50 x 3.50 m; 3.50 x 2.80 m y 2 x 2 m.

[16] 6.70 x 6 m; 7.50 x 4 m.

[17] 15.80 x 5.20 m; 7.80 x 4.20 m; 5.00 x 4.20 m; 5.20 x 4.40 m.

[18] 0.25 x 0.25 m a 0.40 x 0.40 m.

[19] Medidas de las viviendas V.1: diam. 4.50 m; V.2: diam. 5 m; V.3: diam. 9.50 m; V.4: 6.50 x 4 m; V.5: 5.50 x 5 m; V.6: 9 x 3.50 m; V.7: diam. 7 m; V.8 – V.9: diam. 5 m; V.10: 18 x 9.50 m; V.11: 14.50 x 6 m; V.12: diam. 4.50 m y V.13: diam. 6 m.

[20] 8.75 x 11.25 m; 11.25 x 6.25 m; 11 x 4.50 m; 16.25 x 8.75 m.

27. estrellas muy lucientes, dos de primera magnitud, que la una es de major influencia entre todas las del cielo, entra en la imagen a los dos de Agosto, I sale della a los nueve de Setiembre, adoran estas estrellas, que dicen es tigre, porque les defienda destos animales" (Los Agustinos [1557] Madrid 1916).

El espacio de tierra cultivable no siempre estaba segura. Durante los últimos quinientos años los sismos causaron serios daños sobre los que tenemos información histórica. En 1547 dice el cronista Montesinos:

"Hubo este año grandes terremotos, y se mudaron los campos, hundiéndose algunos cerros, especialmente en la provincia de los Chachapoyas, jurisdicción de Caxamarquilla, en un pueblo llamado entonces Buehumarca se hundió un cerro, y corrió la tierra dél y peñas mui grandes más de legua y media[2], y se llebo casi todo el pueblo y mató muchos indios y á su cura llamado el Padre Pablo Ramírez (Montesino [1640-44] en Maúrtua 1908:181).

Según relatos, los españoles se encontraron con muchas tribus selváticas en esta área en la Ceja de Selva (Fig. 30). Hasta ahora no hemos encontrado noticias sobre encuentros ente los Incas y las tribus selváticas o entre los Incas y los españoles, aunque Garcilaso de la Vega ([1609] 1967) habla sobre la conquista Inca hasta Moyobamba y nuestras investigaciones han revelado bastante presencia Inca (entre los siglos IX y XV) ya que éstos conquistaron los Chachapoyas a partir de 1470 de lo que encontramos evidencia.

"Aquella tierra es muy poblada y los Ingas siempre tuvieron gente de guarnición, porque la gente es esforzada". (Jiménez de Espada 1965) (véase capítulo sobre arqueología).

Por las descripciones tempranas parece que los españoles siempre tomaron la ruta conocida de Chachapoyas a Moyobamba para bajar a la Selva, dejando la área del valle de Guayabamba (ahora Huayabamba) con los ríos tributarios al río Huallaga. Muy poca información escrita se halla sobre los paisajes y los indígenas desde el tiempo de la penetración temprana de los españoles.

Los misioneros de la Merced estaban por la actual provincia de Moyobamba en los 1590 (Fig. 31) (Nolasco 1966), mientras los Franciscanos, y los Jesuitas llegaron más tarde en busca de los infieles a las montañas.

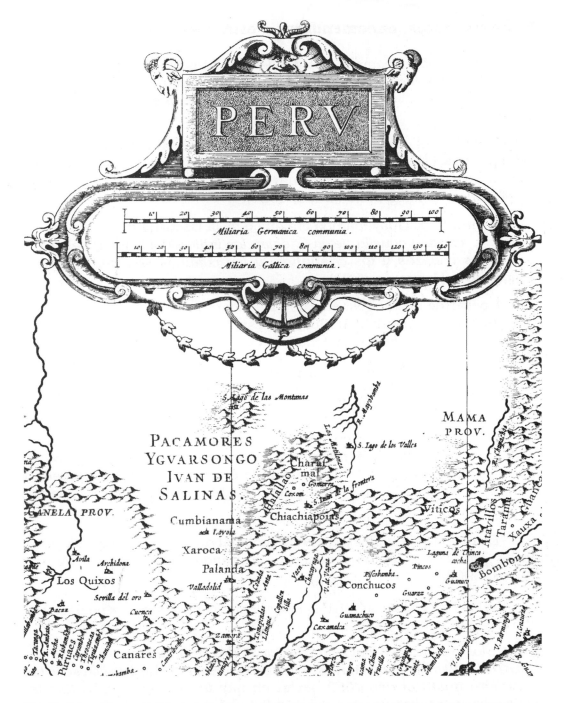

Fig. 29. *Parte del mapa del Perú, J. Hondius c. 1630. Cortesía de Division of Maps, Library of Congress, Washington D.C. // Part of Map of Peru, J. Hondius (c. 1630).*

Repartimientos, encomenderos y estancias

En la lista de encomenderos y repartimientos de 1591 Melchior Ruyz Menor es mencionado como encomendero de Chilimoto (Chirimoto) de Santiago de los Valles (Moyobamba). Moyobamba no era tasado. (Hampe 1979).

Entonces algo de cincuenta años después de la primera llegada de los españoles, éstos se establecieron como dueños de estancias con ganado y caña de azúcar en el valle de Huayabamba, perteneciente a los Valles de Moyobamba (Mogrovejo ([1593] 1921).

El asiento de Guayabamba era abajo de la Doctrina de Taulia en esa época: "...*en toda aquella tierra ... salen los indios Motilones y Jeberos a cortar las cabezas a los cristianos, y los caminos son muy malos y peligrosos*". (Mogrovejo 1921).

A pesar de los riesgos, en 1593 se encontraron en las estancias del Valle de Huayabamba 593 indios, 123 españoles y un sorprendente gran número de 2970 cabezas de ganado.

El pueblo de Chirimoto (donde el río Shocol se esconde) también es mencionado por Mogrovejo. Chirimoto es el pueblo más cercano a una de las entradas al valle de Huambo.

La población indígena en la Sierra Norte y Ceja de Montaña disminuye más rápido por las enfermedades introducidas por los europeos en comparación con el sur del Perú dejando grandes áreas despobladas, y además una gran parte de los indígenas de la Sierra huyeron tierra adentro (Cook 1981).

"*Estuve el padre (Fuentes) en Moyobamba doce días; hay allí pocos indios porque se han ido acabando con grandes mortandades*" (Acosta 1954 [1590]).

En las Historia de las Misiones Mercedarias menciona las poblaciones entre Taulia y Moyobamba:

"...*los poblaciones indígenas de San Pedro de Guamanpata, San Francisco de Illabamba y San Francisco de Yalpac. Administrándola con solicitud y esmero hasta el año 1682, fecha en que las pestes y calamidades extinguieron totalmente tanto a los indios del pueblo principal como a los pertenecientes a los pueblos anexos* ". (Nolasco 1966).

Fig. 30. *Yndios Infieles de la Montaña, Martínez Compañón (1789). // Savage Indians of the Mountains.*

No solo morían muchos habitantes durante las enfermedades en el tiempo temprano de la colonia, si no que continuaron con varias epidemias hasta el siglo XVIII (Dobyns 1963). Esta puede ser la razón porque existen pocos indígenas en el valle de Huayabamba y alrededores y el porque los españoles pudieron comprar muchos terrenos.

En 1678 se encontró un aumento de estancias en el valle de Huayabamba y posteriormente en el valle de Huambo llegó gente de origen español. El valle de Huayabamba ha cambiado de jurisdicción y pertenece a la de Caxamarquilla.

Las tierras de Sachabamba y Manchaypampa y unas lomas y una laguna nombrada Cotal pertenecen a Su Magestad por ser Real engas (Archivo Regional de Chachapoyas, Protocolo 1688). Es una interesante noticia, porque da a entender algo sobre la anterior presencia Inca en la área tal es así que las tierras tienen nombres quechuas de la época prehispánica.

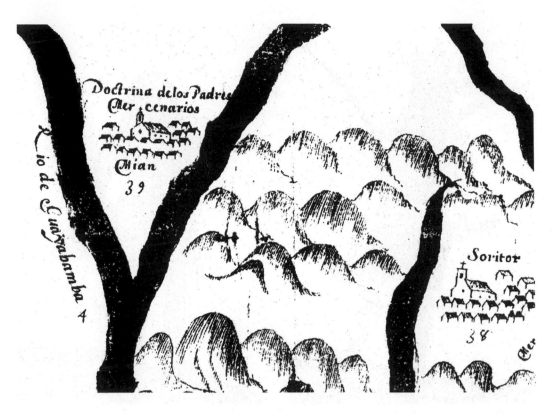

Fig. 31. *Parte del mapa de los Mercenarios en el Perú. Cortesia de Archivo Sección Límite, Ministerio de Asuntos Exteriores, Lima // Part of the Mercedarios' map of Peru.*

En 1688 los tres hermanos Zaramillo compran entre otros lugares un sitio llamado San Juan de Achamal, que está en el paraje de Guambo *"con todo el ganado vacuno, Madres y crias, burros, y cuatro yeguas"* (Archivo Regional de Chachapoyas, Protocolo 1688, F 118). Antes Achamal pertenecía a un Juan de Leiba.

En 1687 el Corregidor Vicente de Bustillos de Chachapoyas hace una numeración de los indios naturales y originarios en el valle de Huayabamba (BNL B 1554). Se encuentran muy pocos indios originarios pero si forasteros de diferentes lugares sobre todo de diferentes partes de la provincia de Chachapoyas: de Guancas, Olleros, La Jalca Grande, entre otros, de Moyobamba y de un pueblo despoblado Mian (Figs. 34 y 35)[3].

Los indígenas y la misión del Padre Alejandro Salazar

Sin embargo cuando el padre Alejandro Salazar, religioso de la orden de San Francisco de Los Doce Apóstoles en 1685 salió de Chachapoyas para la quebrada del río Huambo en la montaña dijo que estaba "*descubriendo el rico valle del Huayabamba*" (Las Casas 1936).

Es así como este valle tan aislado de las rutas conocidas entre Chachapoyas y Moyobamba ha sido olvidado en diferentes épocas, hasta la visita de Raimondi en 1869 (Raimondi 1956).

El Padre Alejandro Salazar salió con esa dirección en Diciembre en la época de lluvia y llegó al río de Huambo pasando las montañas de Quiñamos (así se llaman algunos cerros alrededor el pueblo actual de Zarumilla):

""este día halló la nación de Indios infieles llamados Alones, en un Galpón bien dispuesta, acompañados de su curaca, nombrado Quichaolte, eran cincuenta y nueve chicos, y grandes, gente corpulenta, gente corpulenta, bien agestada, y dispuesta, limpios en su cuerpos, y muy afables. Dia seis acompañado de ellos salió á las cinco de la mañana hasta llegar al pueblo de Choltos cuya nación de gente buen dispuesta, corpulenta, de rostros hermosas, apacibles y rendidos, le salió á recibir espucio de cuatro cuadras allí arrodillados, le dieron el bien venido: el curaca Quillaqui tomó al padre por el mano y le llevó a su Galpon, pusole por delante un montón de piñas fragantes y hermosas, otro de plátanos maduros mas, otros verdes, Yucas, camotes, y otros frutos, que dá la montaña diciendo ser aquello expresión del deseo que tenia de ser cristiano: El Padre los hizo sentar á todos eran ochenta y uno chicos y grandes. Lo más del noche pasó el curaca hablando con el Padre por interprete. El dia siete se levantó capilla, el padre dijo misa, y tomó posesión de aquel sitio en nombre de Su Magestad y de su Santidad; la capilla tituló San Geronimo de Choltos; sitio espacioso en su llanura y deleitable en su vista; siguió viaje acompañado ya de los dos naciones Alones, y Choltos, treparon agrias breñas, y atravesaron quebradas caudolosas: á las tres de tarde vieron con la margen del río Huambo, en el sitio en que tiene puente natural para pasarlo: a las cinco llegaron al pueblo de Cumalyacu, sitio muy fértil y apacible, su llanura á lo largo ocho cuadras, a lo ancho cinco: en la parte baja lo cerca el río Huambo, llamase sitio y quebrada Cumalyacu, los arroyos de la quebrada pasan en el río Huambo el curaca del pueblo llamado Uxxo acompañado de ochenta y siete personas chicos y grandes salió á recibir al Padre y puestos todos en tierra decían repetidas veces, Amigo, Amigo, Amigo, el Padre con cariño los levantó á todos. El curaca tomó al padre de a mano, y lo llevó á su

que había en el pueblo; los indígenas desesperados huyeron buscando el puente para poder escapar a la otra orilla. Al no encontrarlo se arrojaron a la corriente del río con el propósito de cruzarlo a nado y como este río es demasiado torrentoso y caudaloso la mayoría murió envuelto por la corriente.

Una vez destruida la tribu se radicaron en Achamal formando un pueblo, posteriormente construyeron su templo, siendo su párroco el sacerdote Juan de la Cruz Arriaga, quien también atendía a las fiestas que celebraban en los pueblos de Santa Rosa y Cochamal. (Diagnóstico socio-cultural del Distrito de Chirimoto". Provincia de Rodríguez de Mendoza, 1993.)

Otra versión basada en la tradición oral de hoy día dice:

Cuenta la leyenda que en esta zona montañosa, aun virgen, llegaron cazadores de fieras salvajes que poco a poco se fueron ubicando a la margen derecha del río Huambo, en lo que hoy se conoce como caserío de Achamal.

Estos pobladores habían construido una iglesia (se encuentran restos de una construcción) y vivían en paz. Un día llegaron los infieles (nativos) hicieron su casa a la margen izquierda del río Huambo; estos infieles eran de la tribu "Los Coshivos" o los "Orejones" según otras versiones. Sus casas eran de madera, las paredes eran de un árbol llamado Huacra Poma, este árbol es hueco en el centro, se partía el tronco por la mitad y se coloca la madera una junto a la otra amarrados en la parte superior a un tronco, sus techos eran de ramas. Estos infieles fastidiaban a las familias y un día atacaron el pueblo, cuando todos estaban reunidos en la iglesia, los infieles mataron a todas las personas; sólo una mujer logró escaparse, esta mujer fue llevada al bosque y obligada a vivir con los infieles, después de un tiempo logró escapar de ellos, pero los Infieles, fueron en busca de ella dentro del bosque oliendo sus huellas. La mujer logró esconderse en el fondo de una poza de agua en la quebrada que hoy lleva el nombre de Warmi Yacu esta mujer dio aviso a los pobladores vecinos del ataque. Un grupo de hombres armados salió en busca de los infieles. Los infieles ante el ataque de los hombres, huyeron y se internaron en el bosque y hasta la fecha no se sabe de ellos. (Reodórico Torres, 2000)

Las dos tradiciones tienen mucho en común: La presencia de indígenas en la memoria de la población actualmente mestiza, y un ataque de los indígenas a una iglesia, donde muere mucha gente. Una mujer indígena o española que escapó. El remolino de la quebrada de Warmi Yacu ya no existe por un derrumbe. En Achamal nos mostraron un lugar con muros bajos cubiertos con hierbas diciendo que este era el sitio de la iglesia, pero había probablemente una capilla antes. ¿El incidente debe haber sucedido alrededor a los fines del siglo XVIII?

Fig. 32. *Indio de la Montaña cazando quadrúpedos. Martínez Compañón, 1787. // Mountain Indian hunting.*

Fig. 33. *Fiesta de Yndios de la Montaña. Martínez Compañón, 1787. // Fiesta of the Montaña Indians.*

Productos deseados

Los indígenas de la montaña noreste tenían muchos productos en oferta. Cien años después la visita del Padre Salazar hasta el valle de Huayabamba y el río Huambo el geógrafo Cosme Bueno (Cosme Bueno 1784) menciona que:

"...*los Yndios sacan varias cosillas, como incienso, cacao, caraña, aceite de Maria, sangre de drago, bejuco, pescado seco, miel, cera, monos, loros y huacamayos, siendo la principal, y en mas abundancia la coca, que toda se consume en esta misma provincia.*

..mas hace el comercio es el algodón, y el tabaco, siendo el de partido de Moyobamba de especial calidad, donde sirven estas dos especies de Moneda provincial.

Las mujeres se ejercitan en hilar algodón, e que tejen lonas para velas de navíos, y para costales, y de lonas delgada fabrican otras telas finas,

Recuadro X: Método antropológico

El objetivo principal del módulo antropológico fue evaluar la influencia de los diferentes tipos de presiones culturales en el uso y tenencia de la tierra en relación con los recursos naturales. El trabajo de campo antropológico fue simultáneo con los otros módulos del proyecto.

Para el estudio de la agricultura contemporánea las casas fueron tomadas como unidades sociales y económicas básicas. Una casa aquí se define como una unidad doméstica donde se comparten la vivienda y la cocina. La posición de cada casa fue tomada con el GPS.

Las técnicas aplicadas para el recojo de datos fueron las siguientes:

- Entrevistas estructuradas con el objetivo recoger datos cuantificados, para ser presentados en tablas y mapas temáticos tales como áreas de tierra cultivada, de producción de alimentos y de la situación económica. Se levantó un censo en cada uno de los asentamientos.

- Entrevistas formales, basadas en un cuestionario elaborado por Inge Schjellerup y Carolina Espinoza.

- Entrevistas semi-estructuradas para conseguir información sobre componentes importantes tales como recursos de los pueblos, calendarios estaciónales, infraestructura, estructura de la familia, tipos de casas, clasificación de tierras, cosechas, uso de plantas y animales.

- La observación participante, como método antropológico clásico para obtener información relevante y presentar la percepción de la gente.

170 familias en la cuenca del río Huambo, y 19 familias en Canaan, y en Añasco Pueblo y La Meseta fueron entrevistados; todas ellas mestizas.

poblado es el lugar con una vivienda como mínimo): El Hotel, Perla Mayo, Mesopotamia, Palestina y Pascuala Baja (también conocido como el Reposo del Pastor) y Añasco Pueblo reconocidos desde 1999 por resolución del alcalde del distrito de Pasaralla, Saposoa.

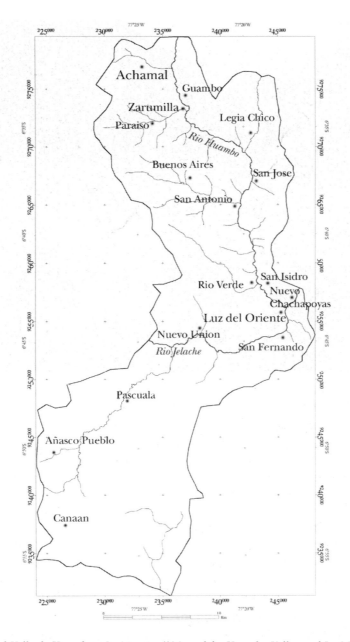

Fig. 38. *Mapa del Valle de Huambo y La Meseta. // Map of the Huambo Valley and La Meseta*

Caminos, comunicación y accesso al mercado

Cada día a los 4 a.m. sale una combi de Achamal a Rodríguez de Mendoza vía trocha carrozable, con una duración de 4 horas. La ciudad provincial de Rodríguez de Mendoza es el centro comercial de todo el

Recuadro No. 5: Las primeras familias de migrantes en la cuenca de Huambo

Siglo XIX.	Chirimoto. Las tres familias los Fernández, los Trigozo y los Rodríguez de origen español.
1955	Zarumilla: La familia Grandes de Chirimoto Viejo y Benigno Torres de Limabamba.
1977	San Antonio: Manuel Vela, José Montoya Castro y Visitación Burga de Celendín, Achamal y Santa Rosa.
1977	Río Verde: Jesus Rojas Alva, Jesús Hoyos Vargas, Severino Vázquez García, Ilmo. Puertas Mixan y la familia Jambo todos de Celendín . La familia Tafur de San Miguel de Huambo y Jonas Vergara Bacalla de Chachapoyas.
1979	Luz del Oriente: Basilio Jambo Huáman, Jonás Vergara Bacalla, Oscar Jambo Cruzado, Filiberto Jambo Cruzado, Jesus Rojas Alva, Jesús Hoyos Vargas, Severino Vázquez García, Ilmo Puertas Mixan.
1979	San José: Samuel y Raúl Torres y Matías García de Zarumilla.
1983	San Isidro: Efraín Guimac Valqui, Edilberto Muñoz López de Luya Chica, Chachapoyas; Agustín Ayaipoma Bazán, Félix Araujo Silva de Celendín y Modesto Novoa de Rodríguez de Mendoza.

Población

La población está distribuida a la margen derecha e izquierda del río Huambo. En el año 2001 había un total de 335 unidades domésticas con 2295 personas distribuidas en 1205 varones (52 %) y 1090 mujeres (48 %), con un promedio de 6,8 personas por cada unidad doméstica (Fig. 44). La población masculina es mayor en un 4 % debido a los procesos migratorios en las edades de 15 – 24 años. Los jóvenes buscan pareja a muy temprana edad asumiendo responsabilidades paterna. Los jóvenes se casan o conviven a la edad de 12 a 16 años en el caso de mujeres y 17 a 18 años para los varones. También hay algunos casos aislados de relaciones poligámicas. En los dos últimos años se incrementó ligeramente el nacimiento de varones.

En el año 2001 en La Meseta, Canaan y Añasco Pueblo vivían 19 familias, 74 personas (36 hombres y 38 mujeres).

La esperanza de vida según el Censo Nacional de 1993 para los hombres es de 63 años y para las mujeres 68 años.

Patrón de asentamientos

El patrón de los asentamientos en el valle del Huambo y en La Meseta tiene dos formas: asentamientos nucleares y asentamientos dispersos según la topografía (Fig. 45). Los asentamientos nucleares están basados en un croquis cuadriculado con una plaza central. Los asentamientos dispersos son de dos tipos 1) asentamientos agrupados a lo largo de un eje vertical desde el río Huambo, de allí parten sus propiedades hasta la zona alta de la montaña. 2) asentamientos agrupados en un eje horizontal a lo largo del camino de herradura paralelo y encima de la rivera del río.

Los criterios de asentamiento de la población han obedecido a sus percepciones del medio ambiente, sus temores y sus racionalidades, que poseen como colonos, en su gran mayoría migrantes de la zona andina.

En Achamal las viviendas se han agrupado en el centro de la plaza y a los costados de la carretera (Fig. 46). Debido al crecimiento de la población se han formado dos calles principales que van en forma paralela, quedando las chacras alrededor de la plaza.

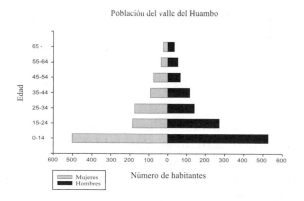

Fig. 44. *Distribución demográfica de la población de la cuenca del río Huambo.* // *Demographic distribution of the population, Huambo Valley.*

Fig. 54. *En muchas casas el fogón está puesto en un puyo (asiento) de adobe. La señora está haciendo dulces. // In many houses the fireplace is placed on a raised adobe platform. The woman is making sweets. Foto C. Espinoza.*

poblados donde hay hasta tres profesores por escuela. A los profesores se les renueva su contrato anualmente, pues no gozan de estabilidad laboral.

En algunos centros poblados como Canaan y Añasco pueblo todavía no han creado las escuelas.

Tabla 2: Número de alumnos en los asentamientos

Caserío/anexo	Alumnos
Achamal	71
Zarumilla	69
San Antonio	21
Luz del Oriente	30
Paraíso	31
Rió Verde	19
San Isidro	28
San José	26
Nuevo Chachapoyas	14
TOTAL	309

Los campesinos por sus actividades religiosas agrícolas y ganaderas, tienen la necesidad de leer, escribir y manejar las operaciones básicas de suma, resta, y ocasionalmente la multiplicación y división. La población mayor es autoeducada y envía a sus hijos a la escuela, existiendo un bajo nivel de analfabetismo en un 5 % del total de la población (Tablas 2 y 3). Pero las expectativas de los padres no se orientan a que sus hijos tengan un nivel primario completo. Su principal interés es que el conocimiento de los primeros grados les sirva para resolver sus problemas de compra y venta de sus productos. Según el discurso de los padres, la educación es importante por lo siguiente: *"para que no les engañen en las cuentas"*. Los niños son retirados del colegio en 4to. o 5to. grado. A la vez existe un alto grado de deserción escolar sobre todo en el 5to y 6to del nivel primario, por las actividades agrícolas que tienen que cumplir para ganar dinero o para trabajar en otros lugares. El 63 % de la población tiene primaria incompleta, el 37 % tiene primaria completa. Muy pocos han terminado la escuela secundaria (3 %) y sólo siete personas tienen educación superior; profesores o sacerdotes.

Tabla 3: Grados de instrucción de la población del Valle de Huambo y La Meseta

	A	PI	PC	SI	SC	SUP
Achamal	8	50	45	8	1	1
Zarumillla	1	68	31	4	7	4
El Paraiso	9	55	7	7	1	-
San Antonio	-	31	16	1	3	-
Río Verde	1	24	13	-	1	-
Luz del Oriente	-	31	30	5	2	1
Guambo	2	92	10	8	8	2
San José	-	22	15	-	1	-
San Isidro	33	21		5		
Nuevo Chachapoyas	10	6				
Canaan		9	10			
Añazco Pueblo	8	6				
TOTAL (734)	72	415	177	38	24	8
%	10 %	57%	24%	5%	3%	1%

A: Analfabeto, PI:Primaria incompleta, PC: Primaria completa, SI: Secundaria incompleta, SC:Secundaria completa, SUP: Superior completa e incompleta

Religión

La religión es uno de los aspectos más importantes dentro de la vida social. La religión es una estrategia adaptante de los migrantes que ingresan a un nuevo ambiente, buscando un refugio y un soporte de su cosmovisión. En los cambios de Sierra a Selva mucha gente desarrolla sus ideales en busca de la tierra prometida y el paraíso. Sus creencias, normas y principios religiosos influyen en sus estilos de vida (cuadros 6 y 12).

Recuadro No. 6: Creencias de la población.

Los Shapingos: Existe la creencia en los Shapingos (diablos del bosque) que se presenta en forma de hombre o mujer, en horas de la noche, estos empiezan a silbar, y si uno les hace caso y va en busca del que silba en el bosque ya no regresa, lo que debe hacerse es no hacerle caso y alejarse del lugar.

El Alma: El alma es conocida con el nombre de TUNCHE que sale por las noches a recoger sus pasos desplazándose por entre los arbustos a un costado del camino, silbando a las personas; y si esta le teme, el alma le sigue pues siente su miedo. Lo que se recomienda es no hacerle caso y seguir de frente. Los pobladores dicen que el tunche se les presenta a las personas de mal corazón .

El cuy: Es criado en cuyeros que están ubicados en la cocina debajo del fogón, por eso está en constante contacto con las personas que viven en la casa, cuando este se asusta sin motivo alguno y grita se cree que la sombra (alma de alguna persona que va ha morir) está andando en la cocina, recogiendo sus pasos.

Chicua: Este es un ave pequeña de color negro, que el poblador cree que si este se atraviesa en su camino de izquierda a derecha es de mala suerte y algo le va a pasar en el día, si el encuentro es en sentido contrario será un buen día.

El árbol de Lupuna o Tomshe: Este árbol sirve para hacer daño (brujería) a las personas. A este árbol le crece una hinchazón como panza en la parte central. En esta parte, el brujo corta y guarda la prenda de la persona a la que se quiere hacer daño, y la persona muere cuando el árbol cierra el corte que le hacen para meter la prenda en su interior. El brujo le reza al árbol a las 12 de la noche todos los viernes.

La muerte de la persona es muy dolorosa y triste ya que demora mucho tiempo en morir, el mismo tiempo en que el árbol demora en cerrar el corte que hizo el brujo.

Existen dos variedades de Tomshe conocidos como macho y hembra, el daño se realiza en la planta hembra y ésta se diferencia del macho porque está cubierta de espinas.

En el valle del Huambo se encuentra siete Iglesias de Concepción Judeo-Cristiana, entre ellos la Iglesia Católica. La Iglesia Católica tiene seguidores en todos los asentamientos pero el número de estos disminuye en lugares más lejanos. Achamal tiene iglesia católica y Zarumilla, en el 2001, recién ha terminado la construcción de una iglesia nueva. Las otras iglesias son de origen estadounidense que han tenido mayor presencia en la zona andina como: Iglesia Evangélica Pentecostés (incluyendo la Iglesia última Voz de Cristo- Avivamiento), Iglesia Evangélica Peruana, Iglesia Adventista del Séptimo día, Iglesia Evangélica e Iglesia Bautista.

La Iglesia Evangélica Peruana tiene sus seguidores en Achamal, Zarumilla, San Antonio, Luz del Oriente y El Paraíso, La Iglesia última Voz de Cristo- Avivamiento, tiene su templo en Luz del Oriente. La Iglesia Adventista del Séptimo día tiene su templo en El Paraíso, Zarumilla y Guambo. Sus seguidores desde Achamal hasta Luz del Oriente y a la margen izquierda Vista Hermosa, San Isidro y el Guambo teniendo el mayor número de seguidores en este último el 90% de las familias quienes son migrantes de Celendín (Fig. 55).

La población se reúne dos veces por semana los días sábados y domingos para alabar a Dios, el día domingo se realizan juegos deportivos voleibol, fútbol y en algunos sitios sapo. Está prohibido trabajar los sábados para los integrantes de las sectas sabáticas.

Como una gran parte de la población de esta zona del valle, es evangélica, no celebra ninguna fiesta patronal.

Nutrición

Aunque existe una variación en la producción de diversos cultivos, la población compra productos de menor valor nutritivo en las tiendas, en la feria dominical de Achamal y a veces en el mercado de Rodríguez de Mendoza. Las comidas son a base de carbohidratos, pocas proteínas y vitaminas. En la dieta alimenticia siempre están presentes la yuca, el arroz, el frijol verde y el plátano. Existe un pequeño consumo de carne y pescado debido a las actividades de caza y pesca, muy poco se consumen los animales que se crían. La caza y pesca se desarrollan como actividades complementarias y esporádicas, dependiendo de la exhuberante vegetación con la que cuenta el anexo y de sus recursos naturales; por ejemplo, en las poblaciones que tienen menor vegetación como Achamal y Zarumilla sólo 20 % de los entrevistados cazan ocasionalmente. En los anexos con mayor vegetación como Río Verde y Luz del Oriente el 60- 80 % cazan. Para la pesca usan barbasco (Tabla 4 y Fig. 37).

Fig. 55. *La Iglesia Adventista del Séptimo Día, Guambo.* // *The Adventist Church in Guambo. Foto I. Schjellerup.*

Tabla 4: Importancia de caza y pesca según entrevistados en el valle del Huambo.

Zona	Caza SI	%	NO	%	Pesca SI	%	NO	%
Rio Verde	7	88	1	12	8	100	0	0
San Antonio	8	57	6	43	10	71	4	29
El Paraíso	9	53	8	47	3	18	14	82
Luz del Oriente	11	61	7	39	13	72	5	28
Zarumilla	6	25	18	75	12	50	12	50
Achamal	6	23	20	77	8	31	18	69
Guambo	13	46	15	54	15	54	13	46
TOTAL	60		75		69		66	

La población de toda la zona cría diferentes animales de corral como gallinas, pavos, patos, cuyes (Fig. 56) y chanchos; pocos son utilizados en la alimentación diaria utilizando los animales para las fiestas familiares y cuando tienen necesidad de dinero venden los animales.

100

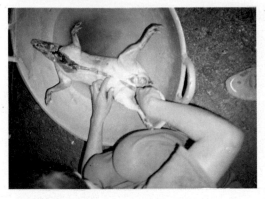

Fig. 56. *Preparación de un cuy. // A guinea pig is being skinned. Foto C. Espinoza.*

Fig. 57. *Los niños están preparando el barbasco para pescar. // Children preparing the barbasco roots for fishing. Foto I. Schjellerup.*

Comida prohibida

La gente perteneciente a las sectas protestantes no tienen permitido comer ciertos alimentos que según ellos, son prohibidos por la Biblia.

Recuadro No. 7: Animales silvestres según los pobladores

La maquisapa *Ateles belzebuth*
El choro *Lagothrix legothricha*
El armadillo o carachupa: *Dasypus novemcintus*
La huangana *Tayassu pecari*
El venado: *Mazama americana*
El sajino: *Tayassu tajacu*
El picuro: *Agouti paca*
El añuje o la chozca: *Dasyprocta variegata*
El ronsoco:*Hydrochoerus hydrochoerus*
El oso de anteojos: *Tremarctos ornatus*
El tigrillo: *Felis pardalis*
El león: *Pantera onca*

Peces
Carachama: *Pterygoplichthys multiradiatus*
Sábalo: *Brycon erythropterum, Brycon melanopterus*
Cujines
Plateado
Dorado: *Brachyplatistoma filamentosum*
Bagre
Buchón

Aves
Chicua: *Piaya cayana*
Toc chin
Guacamayo *Ara ararauna*
Palomas: *Columba* sp.
Perdiz: *Tinamus major*
Paujil: *Crax mitu*
Perdices: *Nothoprocta* sp.
Gallito de las Rocas: *Rupicola peruviana*
Gavilán
Pava Maria: *Aburria aburri*
Pava de monte: *Penelope jacquacu*
Huataraco: *Penelope* sp.
Gasna dorada

Serpientes
Shushupe: *Lachesis muta*
Jergón: *Bothrops atrox*
Loro machaco: *Bothrops bilineatus*

Uno de nuestros informadores mencionó "*La Biblia nos indica que alimentos debemos comer y cuales no. Por ejemplo, con las carnes de todo animal cuadrúpedo que no rumia y tenga pezuñas hendidas como la chosca, cuy, cerdo, conejo, picuro, carachupa, no se puede comer. Así mismo las aves rapaces que tienen garras y pico corvo como el gavilán, guacamayo, pava de monte entre otros. También algunos peces, no se pueden comer, principalmente los que no tienen aleta ni escama como el pez cujín y el huamán*".

La mayoría de los adventistas siguen estas reglas según su concepción especial de la zoológia.

Salud

La salud en el Huambo está relacionada con la alimentación y con la frecuencia de las enfermedades. La principal manifestación es la caries dental que afecta a los niños y adultos. La población no tiene hábitos de limpieza, unido a esto el consumo de la melaza caliente, chancaca, caña de azúcar y la mala nutrición son causantes del incremento de las caries, (Fig. 58) causadas también por el déficit de yodo.

Según las estadísticas del Centro de Salud Zarumilla (1999-2000), las enfermedades son las respiratorias agudas, diarreicas agudas, tuberculosis, parasitosis, malaria, fiebre amarilla y uta. En los paquetes asistenciales implementados en la posta de Zarumilla hay remedios para TBC, malaria, uta, verruga Peruana y fiebre amarilla.

En los últimos tres años se han producido dos fallecimientos por complicaciones en el parto, las embarazadas no se atienden en la posta, prefieren hacerlo en sus viviendas con una partera. Las edades más frecuentes de los embarazos fluctúan entre los 12 y los 22 años de edad.

Fig. 58. Preparacion de chancaca. // Preparation of sugar from sugarcane. Foto C. Espinoza.

También la población es afectada por mordedura de víboras. Esto es frecuente en poblaciones lejanas, cuando talan el terreno para hacer sus chacras. Las formas de curación son caseras y muy pocas veces recurren a los centros asistenciales.

El valle del Huambo tiene tres postas médicas, en Achamal (desde 1999) con una jefa obstetríz; en Zarumilla (desde 1996) con un médico jefe y dos técnicas sanitarias y en el anexo de Legía Chico un médico jefe de la posta.

El promedio de atenciones al mes es 150 pacientes en Zarumilla. El personal de cada posta realiza visitas a los anexos cada tres meses para atender a la población o por campaña de vacunación. En casos de emergencia los pobladores de los caseríos recorren hasta diez horas de camino para ser atendidos o llevan al médico hasta donde está el enfermo.

El valle del Huambo es visitado anualmente por las brigadas de atención integral de salud. Estas brigadas están formadas por 1 médico, 1 obstetríz y 2 técnicas sanitarias, el objetivo de su visita es desarrollar atención integral de salud. Este personal es enviado desde el distrito de Rodríguez de Mendoza.

El uso de plantas medicinales todavía se utiliza mucho (véase el capítulo 5, sobre el uso de los recursos naturales).

Recuadro No. 9: Recetas caseras para el tratamiento de enfermedades en el valle del Huambo

Paludismo /Malaria

¼ de botella de aguardiente
¼ de botella de miel de abeja

Un pedazo de la corteza de chuchuhuasi
En una botella se coloca el aguardiente con el miel y se deja macerar durante un mes. Tomar todos los días ½ copita del macerado en ayunas y antes de cada comida. La cura es complementada con una limpieza del estómago con enemas y con emplastos de barro (tierra arcillosa sacada del fango) colocados en el vientre. El paludismo es una enfermedad común en el Huambo habiendo afectado en los años 93 y 95 gran parte de la población.

Esterilidad en la mujer

½ botella de aguardiente
¼ de botella de miel de shusmisque (variedad de abeja)
Hiel de picuro hembra

Se coloca en una botella y se deja fermentar un mes. Se toma todos los días 1 copita del macerado en ayunas y antes de cada comida.

Mordedura de serpiente

La víbora más común es el "Jergón" (Bothrops sp.) (Fig. 59) que también es una de las más peligrosas y venenosas que se encuentra frecuentemente al costado de los caminos. En el día duerme pero sale a partir de las seis de la tarde. El jergón no muerde sino se la molesta, siendo fácil matarla porque no huye, aún cuando haya picado a algún desprevenido.

Existen varios tratamientos contra mordeduras de serpientes.

- La "curarina" un producto colombiano de venta en Rodríguez de Mendoza. La mayoría de las familias tienen en sus casas y toma dos cucharadas diarias durante veinte días, pero hay que tomar las primeras cucharadas después de media hora de haber sido mordido.

- La hiel de picuro mezclado con tabaco molido; se toma una cucharada cuatro veces al día.

- El tabaco mezclado con ajo; se hace una masa, se exprime el sumo con un trapito (esencia) y luego se toma.

- Cortar la herida, chupar el veneno y escupirlo. Es sólo para los de buena dentadura, se requiere que los dientes no estén cariados.

- Cortar la herida en forma de cruz y quemarla con fósforo.

- Tratar de defecar inmediatamente y untárselo en la herida, y si uno tiene el estómago resistente tomarlo disuelto en agua.

- Tomar una botella de aguardiente puro e internarse en el monte y que nadie lo vea por 24 horas.

- Utilizar dos piedras, una blanca y otra negra denominados la piedra hembra (blanca) y la piedra macho (negra). Estas piedras son pasadas repetidas veces por la zona afectada a lo que denominan la baja del veneno, ubicándolo en un punto del cuerpo. En este lugar la frotación se efectúa con las dos piedras y el veneno es absorbido por las piedras. El paciente puede orinar sangre que es considerada como la eliminación de la sangre mala.

Fig. 59. *El jergón es una de las serpientes más venenosos del área. // The jergón (bushmaster) is one of the most poisonous snakes in the area. Foto K. Edmunds*

Actividades socio económicas: Agricultura contemporanea

La tierra

Los territorios de Achamal, la cuenca del Huambo y la Meseta han sido identificados como inhabitados, pues la presencia humana sólo había sido temporal. En los últimos 300 años el territorio estaba cubierto por una tupida vegetación y bosques casi olvidados. Aproximadamente en el año de 1950 se inician los primeros procesos de colonización, encabezados por migrantes de la Sierra en busca de nuevas tierras. Esta situación resultó como una invitación a migrantes, para cazar y conseguir nuevas tierras.   Hasta hacen veinte años todas las tierras en Río Verde, Paraíso, San Antonio eran consideradas libres, pudiendo tomar la cantidad deseada. Los nuevos pobladores empezaron delimitando los terrenos sin poseer títulos (Fig. 60). Áreas de hasta 100 has. fueron cerradas con alambre y maguey, como cercos vivos. En la actualidad muy pocas familias han obtenido títulos (véase historias de vida). En Luz del Oriente hubo disputas sobre tierras que motivó conflictos y homicidio en 1990.

Fig. 60. *Delimitación de tierras en La Meseta. // Fencing off lands in La Meseta. Foto I. Schjellerup.*

Agricultura y ganaderia

La población tiene como principales actividades económicas la agricultura y la ganadería. La agricultura de pan llevar se destina para el autoconsumo. La venta de café y ganado provee de liquidez para la compra de artículos de primera necesidad. El valle del Huambo es identificado como una de las zonas productivas de café en la provincia y en el departamento. Algunas familias que viven en Rodríguez de Mendoza tienen sus chacras en la cuenca del Huambo dedicadas al sembrío de frutas, café y crianza de ganado, visitandólas de vez en cuando.

Las chacras

Las chacras en el valle de Huambo están ubicadas en las laderas del río y tienen diferentes extensiones. En Achamal y Zarumilla la mayor parte de los campesinos tienen un promedio aproximado de 3 – 5 has. y son pocos los que concentran mayores cantidades de terrenos como 10 has. Nuevo Chachapoyas, San Isidro y San José tienen un promedio de 4 a 5 has. En los anexos más distantes los pobladores tienen mayores cantidades de terrenos de 10 a 15 has, pero también existen algunos que concentran mayores cantidades de tierras de 50 – 100 has. El promedio de una chacra particular es alrededor 0.7 ha.

Según las encuestas, el valle del Huambo tiene un total de tierras manejadas por los campesinos de 3585.28 has. con un promedio de 21 has. por familia que corresponden a 24 % son cultivadas y el 76 % no cultivadas (Tabla 5). Estos resultados son de conformidad con los análisis de imagénes de satélite indicando que 77 % del valle es cubierto con bosque maduro mientras el resto 23 % constituye cultivos y bosque secundario.

Tabla 5: Tamaño y uso de las propiedades

Ha cultivadas			Ha. no cultivadas			Total de propriedad	
Total	%	Prom.	Total	%	Prom.	Total	Prom.
850	24	5	2734	76	16	3585	21

En La Meseta los nuevos habitantes han tomado posesión de la tierra; así como en Canaan el fundador de Canaan ha distribuído hasta 50 has. por unidad doméstica en los alrededores del pueblo. La tierra que pertenece a Añasco Pueblo ha requerido una tala de bosques aproximadamente 30 has.

Cada casa tiene como mínimo 3 chacras en uso cada año. La técnica más común para la preparación de sus chacras es el rozo y quema en el inicio del verano, cuando disminuyen las lluvias entre los meses de junio - agosto. La tala de los árboles y el secado duran aproximadamente 15 días. Después el desmonte es quemado y dejado una semana para que se enfríe, luego empieza la siembra (Fig. 61).

Los cultivos

Una de las estrategias de los campesinos es sembrar en asociación, varios productos o varias especies en lotes en la misma chacra (Tabla 6).

Los primeros cultivos en las chacras son frecuentemente de arroz y/o yuca y maíz con frijol. El siguiente año la chacra es deshierbada cambiando los cultivos. Por ejemplo, la rotación de los cultivos se inicia con arroz, yuca, maíz con fríjol luego siembran racacha, zapallo, plátano, yuca, caña, calabaza y vuelven a repetir maíz con fríjol, yuca, maní y arroz. Las chacras que han producido entre dos y cuatro años son dejadas para que descansen un año o son sembradas con café o pasto. En chacras

Fig. 61. *Después de la tala de los árboles, se quema el desmote. // After clearing the forest, the residue is burned. Foto I. Schjellerup.*

Tabla 6: Lista de cultivos

Nombre común	Nombre científico	Familia
Tubérculos y raíces		
Camote	*pomoea batatas* (M,H, n)	Convolvulaceae
Llacón	*Smallanthus sonchifolius* (M, n)	Asteraceae
Michuca	*Colocasia esculenta* (M,H,i)	Araceae
Papa	*Solanum tuberosum* (M, H, n)	Solanaceae
Rabanito	*Raphanus sativus* (M, H, i)	Brassicaceae
Arracacha	*Arracacia xanthorrhiza* (M, H, n)	Apiaceae
Yuca	*Manihot esculenta* (M, H, n)	Euphorbiaceae
Zanahoria	*Daucus carota* (M, H, i)	Apiaceae
Legumbres		
Arveja	*Pisum sativum* (M, H, i)	Fabaceae
Frijol	*Lupinus mutabilis* (M, n)	Fabaceae
Haba	*Vicia faba* (M, i)	Fabaceae
Maní	*Arachis hypogaea* (H, n)	Fabaceae
Montañero	*Cajanus cajan* (H, i)	Fabaceae
Pallar	*Phaseolus lunatus* (M, H, n)	Fabaceae
Poroto, pajuro	*Erythrina edulis* (M, n)	Fabaceae
Soya	*Glycine max* (H, i)	Fabaceae
Tarwi	*Lupinus mutabilis* (M, n)	Fabaceae
Hortalizas y condimenticias		
Achiote	*Bixa orellana* (H, n)	Bixaceae
Ají	*Capsicum annuum* (M, H, i)	Solanaceae
Ajo	*Allium sativum* (M, H, i)	Liliaceae
Apio	*Apium graveolens* (M, H, i)	Apiaceae
Berenjena	*Cyphomandra betacea* (M, H, n)	Solanaceae
Caigua chilena	*Sechium edule* (H, i)	Cucurbitaceae
Caigua lisa	*Cyclanthera pedata* (M, H, n)	Cucurbitaceae
Cebolla	*Allium cepa* (M, H, i)	Liliaceae
Cebolla china	*Allium fistulosum* (M, H, i)	Liliaceae
Chiclayo	*Cucurbita fiscifolia* (M, H, n)	Cucurbitaceae
Coliflor	*Brassica oleracea* (M, H, i)	Brassicaceae
Culantro	*Coriandrum sativum* (M, H, i)	Apiaceae
Hierba buena	*Mentha spicata* (M, H, i)	Lamiaceae
Huacatay	*Tagetes terniflora* (M, H, n)	Asteraceae
Huacatay	*Tagetes minuta* (M,H, n)	Asteraceae
Lechuga	*Lactuca sativa* (M, H, i)	Asteraceae
Limón	*Citrus limon* (H, i)	Rutaceae
Orégano	*Origanum vulgare* (M, H, i)	Lamiaceae
Perejil	*Petroselinum crispum* (M, H, i)	Apiaceae
Repollo	*Brassica oleracea* var. *capittata-alba* (M, H, i)	Brassicaceae
Rocoto	*Capsicum pubescens* (M, H, n)	Solanaceae
Rabanito	*Raphanus sativus* (M, H, i)	Brassicaceae
Sauco	*Sambucus peruviana* (M, n)	Caprifoliaceae
Tomate	*Lycopersicon esculentum* (M, H, n)	Solanaceae
Zapallo	*Cucurbita maxima* (M, H, n)	Cucurbitaceae

Nombre común	Nombre científico	Familia
Frutas		
Anona	*Rollinia* sp. (H, n)	Annonaceae
Cacao	*Theobroma cacao* (H, n)	Sterculiaceae
Caimito	*Pouteria caimito* (H, n)	Sapotaceae
Coco	*Cocos nucifera* (H, i)	Arecaceae
Chirimoya	*Annona cherimola* (M, H, n)	Annonaceae
Granadilla	*Passiflora ligularis* (M, n)	Passifloraceae
Guayaba	*Psidium guajava* (M, H, n)	Myrtaceae
Guaba	*Inga edulis* (H,n)	Fabaceae
Limero	*Citrus aurantifolia* (H, i)	Rutaceae
Lúcuma	*Pouteria lucuma* (H, n)	Sapotaceae
Mandarina	*Citrus reticulata* (H, i)	Rutaceae
Mango	*Mangifera indica* (H, i)	Anacardiaceae
Manzana	*Malus domestica* (M, H, i)	Rosaceae
Maracuyá	*Passiflora edulis* (H, n)	Passifloraceae
Marañón	*Anacardium occidentale* (H, n)	Anacardiaceae
Naranja	*Citrus aurantium* (H, i)	Rutaceae
Níspero	*Eriobotrya japonica* (H, i)	Rosaceae
Pacae	*Inga feulllel* (H, n)	Fabaceae
Huabilla	*Inga edulis* (H, n)	Fabaceae
Palta	*Persea americana* (M, H, n)	Lauraceae
Papaya	*Carica papaya* (H, n)	Caricaceae
Piña	*Ananas comosus* (H, n)	Bromeliaceae
Plátano	*Musa acuminata* (M, H, i)	Musaceae
Sauco	*Sambucus peruviana* (M, n)	Caprifoliaceae
Tumbo	*Passiflora quadrangularis* (M, H, n)	Passifloraceae
Gramíneas y pseudocereales		
Arroz	*Oryza sativa* (M, H, n)	Poaceae
Caña de Azúcar	*Saccharum officinarum* (M, H, i)	Poaceae
Cebada	*Hordeum vulgare* (M, i)	Poaceae
Hierba luisa	*Cymbopogon citratus* (M, H, i)	Poaceae
Kiwicha	*Amaranthus caudatus* (M, n)	Poaceae
Maíz	*Zea mays* (M, H, n)	Poaceae
Trigo	*Triticum aestivum* (M, i)	Poaceae
Especies de múltiples usos		
Algodón blanco	*Gossypium barbadense* (*barbadense*) (M,H,n)	Malvaceae
Algón pardo	*Gossypium barbadense* (*peruvianum*) (H,n)	Malvaceae
Cacao	*Theobroma cacao* (H, n)	Sterculiaceae
Café	*Coffea arabica* (H, i)	Rubiaceae

Datos obtenidos para ambas cuencas y donde M: Meseta, H: Huambo, n: natural e i: introducido. Identificados por V. Quipuscoa.

con cultivos y café cosechan las plantas que sembraron primero dejando las plantas de café (Fig. 63) y los árboles frutales que les servirá de sombra.

Cuando la chacra ha producido cultivos por lo menos un año pueden sembrar pasto en las partes altas y en las bajas. Algunos tienen alrededor de sus casas pequeñas huertas con árboles frutales, como naranja, papaya, guayaba, palta; hortalizas como, caigua, cebolla, col, orégano, apio, berenjena, cilantro, hierba buena y otros, que sirven para sazonar sus comidas; por ejemplo achiote y palillo (Fig. 62).

Tabla 7: **Los principales cultivos y los ciclos de cosecha:**

Cultivos menores de un año		Cultivos más que un año	
Cultivo	Duración (meses)	Cultivo	Duración (años)
Cebolla	2	Michuca	1 año
Frijol	3	Guayabo	1 año
Camote	3	Guaba	2 años
Tomate	3	Plátano	2 años
Repollo	3 ½	Café	3 años
Arroz	4	Limón Real	3 años
Maíz común	4	Limón Gentil	4 años
Maní	4	Palta	5 años
Chiclayo	6	Caimito	8 años
Zapallo	8	Naranja	9 años
Yuca	8		
Ricacha	8		

Fig. 62. Huerta de hortalizas para sazonar la comida. // Herbs and vegetables are used for seasoning the food. Fotos I. Schjellerup.

Fig. 63. La flor del café en Buenos Aires. Coffee flower. Foto I. Schjellerup.

Tabla 8:	Producción de cultivos	
Cultivo	Semilla de 1 ha.	Cosecha promedia
Café Caturra	2 kg	C.40 quintales
Café Típico	2 kg	C.20 quintales
Maní	1 kg	C. 15 kg
Maíz	1 kg	C. 40 kg
Arroz	1 lata	C. 30 latas

Tabla 9:	Medidas utilizadas *(Una lata mide 23x23, altura 35 cm.)*
1 Arroba	11.5 kg
1 Quintal	50 kg
1 Lata de café	2.5 – 3 kg de café pergamino
1 Lata de arroz	30 kg

Tipos de suelo

En el Valle de Huambo las familias distinguen entre seis variedades de suelos a través de la experiencia adquirida (Tabla 10):

Tierra color negra - muy fértil para todo tipo de cultivo. Esta tierra es escasa y se encuentra por encima del camino.

Tierra color amarilla - (arcilla) se encuentra en las quebradas y es utilizada para la construcción de casas y no apta para el cultivo.

Tierra frondosa - se encuentra a orillas de los ríos y es buena para sembrar pastos.

Tierra shilla - tierra negra con piedras chicas y arcillosa, buena para la siembra de frijol, maíz y platano, se encuentra en las parte altas del río.

Tierra roja - existe en abundancia y es buena para sembrar café, se encuentra a diferentes alturas pero mayormente en la parte alta del río.

Tierra calichal - tierra negra con piedras de cal, es buena para sembrar camote y yuca, se encuentra en las quebradas húmedas.

Herramientas

Las herramientas más comunes usadas son: hacha, machete, lampa, lampilla, estaca o tauma, sapapico, y pushana. El hacha y el machete sirven para limpiar y cortar el monte; la pushana se utiliza para juntar

Tabla 10:   Tipos de suelos

Tipo de suelo	Chacras cultivadas		Chacras no cultivadas	
	Ha	%	Ha	%
Negra	136	16	527	19
Arcilla	27	3	198	7
Frondoso	132	15	474	17
Shilla	227	27	640	23
Rojo	303	36	854	31
Calichales	25	3	41	3
Total	850	100	2734	100

las hierbas, cuando la chacra es quemada. La lampa y el sapapico son utilizados para remover la tierra, la tauma es utilizada para hacer hoyos y sembrar maíz y el frijol, la lampilla sirve para remover la tierra que no es tan dura y para cosechar camote y papa. El machete es usado para cortar caña de azúcar. En Achamal y en algunos lugares utilizan yuntas de bueyes para el arado de la tierra.

El café

En los caseríos del Huambo, el cultivo más importante es el café, introducido en la zona hace 50 años, desplazando a la caña de azúcar y arroz. Anteriormente todo el café producido y vendido era cerezo.

La semilla de café que se siembra es comprada al Ministerio de Agricultura en Rodríguez de Mendoza a un costo de 20 soles por kilo (2001). Los agricultores seleccionan las mejores plantas de café para semilla.

Las variedades de café son: TX 2880, Café típica (nacional), Caturra (Rojo - amarilla), Catimor y Paches.

El cultivo

El café es sembrado en los meses de lluvia, de diciembre a mayo, asociado con "plantas altas" como papaya, guayabo y guabo. Estos árboles brindan sombra al café, ayudando a que los frutos se desarrollen y no se caigan. El campesino trata de dar sombra en un 50 %, sembrando estos árboles a una distancia de 8 a 10 metros.

Los campesinos piensan que la mejor época para sembrar es en cuarto creciente lunar, permitiendo que la planta crezca, y sus frutos sean grandes y abundantes. En luna nueva no es conveniente sembrar, porque la planta crece débil y se llena de hojas.

La cama almácigo

Para la siembra del café la semilla se prepara del siguiente modo: se despulpan los granos del café a mano y se deja secar por un mínimo dos días. La cama - almácigo es preparada según la cantidad de café a sembrar. Algunas camas son de 6 m por 4 m, que son divisiones hechas en la chacra donde la tierra es removida y colocada la semilla. Un techo de plástico o de ramas secas protege el almácigo asegurando su buena germinación. Dos kilos de semilla se emplea para 1 ha.

La germinación

En la cama - almácigo la semilla germina a los 60 días. Cuando germina la semilla va pasando por tres etapas: Etapa del Palito, donde alcanza hasta 10 cm, es la geminación de la semilla parecido a un palito. La Etapa de Fósforo la planta alcanza 20 cm, en la cual aparecen brotes en el tallo y la Etapa de Mariposa, cuando la planta tiene 25-30 cm, y empieza ha tener hojas.

El repique

Pasados los 60 días en la etapa Mariposa se realiza se transplanta la cama - almácigo a bolsas de plástico con tierra, llamado repique. Luego la planta desarrolla hasta el transplante.

El transplante

El transplante se realiza en la Etapa Mariposa. El terreno se limpia y se prepara haciendo hoyos con bordón y estaca. Las plantas son sembradas a 2 metros de distancia una de la otra. Aproximadamente en cada ha. siembran 2000 plantas, según información de los productores.

El deshierbe

El deshierbe se lleva a cabo cada dos meses en la época de lluvia y cada 3 ó 4 meses en época de sequía.

La cosecha

La primera cosecha es a los dos años si es café Caturra y a los tres si es Típica. La planta que da la primera cosecha es conocida con el nombre de "maltona". La etapa de florecimiento se desarrolla entre 6 a 9 meses hasta que el café madure. La cosecha de café se realiza en 3 etapas al año. La primera cosecha es entre enero-febrero, pero los meses de más abundancia son de julio a setiembre. Durante estos meses el café maduro se recoge cada 2 semanas. El cafeto tiene un buen rendimiento durante los cuatro primeros años de cosecha; que según los entrevistados obtienen un promedio es de 25 quintales de café pergamino por año y por ha. Después de estos cuatro años baja la producción. Según datos nacionales la variedad de café arábica necesita una cosecha de 500-600 kg (café cerezo) para producir 125 kg de café pergamino que pilado rinde 100 kg de café listo para el consumo.

Fig. 64. *El café se coloca en latas, que contienen 2.5-3 kilos de café pergamino. // The coffee is collected in tin cans holding 2.5-3 kg of parchment coffee.. Foto I. Schjellerup.*

Fig. 65. *En los días soleados se deja secar el café en plástico. // The coffee is dried outside on sunny days. Foto. I. Schjellerup.*

Fig. 66. *Despulpadura manual para el café. // Manual coffee grinding machine. Foto I. Schjellerup.*

Para la cosecha contratan peones, con una salario de S/10.00 nuevos soles por día (Agosto 2001).

Un peón recoge de 2 a 8 latas de café diario. Si es un buen trabajador y si hay bastante café cerezo en la planta, él es llamado "activo"y puede recoge 8 latas de café. Cada lata produce entre 2.5 – 3 kg de café pergamino seco (Fig. 64). El periodo de trabajo y el número de trabajadores es relativo porque depende de la cantidad de café que tenga que recogerse. Aún en tiempo de cosecha no se recoge café todos los días sino cada dos semanas.

Las mujeres también trabajan en la cosecha de café y son solicitados por "tener mayor delicadeza, recogiendo los frutos maduros y no maltratando los frutos verdes".

El despulpado, el lavado y secado

El café es seleccionado antes y después de ser despulpado separando los frutos malogrados. El despulpado debe ser lo más rápido posible por que los frutos pueden fermentarse. El despulpar consiste en retirar la pulpa roja del fruto dejando el grano de café. Las despulpadoras manuales exprimen el fruto para dejar el grano (Fig. 66). El café pergamino todavía

Fig. 67. *El café se transporta en mulas. // The coffee is transported on mules. Foto I. Schjellerup.*

Fig. 68. *En Achamal, un camión transporta el café a Mendoza. //In Achamal, a truck takes the coffee to Mendoza. Foto I. Schjellerup.*

posee una capa vidriosa de color crema. Después el café es lavado y dejado secar sobre una manta o plástico aprovechando los días soleados (Fig. 65).

Las maquinas despulpadoras son introducidos a esta región alrededor 1985-1990 y son vendidas en Rodríguez de Mendoza a un costo de 500 nuevos soles.

Desde el preparado de la chacra hasta la cosecha del café se emplean aproximadamente 15 peones por hectárea al año más los dueños y familiares. Los peones provienen de Huambo, Limabamba, Chirimoto y Milpuc, de enero a junio cuando hay mayor demanda. Cada peón gana 10 nuevos soles diarios más su alimentación (Agosto 2001).

Venta del café

El campesino lleva sucafé en acémilas hasta los compradores. (Fig. 67 y 68). En Achamal, Zarumilla, y Rodríguez de Mendoza compran el café pergamino. Existe otra forma de venta, como socio de la Cooperativa "Asociación de cafetaleros San Nicolás". Esta cooperativa ha sido fundada por el padre Antonio y otros laicos españoles. En la actualidad el asesor es el padre Juan López. La cooperativa vende a escala internacional el café orgánico y ecológico, operando Rodríguez de Mendoza y Chiclayo.

Son pocos los agricultores del valle del Huambo (lado oeste) que están asociados a la cooperativa; los demás son de Nuevo Chirimoto, Omia, Tocuya y Maschaco al este. Algunos agricultores consideran que ser socio tienen sus beneficios. Ellos dicen: "*Los beneficios que da la cooperativa es que, te compra toda tu producción y cada fin de año, te da un reintegro por cada kilo de café que le haya vendido equivalente a 1 nuevo sol para los socios antiguos y 60 céntimos para los socios nuevos.*" Otros consideran que no es conveniente ser socio de la cooperativa, ellos dicen "*Venderle a la Cooperativa no conviene porque la cooperativa no te paga al contado solo te paga la mitad y el resto te debe hasta que vende tu producción, por eso yo no le vendo porque se demora hasta tres meses para pagarte, trabajan*

Recuadro No. 10: Enfermedades del café

La población identifica cuatro enfermedades que atacan al café, pero no afectan la gran producción del valle.

La Broca. Es una plaga que ataca al fruto (grano), es una polilla que se come al grano de café dejando sólo el cascaron. La broca es producida por un coleóptero Hypotenemus hampei.

La Roya. Las hojas de la planta de café se secan y se envuelven como rollo, cayéndose luego al suelo, la planta no muere pero los granos de café se secan y caen. La roya amarilla del café es un hongo que ataca a las hojas adultas de café, es un polvillo anaranjado que se aloja en el envés de las hojas; el hongo Hemileia vastatrix ataca zonas mas bajas menores a los 1200 msnm.

El Hongo. Esta enfermedad aparece en zonas de tierra muy húmeda, propiciando que el hongo invada la planta desde la raíz afectándola cuando es pequeña. Este hongo es conocido en otros lugares como pie negro o allahuayco . Su nombre científico es "Phitophtora"

El Arañero. Se denomina así por que parece una araña que anida en las hojas del cafeto. Envuelve en su "telaraña" varias hojas de una misma rama luego deposita sus huevecillos para que nazcan las crías. El hongo se desarrolla en condiciones de sombra y mucha humedad interior. Su nombre científico es *Cortisium koleroga*.

Fig. 69. *Planta de café afectada por enfermedad. // Coffee plant affected by disease. Foto I. Schjellerup.*

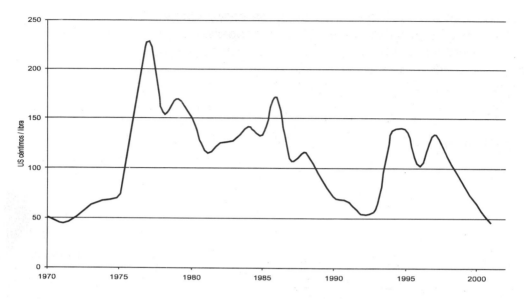

Fig. 70. *El precio del café en el mercado mundial. Fuente: ICO, Inglaterra. // The development in world market coffe prices. Source: ICO, UK.*

con tu plata y no debe ser así." También dicen que la cooperativa sólo escoge la mejor producción dejando el resto del café.

El precio del café

El precio del café ha variado durante nuestros dos años de investigaciones (Fig. 70). En agosto del año 2000 se pagaba por kg de café pergamino S/. 4.20 en el mercado de Achamal, pero se descontaban 200 gramos por kg, este descuento es por la cáscara. En Agosto 2001 se pagaba por kg de café S/. 2.00 más el descuento de la cascarilla. El bajo precio es uno de los problemas que aqueja a la población porque los acopiadores piden crédito a los campesinos aludiendo que no tienen dinero en efectivo. Muchos de ellos por la necesidad han llegado a realizar trueque del café con productos alimenticios; otros campesinos no se les paga en dinero sino en productos alimenticios, porque en su gran mayoría los acopiadores son dueños de las tiendas de Achamal y Zarumilla.

Labranza

La Ganadería

Desde la colonia siglo XVI, el ganado fue introducido al Valle de Guayabamba y más tarde al Valle de Huambo como hemos mencionado

120

Fig. 71. El ganado es uno de los indicadores de la condición ecónomica del campesino. // Cattle is an economic indicator among the campesinos. Foto I. Schjellerup.

en el Capítulo de la historia colonial. El ganado es uno de los indicadores de la condición económica del campesino (Fig. 71). Existiendo campesinos que poseen mas de 70 cabezas de ganado. Los campesinos no solo crían su ganado, sino cuidan ganado de otros dueños que viven en Rodríguez de Mendoza.

El programa de mantenimiento de Cuencas (PRONAMACH), conjuntamente con el Programa Nacional de Alimentación (PRONAA), esta incentivando a mejorar la calidad de los pastos naturales en la zona, lo que implica la tala de bosques en las alturas destruyendo la vegetación natural, estas campañas han tenido un impacto negativo sobre el medio ambiente aunándose a ello la inadecuada actividad ganadera causando una intensa erosión. Sin embargo desde hace 30 años se ha mejorado la calidad del ganado genéticamente, hoy los campesinos crían ganado: Holstein, Cebú y Brown Suize.

Una vaca fina pare una vez al año (añera), descansando 5 meses, mientras que las vacas chuscas paren al año y medio y son de menor tamaño y contextura.. La leche que se produce en la zona una mínima

Recuadro No. 11: Lista de animales

	AC	ZA	EP	S A	RV	LO	GU
Ganado	93	140	124	51	15	25	178
Caballar	29	26	40	17	6	21	41
Mular	7	23	6	4	12	10	7
Ovejas							10
Cerdos	3	4	7	3	10	3	
Gallinas	436	410	265	295	127	249	411
Pavos	12	17	13	10	4	19	12
Patos	19	38	15	6	18	19	
Conejo	10	52					
Cuyes	119	98	117	33	21	135	
Perros	33	50	32	15	7	13	41
Gatos	4	4	14	10		5	18

	NC	SJ	SI	DM	CA	AP
Ganado	42	52	31	2	145	55
Caballar	3	23	3	1	16	6
Ovejas						
Cerdos		5	2	3		
Gallinas	83	260	273	37	130	12
Pavos	2	20	10	1	5	2
Patos	2	20	6	2	7	
Conejo						
Cuyes	24	48			12	16
Perros	10	20	12	2	10	6
Gatos		4				

AC=Achamal, ZA=Zarumilla, EP=El Paraiso, RV=Rio Verde, LO=Luz del Oriente,GU=Guambo NC=Nuevo Chachapoyas, SJ=San José, SI= San Isidro, DM=Dos de Mayo, CA= Canaan, AP=Añasco Pueblo.

parte se destina al autoconsumo, la mayor parte se destina a la venta directa para la preparación de dulces como manjarblanco (leche batida con azúcar), dulce de frijol (frijol batido con leche y azúcar) que son vendidos los domingos en el campo deportivo; así como sus derivados quesillo y el queso. Los promedios de producción de leche son los siguientes (Tabla 11).

Tabla 11: Producción de leche

Especie	Producción
Brown Suize	16 litros diarios.
Holstein	15 litros diarios.
Criollo o chusco	6 litros diarios.

En la cuenca del río Huambo crían ganado vacuno en potreros cercados con alambres de púas o por cercos vivos de plátanos, guayabos, cucarda y

> ### Recuadro No. 12: Percepción sobre las fases de la luna
>
> **Para castrar a los animales:** La castración del ganado debe hacerse en luna menguante más nunca en luna de cuarto creciente, por que se cree que el animal morirá desangrado.
>
> **En la siembra de yuca y camote:** Por ser raíces se siembran en el interior de la tierra (enterrados) y se puede cosechar en cualquier momento o estación lunar.
>
> **En la cosecha del café:** La cosecha debe realizarse en la fase de la luna vieja, para que el café tenga mayor peso y mejor precio en la venta; lo que no ocurriría si se hiciera durante la luna verde (media luna).
>
> **En el corte de la madera:** Cuando se quiere cortar madera para construir una casa esta debe hacerse cuando la luna esta en la fase conocida como mengua, "porque en ese lapso en la planta no tiene savia y su tronco no se apolilla por ello la madera es muy resistente.
>
> Si se corta en la etapa de luna nueva la savia es abundante en la planta, considerandóse como la sangre de la planta, la madera no será resistente y será fácil de apolillarse".

espinos para evitar que el ganado entre en las chacras y malogre los sembríos (Vea Capítulo 5).

En los bosques de la Meseta el ganado anda suelto o es llevado a las chacras recién cosechadas.

La venta del ganado vivo se realiza en Achamal y en Rodríguez de Mendoza, el costo del ganado es según tamaño y peso, cada kilo a un precio de S/. 5.00 nuevos soles. El precio por cabeza de ganado varía entre 800- 1000 nuevos soles (2001). En Achamal y Zarumilla se hace camal y se vende la carne por arrobas (S/. 60 nuevos soles la arroba, Tabla 9) y por pieza. La carne que no es vendida se fía, a condición de que paguen cuando tengan dinero (al mes). Por esta razón muy pocas veces se mata un toro ya que la gente no paga, arguyendo no tener dinero. En los anexos pocas veces se beneficia un animal para venderlo.

Fig. 72. Las gallinas comen bastante yuca. Buenos Aires. // The chickens eat plenty of manioc. Buenos Aires. Foto I. Schjellerup.

La enfermedad del tupe ha disminuído la crianza de ganado, sobre todo en los anexos lejanos y por el costo de la medicina. Los anexos con mayor cantidad de ganado son Guambo, Achamal, Zarumilla y El Paraíso.

Caballos, mulos y asnos son utilizados como medio de transporte de personas y carga; estos transportan madera, costales de café de la chacra, a los caseríos de Zarumilla o Achamal y otros.

Guambo y Buenos Aires son los únicos anexos donde crían ovejas. La crianza de animales menores se ha desarrollado en todo el valle, principalmente gallinas, porque se alimentan con recursos de la zona como yuca y maíz (Fig. 72, Recuadro 11).

Comercio

Ingresos

La principal fuente de ingreso de las familias es la venta de café, seguida del ganado. Algunos venden arroz y maní por latas (medida).

124

Durante el mes de enero llegan compradores de animales menores a Achamal desplazándose hasta Luz del Oriente.

Los jefes de hogar, varones y mujeres, trabajan como peones ganando S/.10 por día, (2001). Especialmente en épocas de cosecha del café incrementando el ingreso familiar. Los días domingo las señoras y sus hijas prepararan dulces, gelatinas y humitas para venderlas durante las competencias deportivas, obteniendo un incremento de sus ingresos. Algunas familias obtienen ingresos a través de sus tiendas ubicadas en sus viviendas donde expenden los siguientes productos: velas, kerosene, azúcar, aceite, galletas, gaseosas, cerveza, cigarrillos, fósforos y pilas. Durante la celebración de fiestas o reuniones comunales se prepara un licor llamado "champán", mezcla de aguardiente con gaseosa y los venden en botellas.

Recuadro No. 13: Ingresos y gastos

Ingresos según orden de importancia

I, II	III	IV	V	VI
café	café	café	café	café
ganado	ganado	comercio	comercio	comercio
aves de corral	aves de corral	aves de corral	aves de corral	aves de corral
transporte	transporte	transporte		
Peón	peón	peón	empl. público	empl. público
Maíz	maíz	mani	maní -frijol	dulces
comida	comida	dulces	dulces	sulces
Aguardiente	champan	terceros	terceros	

Gastos según su orden de importancia

I, II	III	IV	V	VI
Alimentación	alimentación	alimentación	alimentación	alimentación
sal	sal	sal		
kerosene	kerosene	kerosene	kerosene	kerosene
		transporte	transporte	transporte
ropa	ropa	ropa	ropa	ropa
detergente	detergente	detergente	detergente	detergente
peón	peón	peón	peón	peón
med.-animal	medicina-animal	medicina-animal	medicina animal	medicina animal
medicina per	medicina-per	medicina-per	medicina-per	medicina-persona
educación	educación	educación	educación	
cartuchos	cartuchos	cartuchos	equipos de musica	equipos de
musica				
pilas	pilas	pilas	pilas	pilas
aguardiente	aguardiente	aguardiente	aguardiente	aguardiente
herramientos	herramientos	herramientos	herramientos	herramientos

Los hogares también incrementan sus ingresos con la ayuda de "terceros", éstos son en algunos casos los hijos, nietos o algunos familiares que han migrado y que viven en la costa; ellos envían dinero y productos diversos que incrementan la economía familiar.

Gastos

Las familias gastan en alimentación, educación, vestido, producción de sus cultivos, transporte, velas y combustible para el alumbrado de sus viviendas y en las fiestas de los pueblos.

Los jóvenes de los caseríos, en su mayoría, participan de las fiestas religiosas de la provincia de Rodríguez de Mendoza en septiembre, allí gastan un aproximado de 1000 nuevos soles equivalente a 5 quintales de café. Este egreso afecta fuertemente la economía del hogar.

Tabla 12: Ingresos y gastos totales en 6 grupos de familias - total

Categoría de Ingreso	Nº De Fam.	Ingreso	Egreso	Saldo
I, S/. 20 000	3	84460	18198	66262
II, S/. 15 000 – 19 999	3	50820	7812	43008
III, S/. 10 000 – 14 999	5	59235	21590	37645
IV, S/. 5 000 – 9 999	14	98866	40160	58706
V, S/. 2 500 – 4 999	36	126789	82226	44563
VI, S/. 0 – 2 499	109	103308	160808	-57500
Total	170	523478	330794	192694

Valor de cambio (US$1=S/. 3,45; agosto del 2001)

Historias de vida

Sra. Delicia Collazos del anexo Río Verde (edad 41 años).

Nací en Rodríguez de Mendoza, el 4 de Septiembre de 1959, tengo 8 hermanos, 4 mujeres y 4 varones. Me crié con mis padres, ellos han sido pobres y no han podido darnos educación completa, sólo estudié hasta el 3er año de primaria.

Fig. 73. *Anselmo camina 3 horas diarias para ir a la escuela. San Antonio. // Anselmo walks 3 hours every day to get to school. Foto. I. Schjellerup.*

Fig. 74. *María cuida las gallinas en Buenos Aires. // Maria takes care of the chickens in Buenos Aires. Foto I. Schjellerup.*

Me conocí con mi esposo cuando él trabajaba en Mendoza, él era de Huambo. Me casé y recién salí de Mendoza y me fui a vivir a Huambo, en ese entonces tenía 15 años.

He sufrido bastante. Pasaron dos años y todavía no podía convencerme haberme casado tan tierna y también tenía mucha pena por separarme de mi madre.

Hemos vivido en Huambo desde el año 1973. En 1980 salimos a Zarumilla, en ese entonces teníamos tres hijos. Después nos fuimos a la montaña a la cual pusimos el nombre de Río Verde. Fuimos los primeros habitantes después vino más gente cuando ya habíamos hecho los caminos. Nosotros vinimos a la montaña por la pobreza, porque no había terrenos buenos, y porque eran gratis. Mi esposo quería tierras para trabajar, él quería salir de la pobreza, criar sus animalitos y hasta hoy permanecemos en nuestras tierras.

Hilmo Puerta y mi esposo se repartieron terrenos en sociedad, también abrieron trocha para los nuevos caminos. Toda la familia trabajaba, las mujeres cargando nuestros muchachos y preparando alimentos. En cada lugar hacíamos nuestras chozas y poco a poco fuimos llevando nuestros animales; a algunos lugares las bestias no llegaban por lo difícil del camino.

Los primeros años viajábamos en acémilas sólo hasta San Antonio y de allí caminábamos hacia abajo 4 horas.

Durante un tiempo mi esposo trabajó solo, sembrando las chacras, cuando ya había algo para comer llevamos a nuestros hijos. El mayor de mis hijos Gimi Tafur murió, el segundo está vivo Cristian Tafur, el tercero Richar Tafur también murió. De los tres que llegaron dos están muertos y el resto los tuve cuando he vivido aquí.

Antes demorábamos de Zarumilla a San Antonio muchas horas, salíamos a los 8 de la mañana y llegábamos a las 3 de la tarde; de allí caminábamos casi 4 horas para llegar a la choza. La primera vez demoramos dos días en llegar.

Nosotros sembrábamos y criábamos, fuimos los primeros en sembrar Oçcafé porque mi esposo ya conocía la técnica. Vendíamos café descascarado, en piladora de palo; no se vendía café pergamino como ahora. El kilo de café costaba 2 nuevos soles, el maní era barato, el maíz también y siempre trabajábamos en las siembras de arroz, maní, maíz y la cosecha de café. Cuando estábamos en la montaña madrugábamos a las 4 de la mañana a cocinar para los peones y atender a los muchachos. Teníamos chanchos y gallinas como había bastante comida para mantener a la familia y criar los animales ya no dejamos la montaña.

Antes no había los problemas del tupe en los animales pero de allí se ha comenzado a propagar y hay que estar cure y cure a los animales.

Después he tenido cinco hijos, yo me acostumbré, a la larga a la montaña al igual que mis bebes. Cuando me casé no sabia nada de nada, porque vivía en la ciudad. Cuando me casé tenía que ayudar a mantener a mi familia, era difícil y poco a poco me ido acostumbrando.

Me fuí a Mendoza a dar a luz, a Julisa, Luis, Jenny y después a mi Gimi.

Mi esposo murió en 1994 me quedé sola a luchar por mis hijos; lo mataron los subversivos cuando era teniente gobernador, (por eso lo mataron) mi esposo era promotor de Salud nombrado por los mismos médicos y servía a todos.

Fué un lunes 25 de octubre de 1994, saliendo de la chacra a las 6 de la mañana fué a bañarse a la chorrera del corral y cuando estuvo desnudo entraron y lo atacaron; lo llevaron a la playa y escuchamos los tiros y no pensamos que a él le hubieran disparado, pensamos que sólo lo hicieron para asustarlo. Pero ya no volvimos a verlo, al segundo día lo buscamos de un sito a otro, pero no lo encontramos. Yo decía que de repente está vivo y algún día vendría a vernos.

Al mes que lo mataron llegaron a mi casa esos subversivos, esa gente no era conocida y así han matado a varios. Llegaron a reclamar que mi esposo tenía una metralleta y que les entregue. Yo les dije que no hay nada, que pueden entrar y revisar en la casa; yo tenía miedo que puedan matar a mi hijo mayor. Ellos comenzaron a contar como mataron a mi esposo; le dispararon con una metralleta y lo botaron al río. Dijeron que él era un hombre muy valiente y peligroso porque debían llevarlo vivo para que sea un jefe. Ellos llegaron todos equipados y allí me convencí que lo habían matado ellos. Mis hijos buscaban a su padre por las orillas del río, lo llamaban, así fue por mucho tiempo, pero mi esposo ya estaba muerto. Fué difícil convencernos, él se había ido calato, sin llevarse nada, desde que él murió ya no fué lo mismo.

Durante meses pasaba noches enteras y no podía dormir, no podía hacer las cosas, no podía cuidar a mis animales. Recordaba a mi esposo porque era muy trabajador y sentía mucha pena, también recordaba a mis hijos que habían muerto, ellos murieron por falta de medicinas porque en esta montaña estamos incomunicados. Después he tenido dos hijos con otro compromiso pero no pude continuar con mi compañero porque mis hijos no querían estar al mando del padrastro y para que haya paz en la casa terminé con mi pareja.

La vida en la montaña no es fácil, para que la tierra produzca los frutos hay que trabajar bastante. Mis hijos menores ya no pueden educarse, pero no pienso dejar la montaña, mi vida está aquí. Mi hija dice que nosotros somos de la montaña y que moriremos aquí.

Sra. Eva Flores del anexo San Antonio (edad 31 años).

Me encuentro hace dos años acá y estoy porque me gusta la agricultura, la familia de mi esposo nos invitó a venir aca porque somos aficionados a la agricultura y por conocer como es la Selva.

Bueno problemas en mi, ninguno, sólo extraño un poco la familia; debemos luchar bien para lograr nuestro propósito. Como somos una familia muy unida vinieron mis hermanas desde Chiclayo para mis dos partos. En el primero tuve problemas pero no hubo complicación.

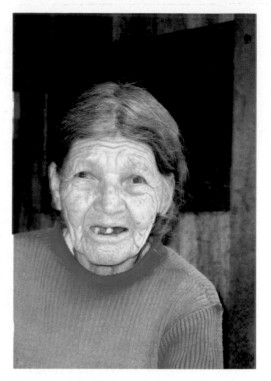

Fig. 75. *Don Pedro pilando arroz en San Antonio. // Don Pedro beating rice in San Antonio. Foto I. Schjellerup.*

Fig. 76. *Doña Tula, la señora más vieja en Achamal que vive sola. // Doña Tula, the oldest woman lives alone in Achamal. Foto I Schjellerup.*

Tengo actualmente cuatro bebes y basta ya, mucho.

La experiencia más fea fue el huracán del 15 de abril de este año; solo duro un par de minutos. Empezaron a caerse los palos más grandes, se cerraron los caminos, de algunas casas se llevaron los techos, fue muy, feo. Yo estaba en mi casa y me desespere, no supe que hacer, no me dió opción. Sólo pude poner a mis hijos debajo de la cama, todo empezó a caerse, todo se vino a bajo y sólo duro 1 a 2 minutos.

Fue como un remolino con un ruido muy fuerte y con mucha lluvia, nunca había sentido antes algo igual, después que había pasado salimos a mirar y vimos que a los árboles gigantes los había sacado de raíz no había pase y teníamos temor que vuelva a repetirse,.

Antes vivíamos en la quebrada y por temor a las víboras salimos de allí, las víboras son grandes de un metro y medio, entraban para comerse a los pollos, nos daba terror. Mi esposo mató dos con un arma, eran Shushupes, las encontró debajo de la cama, la víbora estaba dispuesta a enfrentarse y saltar sobre él. Por este motivo salimos de ahí. Acá se enfrentan la víbora y da la impresión de saltar sobre uno.

Sr. Benigno Torres Rivas del caserio Zarumilla (edad 76 años).

Vine a los 9 años para acompañar a mi padre; el era Benigno Torres Fernández, hijo de Eustaquio Torres Fernández; mi abuela Carmen Fernández.

Venía con mi padre a esta zona a trabajar. Llegaron por acá los infieles, era el paso de los infieles ahí, una mujer vino escapándose a la quebrada y le dieron el nombre de warmiyacu, sus hijos llegaron, no pudieron dar con el rastro y lo dejaron ahí. Dicen que la comunidad a las 12 del día dormían y vinieron preparados para atacar a los infieles, ellos mataron a los infieles de allí ni más volvieron. Estos eran los Orejones, los Coshivos eran los infieles; me contaba mi padre, que ellos destruyeron todos los pueblos y la mujer se salvo.

Esto ha sido hacienda del cura La Riva, él tenía la escritura de todo este territorio, limitaba desde Curallacu hasta Quirimachay. En eso vino la noticia de la parcelación de tierras, vinieron los peritos y repartieron todo. De allí pidieron la escritura a Lima y no se sabe a quien se la entregaron; el tío Teófilo Fernández no sabe quien tiene la escritura de La Riva. La quebrada de Curallacu hasta la cueva de Quirimachay pertenece a La Jalca, todo esto perteneció al cura, él era español pero no sabe de que lugar de España.

Los primeros que venimos aquí fuimos mi papa, mi tío Tobías Rodríguez, solos en la montaña hace muchos años.

Yo tengo 76 años, nosotros trabajamos acá, el cura ya no estaba, yo no lo conocí.

Aquí se producía plátano, cacao, arroz, café, yuca, limón sutil y de todo.

También encontramos frutas naturales, paltas, coca silvestre, pero sólo se utilizaba para chacchar, en ese tiempo no había tonterías.

Yo he nacido en Limabamba y ahí me han criado cuando he sido niño. Estudié en Limabamba, aprendí a escribir en pizarra de lata, tiza de piedra y preparaba una tinta de ubilla, escribíamos con pluma de pava. La ubilla es un árbol de color negro. Así se estudiaba antes. Un día nos encontrábamos estudiando y nos hablaban sobre el fin del mundo y fue la primera vez que pasó un avión, lo vimos más grande que el cóndor y corrimos a escondernos pensando que había llegado el día del juicio final.

También llegó la radio a Limabamba y nos íbamos a la plaza a escuchar música. En esos años recién llegaban los evangélicos con sus predicas y bautizaban a la gente en las quebradas.

Desde hace 30 años vivimos con toda la familia permanentemente acá, he tenido nueve hijos y siempre los he curado con hierbas y con todo natural, he pasado diferentes huracanes pero han sido suaves nunca tan fuertes como este año. Yo estaba abajo cerca al río, mi familia en la parte alta de la chacra, el huracán ha sido con truenos y a destruído todo.

Cuando recién llegamos con mi tío y mi papá todo esto era montaña tupida y no teníamos miedo a nada, matábamos osos, tigrillos, osos, otorongos y también víboras de todo tipo y tamaño.

En ese tiempo también venía la familia Bazan a sembrar, ellos eran de Limabamba. El papá se alejó de la choza para sembrar y un tigre lo atacó y se lo comió, dejando sólo los huesos. Después disparó al tigre con la carabina.

El tigre busca a la gente para comerla. Los otorongos son felinos más grandes y pesan 10 arrobas; son altos y grandes; también hay oso, sagino, venado, choscas, carachupa. Hoy ya no se encuentran muchas víboras, antes habían de toda clase: Ashipamama es la madre de todas las víboras mide 7 metros de largo, es azul claro como el cielo, comen ratas y se lo pasan enteras, esta víbora no ataca al hombre es una víbora que se cría en la casa. Otra es la caferilla con vientre blanco, la shushupe y la Jergon estas son del mismo color. La boa es de color verde como la champa, hay poca1<s, no se dan cuenta porque se confunden con la yerba. La Sierracha es verde oscuro, es como una navajita delgadita.

La víbora esta 6 meses en el interior ovando y sale en julio, en verano después de incubar.

Sr. Salvador Chanta del anexo El Paraíso (edad 70 años).

Antes he vivido en la provincia de Huancabamba caserío de Tambillo, cerca a la laguna sembrando oca, papa, olluco serrano.

Tengo viviendo acá 22 años, vine con mi esposa y dos hijos, hemos tenido aquí cuatro hijos más.

Hoy vivo aquí en la montaña, he hecho mi casa de muesca, tengo mi chacra y siembro.

Hace cuatro años que estoy en El Paraiso, en la montaña lo más triste es estar solo. Acá hemos venido por la escuela ya que tenemos una nietita que estamos criando y es lejos para que venga a estudiar, por eso hemos comprado este solar acá cerca a la escuela. No tenemos terreno, nosotros todos los días vamos a trabajar allá arriba donde quedan mis chacras.

La vida en la montaña no es fácil porque no hay facilidades, nosotros sembramos café, maíz, fríjol y plátano. El café lo vendemos y de allí sacamos dinero, en la actualidad se está comprando café a 2 ó 2.20 soles pero ahora ya no quieren comprar por eso estamos jodidos. Yo no soy de la cooperativa porque allí hay que dar fuera del descuento de la cáscara unos kilos más según la cantidad que se venda.

El ganado quiere inverna sino hay inverna no hay ganado, eso es lo que sucede acá, no hay ganado porque no hay pastos naturales.

¿Cada qué tiempo se va a Piura?

Ya no he vuelto; ya no extraño. Extraño a veces mi tierra para comer oca, acá no da porque es montaña. También extraño el grano de mi tierra, yo he nacido con trigo, maíz, cancha, papa, oca, olluco eso sembraba, por venir acá he dejado mi terreno sin vender a nadie es bastante grande y todo lo deje pero ya no quiero volverme. Ya me he acostumbrado acá, me adapté con mi familia y con mis hijos.

Cuando recién llegué me daba miedo la víbora, también el tigrillo porque una vez me atacó, se tiró encima de mí, también he corrido a un otorongo con un palo, mi cuñado me ayudó, el otorongo era grande como un burro. Por eso traje dos perros buenos y el otorongo se los tragó desde la cabeza con todo hueso como el gato traga al ratón, por eso ya no hay perros.

Resumen

La situación contemporánea basada en la investigación antropológica ha descrito con énfasis temas referentes a infraestructura, población, religión, actividades socio económicas y uso de recursos naturales.

Sin duda el mejoramiento vial a inicios de los 70s ha favorecido la incorporación de nuevas tierras agrícolas así como el acceso a zonas nuevas, produciendo una acelerada deforestación. La nueva carretera Achamal - Zarumilla impactará fuertemente el ambiente. Los procesos migratorios han determinado el asentamiento de familias de diferentes lugares de la sierra, que premunidos de sus propias expresiones culturales intervienen en el ambiente. Las estrategias adaptantes surgen como respuesta al choque cultural al pasar de un ecosistema a otro (sierra - selva alta) y procesos adaptantes que traen como consecuencia el cambio de sus prácticas agrícolas. La selva alta presenta características propias como vegetación, árboles, animales y alta humedad que permite un crecimiento acelerado de plantas lo que impacta en la concepción de los migrantes modificando sus símbolos culturales y sus imaginarios individuales y colectivos, que implica diversidad en el manejo del ambiente así como en sus relaciones familiares, sociales y religiosas. La escala espacial en la cual la población se ha adaptado al ambiente será vista en el capítulo 6.

En la cuenca del río Huambo la pobreza se expresa en las pocas expectativas de la juventud que asume desde muy temprano responsabilidades paternas; aún sin tener una educación que lo capacite para actividades laborales. Por ello las prácticas agrícolas no tienen un mejoramiento técnico afrontando la agricultura un alto riesgo. El Huambo es una zona cafetalera de buena producción, pero por fluctuaciones de precios en el mercado internacional los campesinos fueron afectados perdiendo producción y dinero. Esto refleja la influencia del mercado internacional en la economía agrícola de la zona.

La relación entre el patrón de asentamiento y el potencial agrícola revela una diferencia significativa entre el valle Huambo y La Meseta. La diferencia se refleja también en la organización de los asentamientos. Canaan y Añasco Pueblo surgen a iniciativa de dos hermanos (hijos de Benigno, pionero de La Morada) y el valle del Huambo por iniciativa de migrantes individuales.

Mientras que la economía principalmente está en un nivel de susbistencia en La Meseta, la economía está más orientada al mercado internacional en el valle de Huambo.

Las relaciones existentes entre los elementos del ecosistema son de suma importancia para entender la vida cotidiana, pues sus experiencias vivenciales tienen lugar en ese espacio que paulatinamente va modificándose.

Capítulo 5: Vegetación y uso de los Recursos Naturales

Bosques montanos orientales en el Peru

La cordillera de los Andes que configura todo el relieve occidental de América del Sur, se divide en el Perú en tres ramales, el occidental, central y oriental. La cadena oriental con influencia climatológica del Amazonas y del Atlántico, hace posible la existencia de bosques que se extienden desde los 80 m hasta los 3800 - 4000 m. Estos bosques fitogeográficamente corresponden al dominio Amazónico y están agrupados en bosques tropicales de Selva Baja, bosques premontanos y bosques montanos con subdivisiones determinadas por factores climáticos, edáficos y biológicos. Los bosques tropicales de Selva Baja se extienden a partir del límite inferior hasta aproximadamente 600 m de elevación, que es el límite inferior de los bosques premontanos hasta los 1200 - 1500 m de elevación. A partir de estas elevaciones se extienden los bosques montanos alcanzando límites superiores a los 4000 m de elevación en el lado oriental.

Los bosques montanos, incluyendo a los premontanos son designados como "Selva Alta", "Ceja de Selva", "Ceja de Montaña", "Cabecera de montaña" o región "Rupa-Rupa". El límite superior se inicia con formaciones transicionales de bosques aislados y rodeados por pajonales. El bosque montano continuo se extiende por debajo de los transicionales y según sea la ubicación geográfica pueden tener un límite inferior por debajo de los 1200 m de elevación, donde empiezan los bosques premontanos. Aunque no existen líneas limítrofes entre los diferentes tipos de vegetación, es posible notar el cambio de la representatividad en especies vegetales. Este tipo de bosques en su mayoría se caracterizan por ser húmedos y muy húmedos y con presencia de neblina en forma casi constante. Por debajo de estas elevaciones se ha establecido el bosque tropical, conocido como "Selva Baja", "Omagua" o "Hylaea", caracterizada por extensas áreas planas y sin neblinas permanentes.

La Ceja de Selva debido a la influencia del Amazonas y del Atlántico se caracteriza por sus temperaturas relativamente bajas que oscilan entre los 9 y 25º C, alta incidencia de neblinas y por lo tanto gran humedad según sea el tipo de formación vegetal. Los bosques nublados, así también llamados, porque durante casi todo el año la atmósfera, la

Recuadro No. 15: Método botánico

Las investigaciones botánicas realizadas en las cuencas de río Huambo y río Jelache (La Meseta), comprendieron dos etapas, una de campo y la otra de laboratorio. En el campo se tomaron datos según sean los objetivos a cumplir. Así para el análisis de la diversidad de los bosques maduros y secundarios se realizaron transectos de 5 m x 240 m, divididos en 48 sub unidades de 5 m x 5 m cada una y parcelas de 20 m x 20 m, con dos repeticiones en cada localidad de las cuencas de río Huambo y río Jelache. Se realizaron inventarios de las plantas que crecen dentro y alrededor de las construcciones de los monumentos arqueológicos y se tomaron datos de las parcelas de 20 m x 20 m. Para el estudio etnobotánico se hicieron encuestas y entrevistas a los pobladores, generalmente a los de mayor edad, elaborando listas de las especies útiles y forma de aprovechamiento, los cuales fueron verificados al visitar sus hogares y chacras de cultivo en colaboración con el módulo antropológico. Para todos los efectos, se realizaron colecciones botánicas. Generalmente se colectaron siete muestras de cada planta, valiéndose para tal efecto de un desplantador, tijeras podadoras y machetes, según se trate de hierbas, arbustos o árboles. Las muestras seleccionadas de cada planta contenían flores y frutos, además de las hojas, en algunos casos solamente flores o frutos y en plantas monoicas y dioicas se colectaron las ramas floríferas masculinas y femeninas. Las muestras fueron colocadas en diarios usados, enumeradas, prensadas, empaquetadas y conservadas en alcohol, durante la permanencia en el campo hasta el secado en el herbario. Así mismo se tomaron datos "in situ" del hábito, hábitat, usos, forma de aprovechamiento, fecha de colección, características particulares de la planta, elevación, localización geográfica con ayuda de GPS y se tomaron fotografías y slides de las especies colectadas.

La "técnica del alcohol" consiste en colocar las ramas seleccionadas dentro de periódicos usados. Luego en un costado del periódico se escriben las iniciales del colector y se enumeran con lápiz o lapicero con tinta indeleble; éstas se apilan una sobre otra hasta aproximadamente 15 cm de alto, todas con la abertura a un mismo lado, posteriormente las muestras se envuelven con periódicos usados formando un paquete que es atado con hilo pabilo dejando la abertura de las muestras sin envolver. Los paquetes formados se introducen en una bolsa plástica gruesa y resistente y se acomodan con la abertura hacia arriba, luego se agrega la solución de alcohol y agua en la misma proporción, dependiendo del tipo de muestra y del tiempo de permanencia en el campo. La proporción de alcohol debe ser mayor cuando se trate de plantas crasas o suculentas y menor si son hierbas no suculentas o si se trata de helechos, briofitos o líquenes. La solución de agua y alcohol (de no conseguirse alcohol agregar "aguardiente" o "cañazo" sin diluir) debe cubrir completamente las primeras muestras, colocando sobre éstas otras muestras hasta llenar la bolsa. Posteriormente la bolsa se cierra herméticamente con cinta de embalaje y se enumera la bolsa para su prioridad en el secado. Finalmente se coloca dentro de un saco de polietileno, asegurándolo para su transporte hasta el herbario. Esta técnica permite conservar las muestras por dos hasta tres meses antes del secado, sobretodo cuando se colecta en lugares inaccesibles a vehículos en bosques húmedos y donde es difícil llevar una estufa; sin embargo, las muestras pierden el color de las flores y hojas, para esto el colector debe anotar entre otras características el color de sus órganos.

En el herbario se procedió al secado, montaje, etiquetado y determinación de las muestras. La determinación de muchas especies se realizó con la ayuda de material herborizado y haciendo uso de literatura especializada y claves taxonómicas. Algunas muestras fueron clasificadas porque resultaron nuevas para la ciencia, las cuales han sido descritas, esquematizadas y publicadas por miembros del proyecto. El material colectado fue incorporado al Herbario Antenor Orrego (HAO) de la Universidad Privada Antenor Orrego de Trujillo, Herbarium Truxillense (HUT) de la Universidad Nacional de Trujillo, Herbario de la Universidad Nacional de San Agustín de Arequipa (HUSA) y cuatro duplicados enviados al Herbario del Field Museum (F) de Chicago U.S.A. para las determinaciones y clasificaciones respectivas de los especialistas.

vegetación y el suelo se hallan saturados de agua y dependiendo de las elevaciones tienen un promedio de 1000 a 4000 mm anuales de precipitación. De las precipitaciones que ocurren anualmente en esta zona, un promedio de las dos terceras partes es devuelta a la atmósfera como evapotranspiración y el resto se elimina como escurrimiento a través de los numerosos riachuelos. Estos riachuelos frecuentemente abruptos por la presencia de altas y angostas cimas llamadas "filas" o "cuchillas" están conformadas por numerosas quebradas. Las aguas en su recorrido forman muchas cataratas o entran por estrechos y profundos cañones para llegar a aumentar el caudal de numerosos ríos torrentosos.

Las lluvias en estos bosques son abundantes en casi todo el año, con un periodo considerado de "verano" o "secano" en los meses de agosto hasta octubre, donde las lluvias se suspenden por algunos días y alternan con lluvias moderadas. En esta época los ríos y quebradas poseen el menor caudal aumentando progresivamente hasta la época "lluviosa" o "invierno" en los meses de noviembre hasta abril, donde el caudal de los ríos llega a su más alto nivel. En estos meses las lluvias son torrenciales y prolongadas, las cuales generan deslizamientos de áreas debido a la humedad y al declive del terreno. Según Young & León (1999) manifiestan que el 10 % de la disturbancia de los bosques se debe a deslizamientos en los bosques montanos orientales del Perú; sin embargo, en las cuencas del río Huambo y río Jelache, éstos no son abundantes.

Los suelos son poco profundos. La superficie está formada por capas de materia orgánica entre ellos troncos parcialmente descompuestos, hojas y raíces superficiales, luego es seguido de capas grises o blancas de 20 cm de profundidad aproximadamente. Dependiendo del lugar existen otras capas oscuras que no son profundas antes de llegar a la roca madre, lo que significa que estos suelos no son aptos para la agricultura o ganadería permanente. Cuando a estos suelos se les despoja del bosque maduro para establecer cultivos y en otros casos para establecer invernas y criar principalmente ganado vacuno, éstos no son capaces de soportar más de cinco años y se empobrecen. Esto es producto de la erosión acelerada a la que están sometidos, quedando el subsuelo y muchas veces la roca madre, expuestos a las repetidas lluvias y neblina.

El medio ambiente de la Selva Alta, esta dada en gran parte por la humedad y el relieve pronunciado de un gran porcentaje del área que ocupa. La topografía presenta pendientes abruptas y son escasas las áreas planas o de declive moderado. Estas áreas están cruzadas por ríos y quebradas torrentosas, lo que ha favorecido la evolución de endemismos en numerosos grupos de plantas y animales. Los bosques premontanos y montanos orientales se distinguen por la impenetrable cubierta vegetal que siempre permanece verde y a veces comparte algunos componentes vegetales con los bosques montanos occidentales debido a múltiples factores geográficos e históricos, que han generado la concentración de una diversidad grande en especies vegetales y animales.

La vegetación progresivamente cambia sin tener una clara delimitación de una a otra zona de vida.

Por encima de los 2500 m abundan especies de las familias Ericaceae, Asteraceae, Cunoniaceae, Myrsinaceae, Proteaceae, Podocarpaceae, Rosaceae.

Desde los 2000 m hasta aproximadamente los 2500 m tienen mayor representatividad especies de las familias Lauraceae, Melastomataceae, Rubiaceae, Solanaceae, Araceae, Fabaceae, Piperaceae, Asteraceae y muchas Pteridophyta.

Desde los 1500 m hasta los 2000 m son abundantes las Lauraceae, Rubiaceae, Araliaceae, Melastomataceae, Clusiaceae, Annonaceae, Myrtaceae, Meliaceae, Fabaceae, Araceae, Moraceae, Solanaceae, Arecaceae.

Desde los 1000 m a 1500 m las familias mejor representadas son las Moraceae, Fabaceae, Sapindaceae, Lauraceae, Bignoniaceae, Rubiaceae, Euphorbiaceae, Apocynaceae, Flacuortiaceae, Malpighiaceae, Myrtaceae, Nyctaginaceae, Anacardiaceae, Clusiaceae, Meliaceae, Myrsinaceae, Olacaceae, Sterculiaceae, Bombacaceae.

Por debajo de los 1000 m de elevación son las Moraceae, Bombacaceae, Rubiaceae, Arecaceae, Meliaceae, Cecropiaceae, Verbenaceae, Bignoniaceae entre las principales.

Las formas de vida de la vegetación que crecen en las partes superiores, debido a la exposición al viento y a la humedad hacen que los árboles generalmente presenten el tronco retorcido e inclinado, de aproximadamente 0,50 m de diámetro. A medida que desciende la elevación los diámetros se hacen mayores; sin embargo, como el suelo es poco profundo, las raíces de los árboles son superficiales y a fuertes lluvias y vientos, éstos caen erosionando gran parte del terreno (Fig. 88).

Las copas de los árboles son típicamente pequeñas y a veces apretadas entre sí, pero se vuelven anchas y de abundante follaje a menores elevaciones. Las hojas son pequeñas, duras y muchas veces agrupadas en fascículos, en las especies de elevaciones superiores, pero son todo lo contrario a medida que descienden dichas elevaciones. Estos árboles sirven además de hábitat de numerosas especies epífitas como algas, líquenes, musgos, helechos, bromeliáceas, orquídeas entre otras.

El estrato arbustivo y herbáceo se caracteriza por la presencia de especies trepadoras y los llamados "suros" (*Chusquea* sp.) que hacen de estos bosques casi impenetrables.

Hace cinco décadas los pobladores de la Sierra iniciaron la tala y quema de árboles, para instalar sus cultivos y criar ganado vacuno principalmente, en pequeñas áreas. En la última década según Young (1992), las vertientes orientales están habitadas por más de un millón de personas, que han cambiado y cambiarán aún más las distribuciones bióticas. Estos cambios, sin embargo, tienen intensidades dependiendo de la elevación, así, desde los 2500 m hasta los 3500 m el impacto es menor debido a que éstas tierras no son muy aprovechables para la agricultura y ganadería, pero la pérdida de la cubierta vegetal se debe a los incendios en los pajonales en el límite superior o por influencia de carreteras y caminos, en tanto que, los mayores cambios en la Selva Alta se originan desde los 500 m hasta aproximadamente los 2500 m. Estos cambios son originados por actividades agrícolas, ganaderas y extracción de maderas, principalmente realizados por los pobladores procedentes de la Sierra, quienes avanzan en la colonización de nuevos terrenos, abandonando las ya deforestadas y erosionadas.

Los bosques montanos y premontanos orientales del Perú, son de enorme importancia desde el punto de vista hidrológico forestal, de diversidad biológica y cultural, por que han sido y son usados por muchas tribus de la Amazonía. En estas regiones se han desarrollado culturas pre-incaicas como los Chachapoyas con su estilo propio, así mismo, los Incas aprovecharon estas tierras. Muchos refugiados pre-incas que no se sometieron al Imperio como es el caso de los "Lamas" en San Martín. Los pobladores de Wayko en Lamas, han vivido y viven aprovechando los recursos de estas tierras de manera racional y equilibrada (Schjellerup et al. 2001).

De tal forma que urge adoptar medidas de protección en zonas erosionadas y frágiles así comoesforzar investigaciones donde los científicos no han llegado para registrar la diversidad. En el ámbito global, según Gentry (1992) la alta diversidad de América tropical, comparada con la de Africa Tropical o Austral-Asia, se debe a la presencia de los Andes y que esta diversidad podría deberse a una "especiación explosiva" resultando un mayor endemismo local en los bosques nublados de los Andes que en otras partes del mundo. La diversidad florística de los Andes Tropicales es por tanto, mayor al presente en América Central o en el sur de Sudamérica, por lo que en cada bosque talado en el Perú podría representar la pérdida de docenas de especies de plantas desconocidas lo que implicaría una tasa de extinción sin igual en el mundo.

Los bosques en las cuencas del río Huambo y del río Jelache (La Meseta)

Introducción

Durante las exploraciones realizadas a las cuencas del río Huambo y río Jelache en 2000 y 2001 se han colectado alrededor de 455 taxa de plantas. Estos corresponden a aproximadamente 223 géneros, agrupados en 74 familias; de las cuales, 5 géneros pertenecen a mixomicetos, 4 a briofitas, 24 a pteridofitas (helechos y plantas afines) y 190 géneros que corresponden a las angiospermas.

Las formaciones boscosas que existen en los bosques húmedos montanos y premontanos corresponden a muchas de las clasificaciones realizadas por otros autores como Weberbauer (1945), Tosi (1960), según el Sistema de Clasificación de Fanerógamas Vegetales del Mundo propuesta por Holdridge (1982).

La zona que une Bolívar-La Morada y Leimebamba-Los Chilchos pertenecen al Dominio Andino con comunidades vegetales de Jalca (Tabla 13). El límite inferior es seguido por el Dominio Amazónico con bosques transicionales y bosques montanos continuos (Fig. 77). El área de estudio presenta cinco principales tipos de vegetación: Comunidades vegetales de Jalca comprendida entre 3700 m hasta los 4200 m, vegetación transicional de 3500 m hasta los 3700 m, bosque montano alto de 2800 m hasta los 3500 m, bosque montano de 1500 m hasta los 2800 m y bosque montano bajo desde los 900 m hasta los 1500 m de elevación. Es la primera investigación botánica en esta área pero mucho más información se necesita en la región limítrofe de los departamentos de La Libertad y Amazonas con el departamento de San Martín.

Tabla 13:   Tipos de vegetación

Vegetación	Altitud (m)
Jalca	3700-4200
Vegetación Transicional	3500-3700
Bosque Montano Alto	2800-3500
Bosque Montano	1500-2800
Bosque Montano Bajo	900-1500

Las comunidades vegetales de Jalca se ubican por arriba de los 3700 m de elevación, tienen abundantes rocas y peñascos que

Fig. 79. *Laguna La Artesa como parte de las comunidades de lagunas en la Jalca del Departamento de San Martín. // Lake La Artesa is part of the Jalca lake community in the department of San Martin. Foto K. Edmunds*

En estas áreas existen muchas lagunas como La Playa, La Trucha, La Artesa y La Tinaja (Fig. 79).

Alrededor de estas lagunas crecen muchas especies arbustivas y arbóreas formando las comunidades vegetales de lagunas. Las especies representativas de estas comunidades son *Escallonia* "potrante" (Grossulariaceae), *Myrcianthes* (Myrtaceae), *Myrsine* (Mysinaceae), *Miconia*, *Brachyotum* "zarcilleja" (Melastomataceae), *Gynoxys* "llamanche", *Baccharis* "tayanga de jalca", *Diplostephium*, *Jungia* (Asteraceae), *Saracha*, *Cestrum* (Solanaceae), *Weinmannia* (Cunnoniaceae), *Vaccinium* (Ericaceae), *Fuchsia* (Onagraceae), *Berberis* "chupite" o "chupiti" (Berberidaceae), *Chusquea* (Poaceae), *Puya* "piña" (Bomeliaceae), *Monnina* "cabra micuna" (Polygalaceae), *Hypericum laricifolium* "chinchango" (Clusiaceae) entre las principales y además líquenes, briofitas (musgos) y Pteridofitas (helechos).

Es importante destacar la presencia de áreas casi continuas aunque no muy extensas que permanecen completamente húmedas o pantanosas, donde no es posible realizar actividades agrícolas o ganaderas. Estas áreas reciben permanente humedad durante todo el año con

146

Fig. 80. *Bosques transicionales de Airitambo (Dpto. San Martín). // Transitional forests of Airitambo (Dept. of San Martin). Foto. K. Edmunds*

características semejantes a un Páramo, pero sin las especies representativas de éste. Las especies que crecen en este tipo de vegetación son turberas de *Distichia* y musgos abundantes del género *Sphagnum* (Sphagnaceae), helechos de los géneros *Blechnum* (Blechnaceae), *Elaphoglossum* (Dryopteridaceae) y *Lycopodium* (Lycopodiaceae).

Las fanerógamas están representadas por *Werneria nubigena*, *Baccharis genistelloides* y especies de *Hieracium* (Asteraceae).

Entre otros representantes tenemos a *Plantago tubulosa* (Plantaginaceae), *Alchemilla orbiculata* (Rosaceae), *Cyperus*, *Carex*, *Rhynchospora* (Cyparaceae), *Gentianella* (Gentianaceae), *Brachyotum* (Melastomataceae) entre las principales.

De allí que, estas formaciones podrían ser áreas de transición entre el Páramo y la Jalca "Jálcamo".

Las formaciones boscosas se inician con bosques transicionales que se caracterizan por áreas poco extensas, rodeados de pajonales de Jalca, cuyo dosel superior alcanza los 10 - 15 m de alto, ubicados en las faldas y quebradas empinadas como es el caso de Airitambo - Rangra Pata (Bolívar-Huallaga) y El Mezón - Hierba Buena (La Morada) (Fig. 80).

La vegetación está representada por *Escallonia* (Grossulariaceae), *Vaccinium* (Ericaceae), *Weinmannia* (Cunoniaceae), *Miconia* (Melastomataceae), *Myrcianthes* (Myrtaceae) *Gynoxys*, *Jungia*, (Asteraceae), *Cestrum* (Solanaceae), *Fuchsia*, (Onagraceae), *Rubus* (Rosaceae), *Nasa* (Loasaceae), *Chusquea* (Poaceae), *Berberis* (Berberidaceae) entre los principales árboles y arbustos. Crecen también muchas especies herbáceas, plantas apoyantes, volubles y trepadoras como: *Bomarea* (Alstroemeriaceae), *Cobaea* (Polemoniaceae), *Mikania* (Asteraceae), *Dioscorea* (Dioscoreaceae), *Passiflora* (Passifloraceae), *Begonia* (Begoniaceae), plantas hemiparásitas (*Aetanthus*) y epífitos como líquenes, musgos y helechos y fanerógamas de las familias Bromeliaceae y Orchidaceae principalmente.

Estas comunidades de vegetación son semejantes a las que se encuentran entre el distrito de Leimebamba (Amazonas) camino a los Chilchos (San Martín) y desde allí a Añazco Pueblo.

El bosque montano se inicia por debajo de los bosques transicionales y es posible observar una delimitación entre la Jalca y el bosque. El bosque montano alto presenta en su composición florística especies de Jalca como gramíneas que se mezclan con arbustos y árboles que alcanzan los 10 - 15 m en el dosel superior y que aumentan en altura a medida que las elevaciones son menores (Fig. 80). Estas áreas están cubiertas por especies de Ericaceae, Melastomataceae, Cunoniaceae, Grossulariaceae, Chlotanthaceae, Araliaceae, Piperaceae y Solanaceae en el estrato arbóreo.

Entre los arbustos las Asteraceae están bien representadas (*Baccharis*, *Loricaria*, *Diplostephium*, *Gynoxys*, *Llerasia*) y otras especies de los bosques transionales en el estrato herbáceo. Así mismo, crecen especies epífitas y hemiparásitas, con la presencia del género *Chusquea* (Poaceae) que lo vuelven muy tupido y de difícil acceso.

Bosque húmedo montano

Como hay diferencias en la composición de la vegetación en el bosque húmedo montano entre La Meseta y la cuenca del río Huambo ambas áreas se describen a parte.

El bosque húmedo montano es ubicado desde aproximadamente los 1500 hasta los 2800 m de elevación. Estos bosques inicialmente fueron contínuos y en la actualidad están modificados desde Omia (Amazonas) y demás localidades como Guambo, Achamal hasta llegar a Luz del Oriente.

En la Meseta los pobladores recién han formado los centros poblados de Reposo del Pastor (Pascuala Baja y Alta), Añazco Pueblo, La Canaan y Palestina.

Bosque húmedo montano en La Meseta, cuenca del río Jelache.

La vegetación de La Meseta es muy extensa y comprende muchas formaciones vegetales con una diversidad biológica muy grande que han sido tratadas antes en los estudios sobre el pueblo de La Morada por Quipuscoa (Schjellerup et al.1999).

El bosque maduro comprende un área extensa, con una diversidad grande en vegetales y permanece sin ser disturbado alrededor de 500 años. El estrato arbóreo alcanza de 35 - 40 m de alto en su dosel superior y se caracteriza por la gran cantidad de epifitismo. Las familias de fanerógamas mejor representadas son las Rubiaceae con 15 %, seguido de las Lauraceae 14 % Solanaceae, Moraceae 9 %, Fabaceae y Clusiaceae 7 % y las demás familias en aproximadamente un 55 %, referido al total de especies de angiospermas registradas en los transectos y parcelas.

El estrato arbóreo

El estrato arbóreo alcanza los 35 - 40 m en el dosel superior, con especies que pertenecen a los géneros *Ficus* (ojé, matapalo, renaco) y *Clarisia* (lechoso) de las Moraceae; las Meliaceae con *Cedrela* "cedro"; las Lauraceae con especies de *Nectandra* "ishpingos", *Ocotea* "mohena" y *Persea* "palta silvestre".

Entre las Fabaceae el género *Inga* ("huabilla", "huabo", "shimbillo" o "pacae") es el más diverso y crece generalmente en las riberas de ríos o borde de quebradas. Esta familia también esta representada por especies de *Erythrina* "pajuro", "poroto silvestre" y *Cedrelinga cateniformis* "tornillo".

Las Myrtaceae están bien representadas por el género *Myrcianthes* "lanche" árboles de los cuales se aprovechan sus frutos y su madera; las Solanaceae con una especie de *Solanum* "espina" de flores moradas y cuyos frutos verdosos a la madurez se usan para lavar por contener saponinas. *Toxicodendron* "itil" (Anarcardiaceae) es una especie tóxica para el hombre (Fig. 81). *Heliocarpus americanus* "llausa" o "chaquicha" (Tiliaceae) es un árbol de 25 - 30 m de altura y una especie útil en la confección de sogas.

El estrato arbustivo

El estrato arbustivo compuesto por especies que alcanzan de 2 - 4 m de alto, alcanzando representatividad muchas especies del género *Piper* "matico", "cordoncillo" (Piperaceae). Entre las Asteraceae destacan especies de los géneros *Barnadesia* (Fig. 84), *Pentacalia* y *Liabum* entre las principales. Las Euphorbiaceae representadas por el género *Phyllanthus* "chanca piedra" especie medicinal, *Croton* y *Acalypha*. Varias Urticaceae crecen debajo de los árboles principalmente de los géneros *Urera* y *Phenax*. El género *Cardiospermum* (Sapindaceae) es representativo de esta familia. Las Melastomataceae están representadas por los géneros *Meriania*, *Tibuochina* y varias especies de *Miconia*. En este estrato crecen especies de flores aromáticas y vistosas de *Begonia*, siendo *Begonia parviflora* la más abundante. Los géneros *Solanum*, *Lycianthes* y *Cestrum* representan a las Solanaceae.

Otra de las familias mejor representadas son las Rubiaceae con especies de *Palicourea* caracterizadas por el colorido de sus inflorescencias y varias especies de *Psychotria*; en tanto que las Campanulaceae están representadas por *Centropogon* y *Siphocampylus*. Entre los árboles crecen especies del género *Chusquea* "suro" o "carricillo" (Poaceae) y otras plantas trepadoras, bejucos y apoyantes de las familias Bignoniaceae, Asclepiadaceae y Sapindaceae principalmente, formando áreas enmarañadas casi impenetrables.

El estrato herbáceo

El estrato herbáceo constituye en su mayor porcentaje por los pteridofitos (helechos). Las familias mejor representadas son las Dryopteridaceae (*Diplazium*, y *Elaphoglossum*), Polypodiaceae (*Polypodium*, *Pecluma*, *Campyloneurum*), Pteridaceae (*Pteris*, *Lindsaea*, *Adiantum*), Hymenophyllaceae (*Hymenophyllum* y *Trichomanes*), Davaliaceae (*Nephrolepis*), Aspleniaceae (*Asplenium*), Blechnaceae (*Blechnum occidentale*) y Lycopodiaceae (*Lycopodiella cernua*), entre las principales.

Además crecen angiospermas como Piperaceae con especies suculentas del género *Peperomia*, Amaranthaceae (*Iresine*), Bromeliaceae (*Pitcairnia*), Begoniaceae (varias especies de *Begonia*), Asteraceae (*Munnozia* y *Mikania*, hierbas apoyantes que alcanzan varios metros de largo). Solanaceae (*Physalis peruviana* "tomatito" tiene frutos comestibles, *Larnax*, *Lycianthes*, entre otros géneros), las Araceae con muchas especies principalmente *Anthurium*, las Orchidaceae con muchas familias entre los más abundantes *Altensteinia* y *Epidendrum* (Fig. 85).

Fig. 84. Barnadesia *(Asteraceae). Arbusto espinoso con lígulas lilas.* // Barnadesia *(Asteraceae) Foto V. Quipuscoa*

Fig. 85. *Rama florífera de* Epidendrum *(Orchidaceae).* // *Flowering branch of* Epidendrum. *Foto V. Quipuscoa*

También son presentes especies de los géneros *Carex* (Cyperaceae), *Mucuna* (Fabaceae), *Chamaesyce* (Euphorbiaceae), varias especies de *Salvia* (Lamiaceae), *Cyclanthus bipartitus* (Cyclanthaceae), *Dioscorea* (Dioscoreaceae), varias especies de *Passiflora* (Passifloraceae), *Cissus* (Vitaceae), *Dicliptera* (Acanthaceae), *Renealmia* (Zingiberaceae) y especies de las familias Marantaceae, Cucurbitaceae, Asclepiadaccae, Asteraceae, Ranunculaceae, Poaceae aún no determinadas.

El bosque húmedo montano en la cuenca de río Huambo

El bosque continuo se presenta interrumpido por áreas deforestadas, bosques secundarios, chacras abandonadas y chacras cultivadas. Esta formación está constituída por el estrato arbóreo, arbustivo y herbáceo, donde están mejor representadas las Lauraceae con 16 %, Rubiaceae 13 %, Moraceae, 10 %, Fabaceae, 9 %, Araliaceae 6 %, Melastomataceae 5 % y demás familias con el 41 % que corresponde al total de especies de angiospermas registradas para las parcelas y transectos.

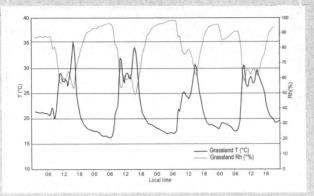

Fig. 89 *Temperatura y humedad relativa de un período de 4 días de agosto 21 – 24 del 2000. Localidad: Area de pasto en Luz del Oriente. // Temperature and relative humidity for 4 day period from 21ˢᵗ – 24ᵗʰ of August 2000. Location: Grassland area at Luz del Oriente.*

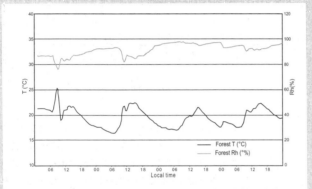

Fig. 90 *Temperatura y humedad relativa de un período de 4 días de agosto 21 – 24 del 2000. Localidad: Area de bosque maduro en Luz del Oriente. // Temperature and relative humidity for 4 day period from 21ˢᵗ – 24ᵗʰ of August 2000. Location: Mature forest area at Luz del Oriente.*

denso. Los instrumentos fueron colocados centralmente en áreas homogéneas para maximizar la distancia al límite de la transición (Oke 1987). Las distancias entre los dos sitios eran app. 500 metros. Figs. 88 y 89 demuestran las diferencias entre las dos localizaciones. El rango de temperaturas diurnal es profunda para la localización de los herbazales (15-20°C). El levantamiento de la curva de la temperatura es especialmente dramático, que es debido a la calefacción local intensa cuando el sol sale detrás de la topografía local algo de una hora después de la salida del sol.

La temperatura cumbre sobre 30°C alrededor 13:30 horas pero por nubes dispersas del cúmulo ocasionalmente baja la temperatura a medio día. Temperaturas durante la noche acerca 16°C. El nivel de la humedad relativa se acumula durante la noche a un máximo alrededor de la salida del sol. Durante el día, disminuye correspondiendo a la subida de la temperatura.

En la localización del bosque, el rango de temperaturas diurnas está moderado por la densa cubierta de vegetación (app. 8°C). Las temperaturas máximas son app. 10°C más bajas que en la localización de pastos. El perfil de la humedad se modera además, con los niveles constantemente altos de humedad relativa.

El estrato arbóreo

El estrato arbóreo alcanza los 35 - 40 m de alto con especies de *Ficus* (ojé, higuerón) y *Clarisia* (lechoso) de las Moraceae; estas especies latescentes llegan a tener una circunferencia de 3 - 3,5 m y generan raíces tabulares o gambas que les permiten mantenerse en pie; otras especies de *Ficus* son llamadas "matapalos" porque sus ramas envuelven al árbol contiguo "abrazándolo" hasta causarles la muerte.

Entre las Clusiaceae el "álfaro" *Calophyllum longifolium* y especies del género *Clusia* son árboles de gran altura y muy usados en la construcción de viviendas y puentes.

Las Lauraceae están bien representadas por especies de *Nectandra* (ishpingo), *Ocotea* (mohena) y *Persea* (palta silvestre).

El "cedro" *Cedrela* (Meliaceae) es una especie de gran altura y su madera es bastante usada por los pobladores.

Las Annonaceae forman parte de esta formación resaltando la "sacha anona" del género *Rollinia* de frutos comestibles entre otras especies.

Entre las Fabaceae el género *Inga* spp. "huabilla" o "huabo" es el más diverso y de frutos comestibles, crece además una especie llamada "culantrillo" (Mimosoideae) usada en la construcción de viviendas.

Las Rubiaceae están representadas por el género *Cinchona* "quinilla" o "azarcillo" cuya madera es usada en construcción de viviendas y como medicinal. Entre otros géneros crecen *Psychotria* y *Palicourea* principalmente. Algunas especies de *Myrsine* "morocho" (Myrsinaceae) son árboles que crecen alcanzando los 20 - 25 m y son muy apreciados por su madera.

Las Asteraceae están representadas por especies arbóreas del género *Pollalesta* de 12 - 15 m del alto; las Anacardiaceae principalmente con especies del género *Mauria* y la especie *Toxicodendron striatum* "itil" mencionado arriba.

Bosque húmedo montano bajo en La Meseta, cuenca del río Jelache

Aunque no existe una clara delimitación con el bosque húmedo montano, es posible observar algunas diferencias debido a la presencia del río y de los factores climáticos. En este tipo de formación abundan las Rubiaceae con 13 %, Lauraceae 13 %, Fabaceae 11 %, las Bombacaceae y Moraceae 9 % y otras familias presentes son las Araliaceae, Annonaceae, Clusiaceae con 5 % entre las fanerógamas más diversas, con referencia al total de especies de angiospermas registradas en los transectos y parcelas.

En muchos casos varias especies de la anterior vegetación crecen en esta zona. El bosque húmedo montano bajo se extiende a lo largo de ambas riberas del río Jelache, desde los 900 m hasta los 1500 m. aproximadamente. La vegetación también se describe por las características en los tres estratos; el arbóreo, arbustivo y herbáceo. Gran parte del bosque está actualmente disturbado debido a la tala y quema de la vegetación para los cultivos y producción de café (*Coffea arabica*).

El estrato arbóreo

El estrato arbóreo alcanza los 45 m en el dosel superior y presenta abundancia del género *Inga* (Fabaceae) y los géneros de *Ficus* y *Clarisia* (Moraceae). Estos son lo más altos y crecen a las riberas del río.

El género *Rollinia* "sacha anona" (Annonaceae) es un árbol de 20 - 25 m de alto con frutos comestibles. Otras especies de gran altura pertenecen a los géneros *Nectandra* spp. "ishpingo", *Ocotea* "mohena" y *Persea* "palta silvestre" (Lauraceae). *Heliocarpus americanus* "llausa" (Tiliaceae) es una especie que abunda más en esta formación que en el anterior.

Crecen además especies de madera dura y usada en la construcción de viviendas del género *Myrsine* (Myrsinaceae). Entre las Bombacaceae es abundante *Ochroma pyramidale* "palo de balsa" o "topa" usado en la construcción de balsas y además especies del género *Chorisia* "lupuna". En esta formación, así como en la anterior también son diversos los géneros de *Psychotria* y *Palicourea* de las Rubiaceae y especies de *Siparuna* "limoncillo" (Siparunaceae).

La misma especie de *Solanum* "espina", "caballo runtu" (Solancaeae) que crece en el bosque húmedo montano esta presente en esta formación. *Toxicodendron striatum* "itil" (Anacardiaceae) alcanza los 35 m de alto, pero crece mejor en lugares disturbados. El género *Miconia*

(Melasto-mataceae) crece alcanzando los 18 - 20 m de alto. Varias especies del género *Cecropia* "higos", "setico" (Cecropiaceae) son más altas y abundantes en esta formación que en la anterior. También están presentes helechos arborescentes de la familia Cyatheaceae y especies de árboles aún no determinados que los pobladores llaman Chaposo, Kutchsara, Nictipina, Pasalla, Pishualla y Sachamorocho.

Sobre los árboles crecen muchas especies saprófitas (hongos), hemiparásitas y parásitas de las familia Viscaceae (*Phoradendron*). La mayor abundancia lo constituyen las especies epífitas y hemiepífitas como líquenes, musgos, hepáticas, helechos de los géneros *Niphidium*, *Campyloneurum Pleopeltis*, *Polypodium*, (Polypodiaceae), *Nephrolepis* (Davaliaceae), entre los principales; las Angiospermas representadas por el género *Peperomia* (Piperaceae) con muchas especies; Araceae (*Anthurium* y *Philodendron*); Bromeliaceae (*Tillandsia*) y las Orchidaceae (*Pleurothallis*, *Oncidium*, *Pachyphyllum*, *Maxillaria*, *Epidendrum*, *Stelis*), entre otros géneros.

El estrato arbustivo

El estrato arbustivo representado por especies que alcanzan hasta los 6 m de alto. Las especies de *Piper* (Piperaceae) son las más diversas y abundantes; las Asteraceae (*Lycoseris trinervis*, *Pentacalia*, *Liabum* y *Critoniopsis*, entre las principales); las Euphorbiaceae con *Phyllanthus* "chanca piedra", *Croton* y *Acalypha*; las Urticaceae con los géneros de *Phenax*, *Boehmeria* y *Urera*.

Las Melastomataceae bien representadas por el género *Miconia*; las Solanaceae con varias especies de *Solanum*, *Lycianthes*, *Capsicum* y *Cestrum*; las Rubiaceae con especies de los géneros *Palicourea* y *Psychotria* principalmente; las Papaveraceae con el género *Bocconia* "pincullo" y muchas especies de *Centropogon* y *Siphocampylus* de las Campanulaceae.

El estrato herbáceo

El estrato herbáceo lo constituye al igual que en el bosque húmedo montano los pteridofitos (helechos) que son los más abundantes y que crecen en forma uniforme. Son abundantes especies de *Selaginella* (Selaginellaceae), *Lycopodiella cernua* (Lycopodiaceae), *Anemia* (Schizaeaceae), *Nephrolepis* (Davaliaceae) (Fig. 91), muchas especies de *Pteris*, *Lindsaea* (Pteridaceae), *Adiantum* (Pteridaceae), *Asplenium* (Aspleniaceae), *Blechnum occidentale* (Blechnaceae), *Polypodium*, *Pecluma*,

Fig. 93. *Arboles de* Triplaris *(Polygonaceae). //* Triplaris *trees. Foto. V. Quipuscoa*

Fig. 94. *Flores de* Triplaris *(Polygonaceae). //* Triplaris *flowers. Foto V. Quipuscoa*

Las Moraceae representadas por los géneros *Ficus* y *Clarisia* que crecen a las riberas del río. *Ochroma pyramidale* "palo de balsa" o "topa' abunda en esta formación vegetal y es usada en la construcción de balsas, entre otras Bombaceae crecen especies de *Chorisia* "lupuna".

Otras familias botánicas que crecen en este estrato son las Annonaceae, Tiliaceae (*Heliocarpus americanus* "llausa"), Myrsinaceae (*Myrsine*), Siparunaceae (*Siparuna*), Solanaceae (*Solanum*), Anacardiaceae (*Toxicodendron* "itil"), Euphorbiaceae (*Hura crepitans* "catahua"), Melastomataceae (*Miconia*), Cecropiaceae (*Cecropia*), Polygonaceae (*Triplaris* "tangarana", árbol dioico caracterizado por tener fístulas en toda la planta donde viven hormigas llamadas "tangarana" y por la abundancia de frutos rojos) (Figs. 93 y 94), las Arecaceae (palmeras) están presentes con los géneros de *Iriartea* "wacrapona", *Socratea, Geonoma* y *Astrocarium* "chonta" entre las más representativas.

Helechos arborescentes de la familia Cyatheaceae y especies de árboles aún no determinados que los pobladores llaman: Chaposo, Kutchsara, Nictipina, Pasalla, Pishualla y Sachamorocho están presentes.

Sobre los árboles crecen muchas especies saprófitas (hongos), parásitas y hemiparásitas de la familia Viscaceae (*Phoradendron*). La mayor abundancia lo constituyen las especies epífitas y hemiepífitas como los líquenes, musgos, hepáticas, helechos principalmente de los géneros *Niphidium, Polypodium, Pleopeltis* y *Campyloneurum* (Polypodiaceae), *Vittaria* (Vittariaceae), *Nephrolepis* (Davaliacea).

Las angiospermas representadas por los géneros de *Peperomia* (Piperaceae), *Anthurium* y *Philodendron* (Araceae), Bromeliaceae (*Tillandsia*) y las Orchidaceae (*Pleurothallis, Oncidium, Pachyphyllum, Maxillaria, Epidendrum, Stelis*), *Ripsalis* (Cactaceae) entre otros géneros.

El estrato arbustivo

El estrato arbustivo tiene géneros que alcanzan los 5 m de alto. Crecen principalmente en este estrato los géneros de Melastomataceae (*Miconia*), Asteraceae (*Lycoseris trinervis, Pentacalia, Liabum* y *Critoniopsis*), Rubiaceae (*Palicourea* y *Psychotria*), Euphorbiaceae (*Phyllanthus* "chanca piedra", *Croton* y *Acalypha*), Urticaceae (*Phenax*), Lamiaceae (*Hyptis*), Piperaceae (*Piper*), Solanaceae (*Solanum* y *Cestrum*), Papaveraceae (*Bocconia* "pincullo") y las Campanulaceae (*Centropogon*) de flores anaranjadas y rosadas.

El estrato herbáceo

El estrato herbáceo al igual que en el bosque húmedo montano los pteridofitos (helechos) son los más abundantes y que crecen en forma uniforme. Las especies abundantes pertenecen los géneros *Selaginella* (Selaginellaceae), *Lycopodiella cernua* (Lycopodiaceae), *Anemia* (Schizaeaceae), *Nephrolepis* (Davaliaceae), *Pteris, Lindsaea* y *Adiantum* (Pteridaceae), *Asplenium* (Aspleniaceae), *Blechnum occidentale* (Blechnaceae), *Polypodium, Pecluma, Campyloneurum* (Polypodiaceae), *Diplazium,* y *Elaphoglossum* (Dryopteridaceae) están presentes, además especies de *Hymenophyllum* y *Trichomanes* (Hymenophyllaceae). Entre las angiospermas el género *Peperomia* (Piperaceae) es bastante diverso, creciendo además especies de *Begonia* (Begoniaceae), *Smallanthus, Munnozia* y *Mikania* (Asteraceae); *Browallia* y *Lycianthes* (Solanaceae); *Anthurium* (Araceae); *Altensteinia* y *Epidendrum* (Orchidaceae); *Salvia* (Lamiaceae), *Passiflora* (Passifloraceae) (Fig. 95), *Cissus* (Vitaceae), *Dicliptera* y *Ruellia* (Acanthaceae), *Renealmia* (Zingiberaceae), *Heliconia* (Heliconiaceae) y especies de las familias Cucurbitaceae, Asclepiadaceae y Poaceae.

Gramíneas

En la cuenca de Huambo tiene condiciones climáticas apropiadas para producir arroz, lo cual es aprovechado satisfactoriamente; sin embargo, La Meseta no presenta tales condiciones, sin embargo se están sembrando algunas variedades como "perla", "caqui" y "carolina".

El maíz es un cultivo importante en las dos cuencas. En la Meseta son seis los cultivares que los pobladores denominan "común", "zarco", "amiláceo", "híbrido", "perla" y "pula" además cultivan cebada, trigo y kiwicha, mientras que en Huambo son tres las variedades de maiz cultivadas: "huanuqueño", "blanco", "criollo" e "híbrido"

Caña de azúcar

La caña de azúcar es ampliamente cultivada en toda la región tiene seis variedades como "piojota", "negro", "cristalina", "regenta", "huayacha" y de "los Tena". Los trapiches son usados para obtener jugo a partir de la caña de azúcar y posteriormente chancaca (Fig. 37). En Guambo, Achamal, Omia y Zarumilla, se destila del jugo de caña de azúcar para producir aguardiente, para venderlo en todo el valle.

Algodón

En la cuenca del Huambo se cultiva dos variedades de algodón *Gossypium barbadense* var. *barbadense* "blanco" y *Gossypium barbadense* var. *peruvianum* "pardo".

Cacao y café

El cacao y el café ("típica" y "caturra") son los principales cultivos y fuente de ingreso para los pobladores.

Plantas medicinales

El uso de plantas medicinales con el transcurrir del tiempo es menor, principalmente en los caseríos en la cuenca de río Huambo. Muchas de las personas que conocían las propiedades medicinales de los vegetales han fallecido y además, la medicación con fármacos hace que los conocimientos trasmitidos a través de las generaciones se pierdan o no sean tomados en cuenta de la nueva generación.

Pero todavía en los anexos la población emplea sus formas

176

tradicionales del tratamiento de las enfermedades por medio de las plantas medicinales o acuden a los curanderos y parteras.

En su mayoría los curanderos son de la Sierra y también miembros de la Iglesia Adventista del Séptimo Día, y Evangélica Peruana. Otros se han vuelto curanderos por haber sufrido enfermedades y haber experimentado su tratamiento, también ha influenciado el ser oyente de programas radiales donde se transmiten tratamientos naturistas.

Los pobladores usan alrededor de unas 82 especies para aliviar sus dolencias, de las cuales el 38 % son introducidas y cuyas formas de uso son similares para ambas cuencas en un 62 %. Los pobladores de La Meseta usan más especies de origen serrano y pocas plantas que crecen en los bosques maduros. La falta del conocimiento de las propiedades medicinales de las especies de estos bosques, favorece el cultivo en pequeños huertos de la mayoría de especies medicinales procedentes de otras áreas. En tanto en Huambo, además de usar especies nativas e introducidas, conocen las propiedades de plantas del bosque maduro como *Uncaria tomentosa* "uña de gato" (Rubiaceae), *Cinchona* "cascarilla" (Rubiaceae), *Erythroxylum* "coca" (Erytrhoxylaceae), *Croton lechleri* "sangre de grado" (Euphorbiaceae), *Ficus insipida* "ojé" (Moraceae) entre las principales (Tabla 15).

A pesar de la introducción de medicina occidental, las plantas medicinales fueron y seguirán siendo la principal fuente de medicamentos que el campesino hace uso para aliviar muchas dolencias del organismo humano. Aunque hace falta estudiar los principios activos y realizar ensayos biológicos de las plantas usadas medicinalmente en estas cuencas, es necesario comenzar inventariando el conocimiento que los pobladores tienen acerca del uso y aplicaciones de las especies vegetales. Es más frecuente el uso de plantas medicinales como desinfectantes, diuréticas, digestivas, antipiréticas, carminativas, depurativas de la sangre, en enfermedades bronquiales, afecciones hepáticas, antiparasitarias, sedantes y antidiarreicas (Tabla 16 y Fig. 97).

Tabla 16: Principales usos medicinales de las plantas

Uso	Casos registrados
Afecciones a la vejiga	1
Afecciones hepáticas	7
Afecciones nerviosas	3
Afecciones pancreáticas	1
Afecciones pulmonares	3
Afecciones uterinas	2
Anticancerígenas	1
Antidiarreicas	3
Antiespasmódicas	2
Antiinflamantes	4
Antipalúdica	2
Antiparasitarias	7
Antipiréticas	10
Antirreumáticas	4
Astringentes	4
Calmantes	6
Cardiotónicas	1
Carminativas	9
Cicatrizantes	4
Contra el hipo	1
Contra la diabetes	1
Contra la neumonía	1
Depurativas de la sangre	9
Desinfectantes	18
Digestivas	11
Disolventes de cálculos renales	3
Disolventes de cálculos vesicales	2
Diuréticas	11
Emenagoga	1
Enfermedades bronquiales	8
Enfermedades de la presión	2
Hemostáticas	4
Laxantes	3
Luxaciones	2
Sedante de la tos	5
Tónicas	3
Ulceras gástricas	1
Vomitiva	1

Basado en informantes.

dadas por la distribución de especies. Así, el arrayán, chinchín, espina, los ishpingos, cedro y tornillo crecen en La Meseta y se constituyen en sus principales recursos; en tanto que, el álfaro, azarcillo, culantrillo, itil, laurel, lechero, lechoso, morrero, morocho, naranjillo, palo fuerte, palillo entre los principales son de uso frecuente por los pobladores de Huambo.

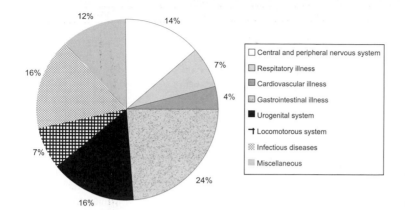

Central and peripheral nervous system

Respiratory illness

Cardiovascular illness

Gastrointestinal illness

Urogenital system

Locomotorous system

Infectious diseases

Miscellaneous

Fig. 97.Los principales usos medicinales de las plantas. // The most important uses of medical plants.

Todas las especies son usadas para leña cuando están secas, tratando de no quemar las especies que se usan en la construcción de viviendas, confección de muebles y herramientas.

Una familia con 5 integrantes, utilizan dos cargas semanales de leña, una carga consta de 3 tercios y cada tercio tiene 15 varas. Las varas miden de 1.85 m. a 1.90 m aproximadamente por 7 cm de ancho.

Los árboles se talan y se dejan secar un promedio de 6 meses para usarlos o pueden ser inmediatamente cortados en varas para dejarlos secar.

Para la construcción de sus viviendas usan generalmente madera dura, resistente al agua y al ataque de termitas como: álfaro, palillo, palo fuerte, morrero, lechoso, ishpingos, itil, las mismas que se usan en la construcción de escaleras, moldes para fabricar chancaca, morteros y mazos (para pilar arroz) (Fig. 75). El cedro es más usado en la construcción de puertas, sillas, bancas, bateas y otros utensiles de cocina.

En lugares donde es difícil trabajar la madera, cortan las raíces tabulares de *Ficus* (higuerones) para construir sus mesas.

También se confeccionan trapiches caseros que don Esteban Rojas en San Antonio llama "cachete" y consta de un soporte vertical de madera fijado al suelo. El soporte es apropiadamente talado para colocar la caña de azúcar y conducir el jugo a un depósito, que es extraído con ayuda de un palo "mazo" confeccionado de "palo fuerte" (Fig. 98).

Otras herramientas confeccionadas es la "angarilla" que les permite transportar leña sobre una asémila y es confeccionada de

Tabla 17: Plantas usadas para construcción, confección de herramientas y leña

Nombre común	Nombre científico	Familia
Achontilla	*Heliocarpus americanus* (M, H, I, h, n)	Tiliaceae
Alfaro	*Calophyllum longifolium* (H, c, h, n)	Clusiaceae
Aliso	*Alnus acuminata* (H, c, h, n)	Betulaceae
Annona	*Annona* sp. (H, c, I, n)	Annonaceae
Arrayán	*Myrcianthes* sp. (M, c, h, n)	Myrtaceae
Atadijo, pasalla	*Trema micrantha* (H, h, I, n)	Ulmaceae
Azarcillo	*Cinchona* sp. (H, c, h, n)	Rubiaceae
Cabuya	*Furcraea andina* (H, h, n)	Agavaceae
Calabaza, mate poto, checo	*Lagenaria siceraria* (H, h, i)	Cucurbitaceae
Cashacaspi, caballo runtu	*Solanum* sp. (M, H, c, h, I, n)	Solanaceae
Catahua	*Hura crepitans* (H, c, n)	Euphorbiaceae
Cedro	*Cedrela montana* (M, H, c, h, n)	Meliaceae
Chinchín	*Iochroma nitidum* (M, c, h, I, n)	Solanaceae
Culantrillo	*Parkia* sp. (H, c, h, I, n)	Fabaceae
Eritrina, pajuro silvestre	*Erythrina* sp. (M, H, c, h, n)	Fabaceae
Estoraque	*Myroxylon* (H, c, h, I, n)	Fabaceae
Eucalipto	*Eucalyptus globulus* (M, c, I, i)	Myrtaceae
Guayaba	*Psidium guajava* (M, H, c, h, I, n)	Myrtaceae
Higos	*Cecropia* sp. (H, I, n)	Cecropiaceae
Higuerón	*Ficus* sp. (M, H, c, I, n)	Moraceae
Hoja chocra	*Coussapoa* sp. (M, I, n)	Cecropiaceae
Huaba	*Inga edulis* (H, I, n)	Fabaceae
Huabilla	*Inga* spp. (M, H, I, n)	Fabaceae
Kosomo	*Critoniopsis* sp. (H, c, h, n)	Asteraceae
Ishpingo mohena	*Nectandra* sp. (M, H, c, h, I, n)	Lauraceae
Ishpingo caoba	*Nectandra* sp. (M, H, c, h, I, n)	Lauraceae
Itil	*Toxicodendron striatum* (H, c, h, n)	Anacardiaceae
Lapacho	*Verbesina ampliatifolia* (M, c, I, n)	Asteraceae
Laurel	*Myrica pubescens* (H, c, h, n)	Myricaceae
Lechero	*Ficus* sp. (M, H, c, I, n)	Moraceae
Lechoso	*Clarisia* sp. (H, c, h, n)	Moraceae
Llausa	*Heliocarpus americanus* (M, H, h, I, n)	Tiliaceae
Lupuna	*Chorisia* sp. (H, c, I, n)	Bombacaceae
Morrero	*Clarisia* sp. (H, c, h, n)	Moraceae
Morocho	*Myrsine* sp. (H, c, h, n)	Myrsinaceae
Naranjillo	*Myrsine* sp. (H, c, I, n)	Myrsinaceae
Ojé	*Ficus insipida* (H, c, I, n)	Moraceae
Palta silvestre	*Persea* sp. (M, H, c, I, n)	Lauraceae
Palillo	*Psidium* sp. (H, c, h, I, n)	Myrtaceae
Palo de balsa, Topa	*Ochroma pyramidale* (H, h, n)	Bombacaceae
Palo fuerte	*Ficus* sp. (H, c, h, n)	Moraceae
Penca, maguey	*Agave americana* (H, c, h, n)	Agavaceae
Pona	*Iriartea* sp. (H, c, n)	Arecaceae
Quinilla	*Cinchona* sp. (H, c, n)	Rubiaceae
Sacha annona	*Rollinia* sp. (H, I, n)	Annonaceae

Nombre común	Nombre científico	Familia
Sorgo	*Sorghum halepense* (H, h, i)	Poaceae
Tangarana	*Triplaris* (H, l, n)	Polygonaceae
Tornillo	*Cedrelinga cateniformis* (M, c, h, n)	Fabaceae
Wacrapona	*Socratea* sp. (H, c, n)	Arecaceae

Basado en informantes de la M: La Meseta, H: Huambo, c: construcción de viviendas, h: herramientas y utensilios, l: leña, n: natural e i: introducido. Determinado por V. Quipuscoa.

huabillas o guayabas. En otros casos siembran *Sorghum halepense* "sorgo" (Poaceae) para confeccionar escobas, *Agavae americana* "penca" o "maguey" (Agavaceae) y *Fucraea andina* "cabuya" (Agavaceae) para confeccionar sogas.

Plantas usadas como forraje

Los pobladores de ambas cuencas usan alrededor de 13 especies de plantas en su mayoría pertenecientes a las familias Poaceae y Fabaceae. Las especies nativas son poco usadas y en el caso de *Chusquea* sp. "suro" (Poaceae) y otras especies nativas de la familia Commelinaceae, sirven de alimento al ganado en los potreros. En las invernas se siembran en un 90 % especies introducidas, principalmente *Pennisetum purpureum* "pasto de elefante" (Poaceae) y *Pennisetum clandestinum* "kikuyo" (especie que se comporta como una maleza difícil de erradicar) y aunque la alfalfa es un forraje de mucha importancia su cultivo no es extensivo. Todas las especies introducidas y el c. 70 % del total de especies son de uso común para ambas cuencas (Tabla 18).

Además de las especies mencionadas en la tabla, es importante señalar que los órganos vegetativos (tallos y hojas) de muchas especies cultivadas como maíz, trigo, arroz, frijol, entre otras luego de las cosechas, son usadas como forraje.

Tabla 18: Plantas usadas como forraje

Nombre común	Nombre científico	Familia
Alfalfa	*Medicago sativa* (M, H, c, i)	Fabaceae
Alfalfilla	*Melilotus indica* (M, H, s, i)	Fabaceae
Hoja chocra	*Coussapoa* sp. (M, s, n)	Cecropiaceae
Kikuyo	*Pennisetum clandestinum* (M, H, s, i)	Poaceae
Pasto	*Ichnanthus nemorosus* (M, s, n)	Poaceae
Pasto	*Paspalidium* sp. (H, s, n)	Poaceae
Pasto	*Paspalum* sp. (M, H, s, n)	Poaceae
Pasto de elefante	*Pennisetum purpureum* (M, H, c, i)	Poaceae
Pasto, grama	*Agrostis* sp. (M, H, s, n)	Poaceae
Sorgo	*Sorghum halepense* (H, c, i)	Poaceae
Siso	*Philoglossa mimuloides* (M, H, s, n)	Asteraceae
Suro, yiwi	*Chusquea* sp. (M, H, s, n)	Poaceae
Trébol	*Trifolium repens* (M, H, c, i)	Fabaceae

Basado en informantes de la M: Meseta, H: Huambo, c: cultivado, sc: semicultivado, s: silvestre, n: natural e i: introducido. Determinados por V. Quipuscoa.

Plantas usadas como cercos vivos

Los pobladores de ambas cuencas prefieren usar alrededor de 13 especies como cercos vivos o para delimitar sus chacras. Sin embargo, la mayoría de especies arbóreas sirven de cercos y son sembradas en los bordes de caminos para no permitir principalmente la entrada de animales y para dar sombra a los cultivos. Las especies de mayor uso son aquellas de rápido crecimiento y mejor si tienen espinas en sus tallos u otro mecanismo de defensa como la "tangarana" *Triplaris* (Polygonaceae), árbol en cuyas ramas viven hormigas que a cualquier movimiento de la planta, salen a la superficie del tallo y producen picaduras dolorosas (Tabla 19).

Plantas usadas como ornamentales

Un gran número de plantas ornamentales crecen en el bosque como las Orchidaceae (muchas especies llamadas "sancapillas" son usadas por su aroma y belleza) y Bromeliaceae, Araceae, Begoniaceae, Commelinaceae, Asteraceae, Solanaceae, entre otras. Sin embargo, los pobladores de ambas cuencas prefieren sembrar especies de uso tradicional en pequeños jardines. Unas 14 especies son usadas como ornamentales, de las cuales el 36 % son comunes para ambas cuencas y el 28 % son introducidas (Tabla 20).

184

Tabla 19: Plantas usadas como cercos vivos

Nombre común	Nombre científico	Familia
Atadijo	*Trema micrantha* (H, s, n)	Ulmaceae
Cabuya	*Furcraea andina* (M, H, s, n)	Agavaceae
Farolito chino	*Malvaviscus penduliflorus* (H, c, n)	Malvaceae
Ishanga	*Urera* sp. (H, s, n)	Urticaceae
Pajuro	*Erythrina edulis* (M, c, n)	Fabaceae
Pajuro silvestre	*Erythrina* sp. (M, H, s, n)	Fabaceae
Penca	*Agave americana* (M, s, n)	Agavaceae
Rosa	*Rosa canina* (H, c, i)	Rosaceae
Tangarana	*Triplaris* sp. (H, s, n)	Polygonaceae
Uña de gato	*Caesalpinia decapetala* (M, s, n)	Fabaceae
Zarza	*Byttneria* sp. (M, s, n)	Sterculiaceae
Zarzamora	*Rubus robustus* (M, H, s, n)	Rosaceae
Zarza de oso	*Rubus* sp. (M, H, s, n)	Rosaceae

Basados en informantes de la M: Meseta, H: Huambo, c: cultivado, sc: semicultivado s: silvestre, n: natural e i: introducido. Determinados por V. Quipuscoa.

Tabla 20: Plantas usadas como ornamentales

Nombre común	Nombre científico	Familia
Begonia	*Begonia parviflora* (M, H, s, n)	Begoniaceae
Begonia	*Begonia* sp. (M, H, s, n)	Begoniaceae
Bolas de adán	*Asclepias physocarpa* (H, c, i)	Asclepiadaceae
Cucarda	*Hibiscus rosa-sinensis* (H, c, i)	Malvaceae
Enredadera	*Mutisia wurdackii* (M, s, n)	Asteraceae
Farolito chino	*Malvaviscus penduliflorus* (H, c, n)	Malvaceae
Floripondio	*Brugmansia arborea* (H, c, n)	Solanaceae
Geranio	*Pelargonium roseum* (M, H, c, i)	Geraniaceae
Pajuro	*Erythrina edulis* (M, c, n)	Fabaceae
Pajuro silvestre	*Erythrina* sp. (M, H, s n)	Fabaceae
Rosa	*Rosa canina* (H, c, i)	Rosaceae
Sancapilla	*Epidendrum* sp. (H, s, n)	Orchidaceae
Sancapilla	*Oncidium* sp. (M, H, s, n)	Orchidaceae
Uña de gato	*Caesalpinia decapetala* (M, s, n)	Fabaceae

Basado en informantes de la M: Meseta, H: Huambo, c: cultivado, sc: semicultivado, s: silvestre, n: natural e i: introducido. Determinados por V. Quipuscoa.

Frutos comestibles del bosque

En los bosques crecen unas 25 especies de plantas cuyos frutos son consumidos por los pobladores (Tabla 21). Los frutos son colectados directamente con ganchos y en algunos casos cortando la planta. Estos frutos solamente sirven de alimento y no son comercializados.

Algunos géneros y especies son comunes para ambas cuencas en un 28 % como *Inga* spp. "huabilla" (Fabaceae), *Rubus* spp. "zarzamora" (Rosaceae), *Persea* sp. "palta silvestre" (Lauraceae).

Tabla 21: Frutos comestibles del bosque

Nombre común	Nombre científico	Familia
Barrilón	*Cecropia* sp. (M, s)	Cecropiaceae
Bejuco	*Psammisia* sp. (M, s)	Ericaceae
Berenjena silvestre	*Cyphomandra* sp. (M, H, s, sc)	Solanaceae
Calvinche	*Solanum* sp. 1 (H, sc.)	Solanaceae
Calzón rosado	*Axinaea* sp. (M, s)	Melastomataceae
Gansho	*Psychotria* sp. (M, s)	Rubiaceae
Cansaboca silvestre	*Bunchosia* sp.(M, s, sc)	Malpighiaceae
Chamfurra	*Carica* sp. 1 (M, s)	Caricaceae
Chamfurro pequeño	*Carica* sp. 2 (M, s)	Caricaceae
Granadilla silvestre	*Passiflora* sp.(M, s)	Passifloraceae
Lanche	*Myrcianthes* sp. (M, s)	Myrtaceae
Pepino silvestre	*Solanum* sp. 2 (M, s)	Solanaceae
Poro-poro	*Passiflora tripartita* var. *mollisima* (M, H, s, sc)	Passifloraceae
Huabilla	*Inga* sp. 1 (M, s, sc)	Fabaceae
Huabilla	*Inga* sp. 2 (M, H, s, sc)	Fabaceae
Huabilla	*Inga* sp. 3 (M, H, s, sc)	Fabaceae
Huabilla landosa	*Inga* sp. 4 (H, s ,sc)	Fabaceae
Naranjilla	*Solanum* sp. (H, s)	Solanaceae
Palillo	*Psidium* sp. (H, s, sc)	Myrtaceae
Palta silvestre	*Persea* sp. (M, H, s)	Lauraceae
Sauco	*Sambucus peruviana* (M, sc)	Caprifoliaceae
Tomatillo	*Physalis peruviana* (M, H, s, sc)	Solanaceae
Tomatillo silvestre	*Jaltomata* sp. (M, s)	Solanaceae
Zarza de oso	*Rubus* sp. (H, s)	Rosaceae
Zarzamora	*Rubus robustus* (M, H, s)	Rosaceae

Basado en informantes de la M: Meseta, H: Huambo, c: cultivado, sc: semicultivado y s: silvestre. Determinados por V. Quipuscoa.

Otras crecen solamente en determinadas formaciones vegetales y en La Meseta se aprovechan los frutos de *Bunchosia* sp. "cansaboca silvestre" (Malpighiaceae), *Carica* sp. "chamfurra" (Caricaceae), *Psychotria* sp. "gansho" (Rubiaceae), *Jaltomata* sp. "tomatillo" (Solanaceae) y aunque no se trate de frutos comestibles aprovechan las flores completas (*Psammisia* "bejuco") o los estambres de las flores (*Axinaea* "calzón rosado"), entre otras. En tanto que en la cuenca de Huambo crecen especies de *Psidium* sp. "palillo" (Myrtaceae), *Solanum* sp. "calvinche" (Solanaceae), *Rubus* sp. "zarza de oso" (Rosaceae) entre otras. Algunas especies son

Fig. 98. *Don Esteban manejando su "cachete" para sacar el jugo de la caña de azúcar. // Don Esteban working his "cachete" to get the juice from the sugar cane. Foto I. Schjellerup*

semicultivadas (crecen al estado silvestre, pero son sembradas en huertos).

Vegetación asociada a monumentos arqueológicos

La vegetación asociada a los restos arqueológicos (veáse Capítulo 2), mantiene la composición del bosque húmedo montano maduro con algunas diferencias. Algunas especies que solamente crecen en estas construcciones, tienen un parentesco con las domesticadas y que actualmente son cultivadas como alimenticias.

En las construcciones de Inca Llacta hemos colectado dos especies del género *Cyphomandra* (Solanaceae) a una de ellas los pobladores llaman "pepinillo" o "berenjena silvestre" usada como alimenticia y la otra denominada "pepinillo venenoso" sin uso conocido en la actualidad. Ambas especies son parientes silvestres de *Cyphomandra betacea* "berenjena" o "berenjena de árbol" domesticada en los Andes y usada en la alimentación. Otras especies colectadas pertenecen al género *Carica* (Caricaceae) llamadas "papayas silvestres", una comestible de frutos rojos esféricos y la otra de frutos alargados y considerados parientes de *Carica papaya* "papaya", especie ampliamente cultivada y de consumo.

187

Fig. 99. *Capítulos de* Mutisia wurdackii *(Asteraceae).*
Especie que crece en La Canaan y en La Meseta. // Flowers
of Mutisia wurdackii *(Asteraceae), a species found in*
Canaan on La Meseta. Foto V. Quipuscoa

Dentro de estas construcciones crecen especies arbóreas como la "palta silvestre" del género *Persea* (Lauraceae) pariente de *Persea americana* "palta" o "aguacate". La "ciruela de monte" o "cansaboca silvestre" del género *Bunchosia* (Malpighiaceae) es otra especie silvestre con frutos comestibles pariente de *Bunchosia armeniaca* "ciruela de fraile" o "cansaboca" cultivada y usada como fruta. Entre otras especies se desarrollan los "pajuros silvestres" del género *Erythrina* (Fabaceae) con frutos no comestibles, pero que tienen como pariente a *Erythrina edulis* conocida como "poroto" o "pajuro" cultivada por sus frutos en los Andes.

En el Tampu de Chuquisito, las especies de vegetales son en un 30 % diferentes a las de Llacta Inca. Los árboles son de mayor altura y alrededor de las construcciones crecen en forma abundante la "coca silvestre" del género *Erythroxylum* (Erytroxylaceae) que se caracteriza por llegar hasta 7 m de alto y poseer hojas anchas y largas diferente al arbusto domesticado de la coca

En las construcciones de Pata Llacta, Zarumilla, destaca la "cascarilla" del género *Cinchona* y la "uña de gato" *Uncaria tomentosa* ambas pertenecientes a la familia Rubiaceae que crecen alrededor de las construcciones y son usadas por los pobladores de esta cuenca principalmente como medicinales. Estas especies no están presentes en los otros sitios arqueológicos.

Inca Llacta

Los restos del sitio Inca imperial de Inka Llacta (véase Capítulo 2) ubicadas a unos 1800 - 1975 m de elevación, están cubiertos por una vegetación madura probablemente de unos 500 años de antigüedad. Las familias botánicas mejor representadas del total de angiospermas registradas en los transectos y parcelas, son las Lauraceae con 16 %, seguida de las Rubiaceae 13 %, Fabaceae 10 %, Solanaceae 9 % y Moraceae 6 %, siendo las demás menos representativas. Toda el área está cubierta por una densa vegetación que contiene gran cantidad de especies arbóreas que alcanzan los 30 - 35 m de alto. Las especies mejor representadas corresponden a los géneros *Nectandra* "ishpingos", *Ocotea* "mohena" y *Persea* "palta silvestre" de la familia Lauraceae. Las Moraceae con varias especies de *Ficus*, y *Clarisia*. Entre las Solanceae crece una especie con tallo espinoso de 25 - 30 m de alto del género *Solanum* y otras especcies de los géneros *Brugmansia* y *Juanulloa* de menor altura. La familia Fabaceae está representada por varias especies del género *Inga* conocidas como "huabillas" cuyos frutos sirven de alimento principalmente a *Atheles paniscus* "mono araña" y otros monos; crecen además especies de *Erythrina* "pajuro silvestre" y *Cedrelinga* "tornillo" especie maderera. Las Rubiaceae con muchas especies de *Psychotria* y *Palicourea*. La familia Araliaceae está presente con los géneros *Schefflera* y *Oreopanax*. Así mismo, están presentes en esta vegetación familias botánicas como: Meliaceae con el género *Cedrela* "cedro", Cecropiaceae con *Cecropia* "higos", "cetico", Tiliaceae con la especie *Heliocarpus americanus* "chaquicha", "llausa" que en alguno sectores es abundante, Malpighiaceae con el género *Bunchosia* "ciruela de monte", Urticaceae con algunas especies de *Urera* "ishanga", "shanga", Melastomataceae con especies de *Miconia*, la familia Piperaceae está representada por una especie de *Piper* arbóreo de 7 - 10 m de alto, entre las Arecaeae (palmeras) crecen especies de los géneros *Astrocarium* "chonta" e *Iriartea*. La familia Cyatheaceae presenta en este estrato varias especies de helechos arborescentes que alcanzan los 12 - 15 m de alto.

Crecen así mismo, en el estrato arbustivo especies de los géneros *Cyphomandra*, *Solanum* (Solanaceae), *Byttneria* (Sterculiaceae), varias especies de *Piper* (Piperaceae), dos especies dioicas de *Carica* (Caricaceae), *Centropogon* (Campanulaceae), *Miconia* (Melastomataceae), *Palicourea* (Rubiaceae), *Geonoma* (Arecaceae) y adornando el bosque con sus flores verde-amarillentas *Begonia parviflora* (Begoniaceae). Dentro del bosque también se observa creciendo, de manera enmarañada muchos bejucos o lianas de 8 hasta 15 m de longitud y de 0,10 – 0,12 m de diámetro de las familias Bigoniaceae, Asclepiadaceae, Sapindaceae, Fabaceae. Además están presentes especies de las familias Passifloraceea (*Passiflora*), Gesneraiaceae (*Columnea, Alloplectus peruvianus*, entre otras), Asteraceae (*Mutisia* wurdackii), (Fig. 99) Solanaceae y el género *Chusquea* "suro" (Poaceae) que crece enmarañando el bosque.

El estrato herbáceo constituido principalmente por helechos de los géneros: *Diplazium, Didymoclaena, Asplenium, Pteris, Blechnum, Nephrolepis,* entre otros. Las angiospermas están representadas por muchas especies de *Peperomia* (Piperaceae), Commelinaceae (varias especies), *Epidendrum* (Orchidaceae), *Anthurium* (Araceae), *Renealmia* (Zingiberaceae), *Begonia* (Begoniaceae) varias especies de Poaceae. Así mismo, existen otras especies que crecen apoyándose en los árboles y alcanzan grandes alturas principalmente de los géneros *Mikania* y *Munnozia* (Asteraceae).

Estos bosques según lo descrito anteriormente se caracterizan además por la presencia de muchas especies epífitas que crecen a diferentes alturas de los árboles, entre ellas muchas especies de algas, líquenes, una gran variedad de hongos, musgos, hepáticas, helechos (varias especies del género *Polypodium, Pecluma, Campyloneurum, Elaphoglossum, Asplenium, Niphidium, Blechnum, Trichomanes, Hymenophyllum, Vittaria,* entre los principales géneros que llegan hasta el dosel superior). Entre las fanerógamas crecen especies de *Peperomia* (Piperaceae), *Epidendrum, Maxillaria, Stelis, Pleurothallys,* entre otras especies de Orchidaceae, *Tillandsia, Vriesea* (Bromeliaceae), muchas especies de Araceae de los géneros *Anthurium* y *Philodendron.*

Tampu Chuquisito

Este tampu se encuentra construido a 1100 m de elevación, en una planicie poco extensa. Aquí se encuentra mayor diversidad según el total de angiospermas registradas en los transectos realizados son las Rubiaceae con 17 %, Lauraceae con 15 %, Bombacaceae 8 % seguido de las Moraceae, Clusiaceae y Annonaceae con 7 %.

El dosel superior alcanza una altura de 35 - 40 m de alto, con la presencia de especies arbóreas del género *Ficus* (Moraceae), *Inga* (Fabaceae) conocidos como "huabillas"; especies de *Nectandra* "ishpingos", *Ocotea* y *Persea* de las Lauraceae; *Cinchona* "cascarilla", *Psychotria* y *Palicourea* de las Rubiaceae; *Ochroma* y *Chorisia* de las Bombacaceae;

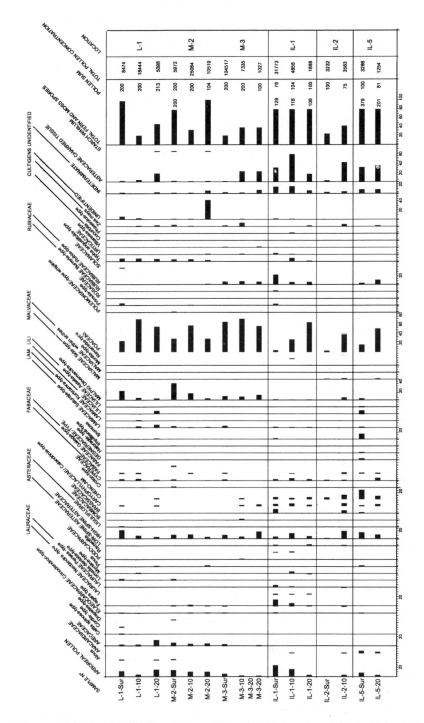

Fig. 100. Diagrama de polen de Inka Llacta y Pata Llacta. // Pollen diagram from the sites of Inka Llacta and Inka Llacta. Produced by Linda Cummings.

Clusia (Clusiaceae); algunas palmeras del género *Iriartea* (Arecaceae) y especies de la familias Annonaceae principalmente.

Sobre los árboles crecen muchas especies epífitas de algas, hongos, líquenes, musgos, hepáticas y helechos (*Campyloneurum, Niphidium, Asplenium, Elaphoglossum, Vittaria* y *Microgramma* principalmente). Entre las angiospermas mejor representadas crecen muchas especies de Piperaceae (*Peperomia*), Araceae (*Anthurium*), Bromeliaceae (*Vriesea, Tillandsia*) y Orchidaceae (*Maxillaria, Stelis, Pleurothallis*).

En el estrato arbustivo crecen principalmente el género *Erythroxylum* "coca silvestre" (Erythroxylaceae) especie abundante de 5 - 7 m de alto, el género *Critoniopsis* (Asteraceae), especies de *Miconia* (Melastomataceae), varias especies de *Piper* "cordoncillos" (Piperaceae) y especies de *Palicuorea* (Rubiaceae). Se debe destacar la presencia de gran cantidad de lianas o bejucos que crecen entremezclados enmarañando la zona. Las principales especies de lianas pertenecen a las familias Bignoniaceae, Asclepiadaceae, Sapindaceae (*Cardiospermum* y *Serjania*); así como, la presencia del género *Chusquea* "suro" de las Poaceae.

En el estrato herbáceo son predominantes las Pteridophyta (helechos) de los géneros *Nephrolepis, Asplenium, Diplazium* (el más abundante) y *Pteris*. Entre las angiospermas son abundantes las especies de Piperaceae (*Peperomia*), Poaceae, Commelinaceae y Gesneriaceae.

Tampu Pata Llacta, Buenos Aires, Zarumilla

El sitio Pata Llacta se encuentra ubicado a 1400 - 1550 m de elevación. Las familias mejor representadas son las Rubiaceae 19 %, seguidas de las Lauraceae 13 %, Solanaceae 12 %, Moraceae y Fabaceae con 9 % aproximadamente del total de angiospermas registradas en los transectos realizados.

El área se encuentra deforestada tanto en las construcciones como a su alrededor y la vegetación consta de especies herbáceas de los géneros *Paspalum* y *Paspalidium* "pasto" (Popaceae). Estas especies han sido sembradas por los pobladores como forraje para su ganado y se constituyen actualmente en invernas. Sin embargo, la presencia cercana a esta área de bosques montanos maduros, hace posible estructurar la composición de la vegetación de estas construcciones antes de ser taladas (véase análisis de polen).

En los bosques húmedos montano bajo crecen árboles de hasta 30 m de alto. Las especies que alcanzan el dosel superior corresponden a

192

las Moraceae (*Ficus*), Lauraceae (*Nectandra, Ocotea* y *Persea*), Fabaceae (*Inga*), Rubiaceae (*Cinchona, Uncaria, Palicourea* y *Psychotria*), Solanaceae (*Solanum* " caballo runtu" y *Cestrum*), Myrsinaceae (*Myrsine*), Asteraceae (*Pollalesta*), Tiliaceae (*Heliocarpus americanus* "lausa", "chaquicha"), Araliaceae (*Schefflera*), Melastomataceae (*Miconia*), Siparunaceae (*Siparuna*), Urticaceea (*Urera* especies consideradas medicinales, principalmente para "males del aire"), Buxaceae (*Styloceras*), Chloranthaceae (*Hedyosmum* de cuyas hojas preparan infusiones usadas como carminativa) y Arecaceae (*Iriartea*). La familia Cyatheacea·de los helechos arborescentes crecen de 10 - 12 m de alto y están considerados en este estrato.

Sobre los árboles crecen especies saprófitas como los hongos, especies hemiparásitas de la familia Viscaceae (*Phoradendron*) y Loranthaceae, otras consideradas epífitas como las algas, musgos, hepáticas y helechos (*Campyloneurum, Vittaria, Elaphoglossum, Hymenophyllum, Trichomanes*) dentro de las criptógamas. Entre las Angiospermas que viven sobre los árboles son abundante las Bromeliaceae, Araceae, Piperaceae (*Peperomia*) y Orchidaceae.

El estrato arbustivo principalmente está constituido por especies Melastomataceae (*Meriania, Tibouchina* y *Miconia*), Begoniaceae (*Begonia parviflora*), varias especies de *Piper* (Piperaceae), *Solanum* (Solanaceae), especies de Rubiaceae y Campanulaceae (*Centropogon*).

El estrato herbáceo con gran diversidad de Pteridohyta (helechos y plantas afines) de los géneros *Lycopodiella, Selaginella, Pteris, Diplazium, Polypodium* y *Asplenium*. Entre las especies herbáceas de angiospermas crecen plantas principalmente de las familias Euphorbiaceae, Lamiaceae (*Salvia*), Poaceae y Commelinaceae.

Conclusión de especies asociadas a monumentos históricos

La vegetación que crece dentro y alrededor de los monumentos históricos tiene una composición similar a la vegetación de hoy; sin embargo, algunas plantas crecen solamente en los andenes de estas construcciones como especies de los géneros *Cyphomandra, Carica, Erythrina* y *Bunchosia*. Estas especies, probablemente abandonadas por las culturas que habitaron estas áreas, son parientes silvestres de especies actualmente cultivadas como *Cyphomandra betacea* "berenjena", "tomate de árbol" (Solanaceae), *Carica papaya* "papaya" (Caricaceae), *Erythrina edulis* "poroto", "pajuro" (Fabaceae) y *Bunchosia armeniaca* "ciruela del fraile", "cansaboca" (Malpighiaceae) respectivamente.

Comentarios acerca del análisis de Polen

Los análisis de polen revelan que la vegetación hace unos 500 años, es semejante a la actual (Fig. 100). Sin embargo, es probable que la abundancia de varias especies hayan cambiado debido a factores climáticos y al aspecto cultural.

En **Inka Llacta** las muestras de polen registradas indican la presencia de familias actualmente bien representadas como las Rubiaceae, Anacardiaceae, Lauraceae (*Nectandra, Ocotea*) Asteraceae, Rosaceae y Poaceae. A nivel del género *Rauwolfia* (Apocynaceae) crece generalmente a elevaciones menores y el género *Montia* (Portulacaceae) crece en lugares relativamente secos, en tanto que, el tipo de polen de *Haloragis* (Haloragaceae) y *Navarretia* (Polemoniaceae), estaría representandos por especies afines de estas familias. En lo referente a especies cultivadas es común en ambos lugares el cultivo de maíz, pero quizá se ha cultivado en esta zona especies de *Phaseolus* (Fabaceae) con mayor intensidad.

Con respecto a los monumentos históricos de **Pata Llacta** en la cuenca de Huambo, en el análisis de polen se hace mención a las familias de Arecaceae (palmeras), Elaeocarpaceae, Asteraceae, Bombacaceae, Cyperaceae, Malvaceae, Solanaceae, Urticaceae, Poaceae, Gesneriaceae, Lauraceae y Fabaceae que están actualmente bien representadas en esta área y de menor abundancia las Caryophyllaceae. En lo referente a Gimnospermas *Pinus* (Pinaceae) crecen actualmente especies introducidas y las Podocarpaceae que crecen a elevaciones mayores si están bien representadas. El género *Myrsine* (Myrsinaceae) es actualmente diverso, otros géneros como *Alnus, Cordia, Satureja, Potamogeton, Calandrinia* e *Impatiens* crecen en lugares aledaños a estas zonas. Probablemente los tipos de polen de géneros que no tienen especies registradas para el Perú como *Fagara* (Rutaceae) cuyas especies tendrían representantes en *Zanthoxylum*, *Dinemandra* (Malpighiaceae), *Drapetes* (Thymelaeaceae), *Primula* (Primulaceae), *Rubia* (Rubiaceae), *Sphaeralcea* (Malvaceae), tendrían representantes en otros géneros de estas familias que son abundantes y crecen actualmente asociadas a estas construcciones. A nivel de especies *Typha angustifolia* (Typhaceae) crece en el Perú y generalmente en la costa; sin embargo, los tipos de polen de *Lomatia dentata* (Proteaceae) y *Celtis spinosa* (Ulmaceae) podrían tratarse de especies afines que si crecen en estas áreas. En lo referente a especies cultivadas alimenticias *Zea mays*, *Cucurbita*, *Chenopodium*, *Amaranthus*, *Solanum* entre otras, son actualmente cultivadas y son de origen andino. *Sphaeralcea* e *Impatiens* podrían haberse cultivado como ornamentales.

Recuadro No. 17: Especies nuevas para la ciencia

Durante nuestra exploraciones realizadas en los bosques húmedos en las cuencas de río Jelache y río Huambo, hemos colectado muchas especies nuevas para la ciencia. Algunas especies ya se han descrito y están en publicación (Leiva y Quipuscoa 1998, 2002; Sagástegui y Quipuscoa 1998) y otras en descripción por parte de los especialistas, principalmente de las familias Solanaceae, Asteraceae, Loasaceae y Araceae. Estas especies son hasta la actualidad endémicas y habitan los bosques húmedos montanos desde los 1000 hasta los 4200 m. El epíteto específico de algunas especies perenniza el nombre de personas que han hecho posible la realización de las investigaciones en estas cuencas, así como, de investigadores de la diversidad biológica y cultural de esta región.

Larnax kann-rasmussenii Leiva & Quipuscoa (Solanaceae). Sufrútice de hasta 1,40 m de alto. Hojas alternas, pecioladas, elípticas con la cara abaxial morada. Flores hasta 8 por nudo; cáliz campanulado; corola campanulada, glabra, verdosa externamente, interior verdo-amarillenta, con manchas moradas; 5-lobado; estambres 5, homodínamos; ovario ovado; estilo obsubulado; estigma subbilobulado. Fruto una baya cónica, blanquecina cubierta por el cáliz fruticoso, acrescente y persistente. Semillas 51 - 54 por baya. Colectada hasta la actualidad sólo en la localidad del tipo, La Ribera y Añazco Pueblo, Prov. Huallaga, Dpto. San Martín, entre los 1850-1860 m de elevación, habitando en el interior del bosque. Especie dedicada a la honorable familia danesa Kann Rasmussen, que gracias a su apoyo fue posible concretar las exploraciones de campo en estas cuencas.

Habita en los bosques húmedos montanos de los Departamentos de Amazonas y San Martín. Especie que hace alusión al color morado brillante de su corola.

Las especies descritas son usadas en la construcción de viviendas (*Solanum nitidum* y *Verbesina ampliatifolia*), como cercos vivos y para leña (*Verbesina ampliatifolia, V. sagasteguii, V. bolivariensis* y *Solanum nitidum*); las demás especies en la actualidad no tienen un uso directo por los pobladores de estas zonas (Sagástegui & Quipuscoa 1998 y Leiva & Quipuscoa 1998).

Recuadro No. 18: Teledetección y cambio global en zonas de bosque montano.

El cambio del uso de la tierra y clasificación forestal en las zonas tropicales ha sido una aplicación de gran preocupación en años recientes. En regiones tropicales de bosque, el cambio de uso de la tierra está a menudo relacionado con la deforestación, pues bosques maduros son arrancados para la extracción de madera o para agricultura de subsistencia. En una perspectiva de cambio global, el cambio del uso de la tierra en zonas tropicales es extremadamente importante y como agricultura de rozo y quema explica aproximadamente el 60 % de la tala de árboles sobre una base mundial (Thenkabail 1999).

El proceso de deforestación resulta en un lanzamiento neto de CO_2 a la atmósfera, que en parte es responsable por el aumento en niveles atmosféricos del bióxido de carbono (Lucas et al. 2000). Los cálculos globales de carbón indican que la concentración de CO_2 atmosférico debe levantarse más rápidamente que el índice actual de aproximadamente 1.5 PPM por año (Kuplich et al. 2000).

La investigación reciente indica que una razón posible de la discrepancia entre las estimaciones de cálculo y las mediciones actuales de carbón atmosférico, sería debido a la presencia de grandes, pero mal cuantificados sumideros de carbón terrestre (Helmer et el al. 2000).

Se presume que un mayor sumidero de carbón terrestre puede ser encontrado en la regeneración de bosques tropicales, que secuestran CO_2 de la atmósfera durante el proceso de la fotosíntesis (Salas et el al. 1999; Steininger 2000; Lucas 2002).

Sin embargo, la magnitud de este sumidero de carbón es incierta, ya que falta la información sobre el grado de los bosques en regeneración y su flujo de carbón (Lucas et al. 2002). Aunque la biomasa aumenta rápidamente en los primeros años en el nuevo crecimiento secundario, el secuestro del carbón por especie pionera es limitado por su bajo contenido de carbón y por su baja densidad de madera (Gerwing 2002).

Aparte de la contribución en la alteración de la composición atmosférica del mundo, el cambio de la utilización de la tierra en las zonas tropicales tiene implicaciones importantes para la biodiversidad (Foody et el al. 1997; Helmer et al. 2000; Fearnside 2001; Nagendra 2002) y destrucción y fragmentación del habitat (Skole et al. 1993; Skole y Tucker 1994; Laurance 1999; Nagendra 2002). Además, los impactos hidrológicos del retiro de la cubierta del bosque pueden dar lugar a la degradación de la tierra y acelerada erosión (Tivy 1995; Ataroff y Rada 2000) y problemas en el sentido de inundaciones y en la sedimentación (Laurance 1999).

La mayoría de estudios focaron en la degradación de los bosques tropicales en áreas de extracción de madera o en áreas caracterizadas por la migración de la gente en gran escala. Mientras que estas áreas indiscutiblemente son de importancia vital en una perspectiva de cambio global debido a su gran extensión regional, muchos de los recursos forestales más delicados se encuentran en terrenos montañosos (Young y Leon 1999).

Globalmente, las áreas del bosque montano cubren aproximadamente 20 % del bosque del mundo, mientras que la proporción de los bosques tropicales montano cuenta con 10 % del biome tropical entero del bosque (FAO 2001). Sin embargo, la investigación limitada es dedicada hacia areas alejadas y montañosas.

La cuantificación del grado regional de bosque maduro así como varias etapas de bosques de regeneración es un asunto importante en los modelos de cambio global y para monitorear los acuerdos ambientales multilaterales (Skole et el al. 1997; de Sherbinin y Giri 2001; FAO 2001). En regiones tropicales, la teledetección es la única técnica factible para hacer mapas y para monitorear la deforestación y utilización de la tierra en cambios dinámicos en escalas regionales (Thenkabail 1999). Esto es debido a su capacidad de recoger datos de una manera sistemática, sinóptica y repetidora (van der Sanden y Hoekmann 1999) en costos relativamente bajos por área de unidad.

Varios proyectos de investigación han mapeado con éxito la deforestación y la utilización de la tierra en tierras bajas, mientras que los esfuerzos relativamente modestos se han dedicado a las áreas del bosque montano (Helmer et el al. 2000; Rudel et al. 2002). Parte de la razón de esto es que ciertos desafíos técnicos se aplican al uso de datos de teledetección en ambientes montañosos (Tokola et al. 2001).

Recuadro No. 20: Clasificación de imágenes digitales

Imágenes de teledetección contienen información sobre la reflexión o dispersión de diversos tipos de cubierta terrestre. Para estudios de cambio de la utilización de la tierra, esta información necesita ser categorizada para hacer más fáciles las interpretaciones. Por lo tanto, es útil convertir la imagen satelital en un mapa temático de clases discretas de información encontradas en la imagen, es decir bosque, pasto, agua, áreas urbanas etc. De esta manera es posible analizar la evolución de las clases de cubierta terrestre usando una serie de datos de teledetección. Por ejemplo, la tasa de deforestación se calcula comparando mapas temáticos de cubierta del bosque a partir de diversas fechas.

Sin embargo, para producir un mapa temático es necesario conocer la relación entre las características espectrales y el tipo de cubierta terrestre. Esto permite probar al algoritmo de clasificación que convierte los números digitales de la imagen en clases de información. Tales datos pueden estar disponibles en mapas existentes o en fotografías aéreas, pero en la mayoría de los casos el trabajo del campo es una parte fundamental del proceso de clasificación. Este es el caso especialmente en áreas alejadas donde los datos existentes son escasos.

En el estudio actual, se ha utilizado un enfoque integrado de SIG y teledetección. Usando un método orientado al objeto, las imágenes satelitales fueron clasificadas usando una combinación de medidas estadísticas y reglas del método SIG. Comparado a una clasificación convencional de las imagenes, el resultado mejoró significantemente.

de la cubierta terrestre fue la preocupación principal de la expedición realizada en 2001. El muestreo de los datos relevantes para el entrenamiento y la referencia en el campo se vio restringido seriamente por falta de acceso, y por lo tanto se aplicó un nuevo esquema de muestreo remoto. El método se basa en una combinación de un receptor de mano de GPS y medidas de compás de alta precisión. La técnica facilitó la recolección de datos exactos de entrenamiento a través de límites físicos infranqueables tales como ríos, áreas de vegetación densa etc. Un total de 863 localizaciones de entrenamiento y de prueba fueron registradas en el campo para apoyar las clasificaciones supervisadas de imágenes.

Fig. 102. *Puntos de referencia se adquieren usando la técnica de GPS. // Reference points are acquired using GPS. Foto K. Edmunds.*

Fig. 103. *Alturas de árboles se pueden medir con un telémetro. // Tree heights can be measured with a laser rangefinder. Foto M. K. Sørensen.*

La localización de los datos de entrenamiento y de prueba fue más complicada para las imágenes más antiguas de la serie. Los datos del entrenamiento en las clases estables tales como bosque maduro fueron reutilizados siempre que fue posible, mientras que casi todos los datos del entrenamiento en el resto de las clases tuvieron que ser desplazados ya que los cambios se producen extremadamente rápido en el área. Puesto que las imágenes fueron cros-normalizadas, fue posible digitalizar nuevos zonas de entrenamiento y pruebas basados en los números digitales combinados con el aspecto visual en una composición de falso color.

Definición de las clases

La definición de las clases no es una tarea fácil en áreas heterogéneas, donde la escala de la variación es, a menudo, menor que el tamaño de los píxeles, que viene determinada por las características del sensor. La complejidad en la identificación de la distribución de diferentes usos se complica además por la topografía, que dificulta el relacionar diversas disminución de la cubierta de bosque maduro, mientras que la tasa de deforestación neta considera cualquier aumento de vegetación secundaria que compensa la vegetación perdida. Este aumento se puede relacionar con la regeneración natural de áreas previamente rozadas (reforestación) o la extensión de la frontera del bosque en áreas sin historia anterior de cubierta forestal (aforestación).

La tasa de deforestación bruta se calcula de la siguiente manera:

$$Deforestación = \frac{MF_{t1} - MF_{t2}}{MF_{t1}}$$

donde MFt1 es la cubierta de bosque maduro en el tiempo de referencia T1 mientras MFt2 refiere a la cubierta de bosque a un tiempo más adelante.

De modo parecido, la reforestación o aforestación bruta la repoblación forestal gruesa se puede computar como

$$Re / aforestación = \frac{SF_{t2} - SF_{t1}}{MF_{t1}}$$

Se calcula la tasa de deforestación neta como   (3)

$$Deforestación\ neta = \frac{MF_{t1} - MF_{t2} + SF_{t2} - SF_{t1}}{MF_{t1}}$$

Las tasas anuales se calculan dividiéndose por el número de años entre t1 y el t2.

Análisis de SIG

Las diferencias espaciales en las tasas de deforestación se analizan en un Sistema de Información Geográfica (SIG). La influencia de varios parámetros tales como distancia a los mercados, los ríos y el efecto de la topografía se analizan en relación con la deforestación. Las distancias del punto de entrada del valle en Achamal son examinadas extrayendo las estadísticas para los distritos secundarios del valle. La influencia de la distancia en los caminos que constituyen la red de transporte se analizan derivando zonas de influencia (buffer) alrededor de estas características. Finalmente, el efecto de la topografía es analizado resumiendo clases clasificadas de la cubierta de tierra dentro de diversos intervalos usando un modelo digital de la elevación (MDE).

Resultados y discusión

Cambios generales

Las imágenes satelitales más tempranas del área son de 1987, pero
también existe una serie de fotografías aéreas del año 1962. Un análisis
visual de estas fotografías confirma la conclusión del módulo antropológico
de que solamente los caseríos situados al extremo norte estaban fundados
en 1962. Aparte de áreas remozadas dispersas en Achamal, el punto de
entrada del valle, toda la zona del Huambo y La Meseta estaban cubiertas
por bosque maduro en 1962.

Las tablas 24a y 24b y Figs. 104-107 demuestran la distribución
regional para cada clase durante el período de 14 años de 1987-2001. La
Tabla 24a refiere el área absoluta en hectáreas de cada clase, mientras
que la Tabla 24b describe el porcentaje que cada clase ocupa del área

Tabla 27: Bosque maduro y secundario y tasas de deforestación en distritos secundarios

	Achamal		0 hrs	0 km	Zarumilla		3½ hrs	9 km
Año	1987	1996	1999	2001	1987	1996	1999	2001
Bosque maduro	36.3%	- *	30.8%	21.2%	55.0%	37.2%	35.4%	24.5%
Bosque sec.	24.1%	- *	14.5%	22.6%	10.3%	15.0%	20.9%	31.7%
Período	87-96	96-99	99-01	87-01	87-96	96-99	99-01	87-01
Defor. bruta	- *	- *	15.6%	3.0%	2.6%	5.4%	15.4%	4.0%
Refor. bruta	- *	- *	13.1%	-0.3%	1.0%	4.6%	15.3%	2.8%
Defor. neta	- *	- *	2.5%	3.3%	1.6%	0.8%	0.1%	1.2%

	Paraiso		5 hrs	15 km	Buenos Aires		7 hrs	20 km
Año	1987	1996	1999	2001	1987	1996	1999	2001
Bosque maduro	88.3%	83.0%	78.3%	72.3%	89.6%	71.7%	62.9%	54.2%
Bosque sec.	3.3%	4.9%	8.3%	13.0%	3.9%	4.8%	13.3%	20.1%
Período	87-96	96-99	99-01	87-01	87-96	96-99	99-01	87-01
Defor. bruta	0.7%	1.9%	3.8%	1.3%	2.2%	4.1%	6.9%	2.8%
Refor. bruta	0.2%	1.4%	3.0%	0.8%	0.1%	4.0%	5.4%	1.3%
Defor. neta	0.5%	0.6%	0.9%	0.5%	2.1%	0.1%	1.5%	1.5%

	San Antonio		12 hrs	25 km	San Antonio (sur)	13½ hrs	30 km	
Año	1987	1996	1999	2001	1987	1996	1999	2001
Bosque maduro	94.1%	88.9%	79.0%	74.6%	95.2%	91.5%	83.0%	78.6%
Bosque sec.	1.8%	3.2%	11.2%	14.2%	2.7%	3.7%	12.1%	12.3%
Período	87-96	96-99	99-01	87-01	87-96	96-99	99-01	87-01
Defor. bruta	0.6%	3.7%	2.8%	1.5%	0.4%	3.1%	2.7%	1.2%
Refor. bruta	0.2%	3.0%	1.9%	0.9%	0.1%	3.1%	0.1%	0.7%
Defor. neta	0.5%	0.7%	0.9%	0.5%	0.3%	0.0%	2.6%	0.5%

	Rio Verde		15 hrs	35 km	Luz del Oriente		17 hrs	40 km
Año	1987	1996	1999	2001	1987	1996	1999	2001
Bosque maduro	96.2%	89.1%	82.5%	81.0%	95.7%	90.9%	80.8%	82.6%
Bosque sec.	2.0%	5.3%	10.9%	13.3%	1.4%	4.4%	14.0%	12.7%
Período	87-96	96-99	99-01	87-01	87-96	96-99	99-01	87-01
Defor.bruta	0.8%	2.5%	0.9%	1.1%	0.6%	3.7%	-1.1%	1.0%
Refor. bruta	0.4%	2.1%	1.4%	0.8%	0.4%	3.5%	-0.8%	0.8%
Defor. neta	0.4%	0.4%	-0.5%	0.3%	0.2%	0.2%	-0.3%	0.1%

	Nuevo Union		22 hrs	50 km	Canaan		38 hrs	95 km
Año	1987	1996	1999	2001	1987	1996	1999	2001
Bosque maduro	99.9%	96.3%	92.6%	90.1%	99.6%	99.6%	99.3%	98.2%
Bosque sec.	0.1%	0.2%	1.8%	2.8%	0.0%	0.0%	0.0%	0.5%
Período	87-96	96-99	99-01	87-01	87-96	96-99	99-01	87-01
Defor. bruta	0.4%	1.3%	1.3%	0.7%	0.0%	0.1%	0.5%	0.1%
Refor. bruta	0.0%	0.6%	0.5%	0.2%	0.0%	0.0%	0.3%	0.0%
Defor. neta	0.4%	0.7%	0.8%	0.5%	0.0%	0.1%	0.3%	0.1%

*Faltan las cifras debido a la cubierta de nubes

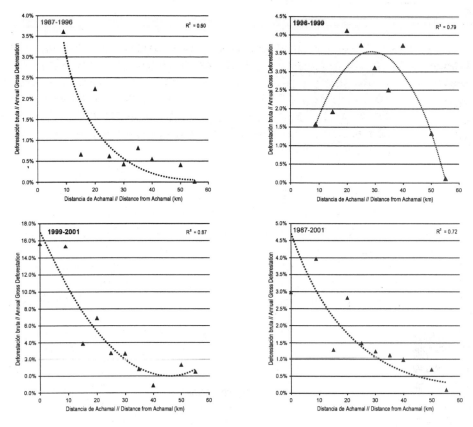

Fig. 109. *Relación entre la deforestación bruta y la distancia al punto de entrada del valle, Achamal. /*
/ Relationship between annual net deforestation rates and distance to the valley entry point of Achamal.

en el uso la tierra y la posición geográfica. Los distritos fueron delineadas así que reflejaban la influencia política aproximada de los caseríos y de los anexos en el área, porque no existe ninguna información detallada sobre las fronteras de los distritos individuales. La tabla 27 muestra el grado regional de cada distrito secundario junto con distancias de viaje aproximadas del punto de entrada del valle de Achamal. Es fácil ver que las áreas en el norte del valle están caracterizadas por una cubierta mucho menor de bosque maduro. En Achamal, la cubierta de bosque maduro disminuyó de 36.3 % en 1987 a 21.2 % en 2001, mientras que al otro extremo, la cubierta de bosque en el área de Canaan, localizado a unos 55 kilómetros al sur de Achamal, se redujo de 99.6 % a 98.2 %. Sin embargo, no es solamente el grado de cubierta de bosque lo que varía. Las tasas de deforestación también demuestran dependencia a la distancia del punto de entrada del valle en Achamal.

La figura 109 demuestra la relación entre la distancia de Achamal y las tasas de deforestación bruta en los sub-distritos de la Tabla 27. Du-

221

rante el período entero a de 1987-2001, hay una relación significativa entre la distancia de Achamal y las tasas de deforestación como la tasa de deforestación disminuye logarítmicamente con distancia de Achamal. En los tres sub-períodos (1987-1996, 1996-1999 y 1999-2001) la tendencia es más variable. En el primer período (1987-1996) la tendencia sigue el desarrollo general con una significante correlación negativa entre la distancia y la deforestación.

Sin embargo, en el próximo período de 1996-1999, la tasa bruta de deforestación es polinomial, indicando que el máximo de deforestación se ha trasladado más abajo en el valle comparado al período anterior. Este desarrollo también está de acuerdo con lo esperado, pues las densidades demográficas relativamente altas en el extremo norte del valle animan a la gente que se aventure más al sur. Como más áreas de bosque maduro están disponibles para rozar según lo considerado en la Tabla 27, el porcentaje de bosque maduro aumenta hacia el sur de Achamal.

Sin embargo, en el período más reciente (1999-2001) se reproduce la tendencia general, pero las tasas de deforestación anuales son mucho más altas que cualquier otro período con valores máximos en el norte del valle casi un 16 %. En un cierto grado, esto es compensado por las altas tasas de reforestación en ese período, dando por resultado que las tasas netas de deforestación son comparables al promedio para el período entero de los 14 años de imágenes satelitales.

Pero aunque la tendencia general de deforestación neta para 1996-1999, 1999-2001 es visible, en cierto grado, no hay ninguna correlación significante entre la distancia de Achamal y la deforestación neta. Para el período 1996-1999, esto indica que los valores de reforestación son altos en el centro del valle mientras que para 1999-2001, las tasas de reforestación son las más altas en el norte del valle (Tabla 27).

Influencia de la distancia a los ríos

Aunque la distancia al punto de entrada del valle en Achamal explica un gran grado de la variación en las tasas de deforestación, otros factores relacionados con la fisiografía del valle igualmente pueden ser importantes. Los caminos de mulas son el eje infraestructural del área, pero es imposible levantar mapas de éstos con la tecnología de teledetección porque se encubren debajo del pabellón del bosque e incluso pueden ser difíciles de localizar en la tierra.

Sin embargo, su localización tiende a coincidir con los dibujos principales del drenaje de agua, y por lo tanto los ríos y las quebradas son sustitutos útiles para la red principal del transporte del área, aunque en estos cuerpos de agua corriente no es posible navegar debido a su gran pendiente.

Para analizar el efecto de la red de transporte, se estudiaron cambios en el uso de la tierra en zonas de tapón (buffers) de 100 m a ciertas distancias de los ríos que fueron digitalizados en base a las imágenes de Landsat.

La Tabla 28 demuestra el desarrollo en zonas a distancia variable de los ríos y quebradas principales en el área. En el primer período (1987-1996) la tasas de deforestación generalmente están bajas pero tienden a aumentar levemente con distancia a los ríos. En los períodos más recientes, la deforestación parece disminuir con distancia a los ríos, y este desarrollo se refleja en el promedio por el período entero, aunque el lapso es muy estrecho extendiéndose de 0.80 % a 0.94 %.

Una excepción en la disminución de la tasa de deforestación con distancia del río, es la zona en las inmediaciones de los ríos. En el intervalo de 0-100 m de los ríos, las tasas de deforestación son algo más bajas. Aunque las áreas que frecuentemente se inundan son raras debido a la topografía escarpada, la erosión, debido a inundaciones ocasionales o erosión de banco, puede explicar este desarrollo.

Tabla 28:   Deforestación en relación a la distancia del río.

Distancia al rio	Deforestación bruta					Deforestación neta			
	87-96	96-99	99-01	87-01		87-96	96-99	99-01	87-01
100 m	-0.2%	2.8%	2.4%	0.8%		0.0%	0.6%	1.3%	0.3%
200 m	0.0%	3.0%	2.4%	0.9%		0.1%	0.7%	1.2%	0.3%
300 m	0.0%	3.1%	2.1%	0.9%		0.1%	0.8%	1.1%	0.4%
400 m	0.0%	3.0%	2.0%	0.9%		0.1%	0.9%	3.8%	0.7%
500 m	0.1%	2.9%	2.0%	0.9%		0.1%	1.0%	0.8%	0.4%
600 m	0.1%	2.8%	1.9%	0.9%		0.1%	1.0%	0.7%	0.4%
700 m	0.1%	2.7%	1.8%	0.9%		0.1%	1.1%	0.6%	0.3%
800 m	0.3%	2.2%	1.8%	0.9%		0.2%	0.7%	0.6%	0.4%
900 m	0.3%	2.0%	1.8%	0.8%		0.1%	1.1%	0.6%	0.3%
1000 m	0.3%	1.9%	1.7%	0.8%		0.2%	0.6%	0.6%	0.3%

Las tasas netas de deforestación son más variables (Tabla 28). En los dos primeros períodos, la deforestación neta aumenta con distancia a los ríos, mientras que el desarrollo opuesto se documenta para el próximo período de 1999-2001. Para el período entero, un pico importante en la tasa neta de deforestación ocurre a 400 m de los ríos.

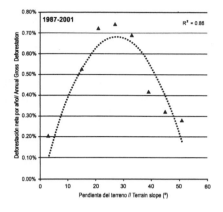

Fig. 110. Relación entre pendiente del terreno y deforestación bruta en el período 1987-2001. // Relationship between terrain slope and gross deforestation in the period 1987-2001.

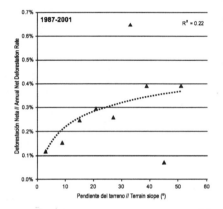

Fig. 111. Relación entre pendiente del terreno y deforestación neta en el período 1987-2001. // Relationship between terrain slope and net deforestation in the period 1987-2001.

Influencia de la topografía

En la actual área de estudio, la elevación sobre el nivel del mar se correlaciona de manera significante con la distancia a los ríos debido a que las variaciones a gran escala de las pendientes son menores debido a la forma "V" de los valles. En la escala media sin embargo, las variaciones se presentan en la topografía de valles laterales y de erosión de derrumbamientos ocurridos durante milenios. En este aspecto, la pendiente del terreno es un indicador útil. La Figura 110 demuestra la relación entre la pendiente del terreno y la deforestación. La deforestación bruta se incrementa con el aumento de la pendiente del terreno hasta una tasa máxima de deforestación encontrada en app. 20-25° después de lo cual ocurre una disminución en la deforestación bruta. Esto es un reflejo de que la mayoría de las áreas de bosque maduro están situadas en pendientes relativamente escarpadas. Para las tasas netas de deforestación, no se obtuvieron ningunas correlaciones significantes, pero la impresión general para el período entero parece ser que la deforestación aumenta con pendientes crecientes en todo el rango de pendientes representado (Fig. 111). Esto indica que la reforestación es menos pronunciada en pendientes escarpadas de más de 25°, lo cual puede tener implicaciones serias para la erosión y la gestión del agua en pendientes más inclinadas y degradar el medio ambiente.

Degradación de la tierra

En el estudio actual se muestran tasas de deforestación neta tanto como bruta. Sin embargo, las tasas brutas de deforestación pueden ser medidas más apropiadas de cambios del ecosistema. En relación a los depósitos de biomasa y carbono, la deforestación bruta es un punto importante. Aunque la captación del carbono es rápido para los bosques secundarios, el efecto del retraso de tiempo significa que un restablecimiento de la reserva de carbono conlleva mucho tiempo.

Las estadísticas de deforestación solas no pueden dar lugar a una cuenta adecuadamente detallada del cambio del ecosistema que ocurre en el área. A este respecto, el desarrollo posterior de las áreas rozadas es extremadamente importante. En años recientes, dos fuentes de renta monetaria han ganado influencia, según lo explicado en el módulo antropológico. Primero, el cultivo del café ha llegado a ser excesivamente popular. En segundo lugar, la crianza de ganado se ha hecho importante para las familias relativamente desahogadas económicamente, que pueden permitirse la inversión en el ganado y en áreas de tierra relativamente grandes.

La producción del café es ecológicamente sostenible en la región. Esto es porque no se aplica ningún fertilizante o pesticida químico y también porque la cubierta de bosque es necesaria para proteger las plantas del café contra la sequía. A este respecto, las áreas de bosque maduro ofrecen un ambiente óptimo para la producción del café. Sin embargo, la mayoría de las plantaciones de café se encuentran en bosques nuevamente reforestados y mucha de la reforestación que ocurre en el valle en años recientes es un resultado de la replantación de árboles que crecen rápidamente, sobre todo del género Inga, para apoyar la producción del café. De esta manera, la cubierta de bosque se aumenta mientras que al mismo tiempo se explota las posibilidades de producción del café.

La creciente influencia de pastos, sin embargo, tiene un impacto predominante negativo en el ecosistema. Un factor obvio es la pérdida de biodiversidad y el creciente riesgo de erosión, resultado del creciente drenaje por tierra de la precipitación, de pastoreo excesivo y de la compactación de suelo por el ganado. La Tabla 24 indica que las áreas de pasto se han ampliado con más de 200 %, cubriendo unos 0.7 % del área en

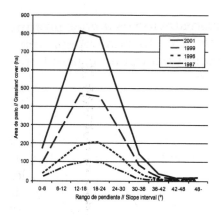

Fig. 112. La extension de pastos principalmente ha occurido en pendientes en el intervalo de 12° a 24°. // The increaing in grassland areas has primarily taken place on slope in the 12° to 24° interval.

1987 comparado a 2.0 % en 2001. Un punto importante de preocupación es el hecho de que la mayoría de la extensión de las áreas de pasto se ha dado en pendientes relativamente escarpadas. La extensión del prado ha sido predominante en las pendientes que se extendían de 12° a 24° (Fig. 112). Estos intervalos de pendiente no representan las óptimas condiciones ambientales para la crianza de ganado, son simplemente una expresión de que las tierras disponibles están distribuídas principalmente a través de este intervalo de pendientes.

Sin embargo, como los recursos son escasos en el área, en parte debido a la administración defectuosa del arrendamiento de la tierra, el pastoreo excesivo ocurre con frecuencia. Esto puede dar lugar a una seria degradación ambiental, donde se debilita o desaparece la cubierta vegetal, a riesgo de aumento de erosión acelerada y pérdida del suelo (Tivy, 1990) (Figs. 113 y 114). Brack (1997) tal como Grau y Brown (2000) sugieren que el ganado es una de las razones principales de la degradación del suelo en la región andina. Además, Etter y van Wyngaarden (2000) mencionan la erosión, la homogeneización del paisaje y la desregulación de las cuencas hidrológicas asociado con áreas de pastos en los Andes colombinos. La figura 114 ilustra un ejemplo de la erosión de surco en el área de Buenos Aires dentro del área actual del estudio. El desarrollo futuro de tierras deforestadas en el área tiene así una influencia profunda en la degradación de la tierra.

Muchos investigadores han abogado por la necesidad de conservación ambiental en los bosques húmedos del este del Perú (Gentry 1992, 1995; Young 1992; Young & Valencia 1992; Young & Leon 1999; Schjellerup et al. 1999; Schjellerup y Sørensen 2001). Las altas tasas de deforestación en

Fig. 113. Erosión en una chacra muy inclinada en San Antonio. // Erosion results from cultivating extremely steep slopes. Nnear San Antonio. Foto M.K. Sørensen.

Fig. 114. Grave formación de surco en un área de pasto cerca de Buenos Aires, Valle del Huambo. // Severe gully erosion in a grassland area near Buenos Aires. Foto M.K. Sørensen.

el área acentúan la necesidad de aplicar políticas de gestión de los recursos que tratan de asegurar un desarrollo sostenible para la región actual

Resumen

Se han analizado los cambios del uso de la tierra en la zona de estudio para el período de 1987-2001, usando la tecnología de imágenes satelitales. Las tasas de deforestación en dicho período son del 1.0 % anualmente en el valle del Huambo, alcanzando un máximo de 2.7 % en el período 1996-1999. En comparación, la tasa de deforestación neta estaba en 0.5 %, con un valor máximo de 2.0 % en el período 1999-2001, que es mucho más alto que el promedio del Perú en el período 1995-2000 a 0.4 %.

Sin embargo, los análisis de SIG revelaron que existen importantes diferencias espaciales. La deforestación bruta está significantemente correlacionada con distancia al punto de entrada del valle en Achamal con tasas de deforestación bruta que excedían 15 % por año en el norte del valle. Además, se han encontrado correlaciones fuertes entre deforestación y la distancia a los ríos, con tasas más alta cerca de los ríos. Finalmente, se ha documentado que las tasas de deforestación son más altas en las pendientes entre 12-24°. Las áreas de pastos se han ampliado substancialmente en el área, sobre todo en pendientes relativamente escarpadas. Esto puede ser una amenaza seria al equilibrio ecológico en las áreas, debido a la erosión creciente y la degradación de la tierra.

Capítulo 7: Conclusión

El área de influencia del estudio abarcó parte de la zona que va de sur a norte por las laderas del este de los Andes, de importancia global para el análisis de la diversidad biológica, debido a las muchas zonas ecológicas y numerosas especies de plantas con grandes áreas todavía cubiertas por bosques.

Hace algún tiempo se consideraba a la Ceja de Montaña o Ceja de Selva como deshabitada e impenetrable para las actividades humanas. Sin embargo, las investigaciones arqueológicas y evidencias etnohistóricas dan testimonio que la Ceja de Selva no sólo tiene importancia por su diversidad biológica sino también por su diversidad cultural. Migraciones llevadas a cabo durante el siglo pasado hacia las laderas del este de los Andes registran la tasa más grande de la colonización en el Perú, debido a su proximidad a la costa y a las montañas donde se encuentran las principales presiones de población. La Ceja de Selva nunca ha sido una barrera ecológica para la presencia humana, pero las enfermedades sí pudieron haber sido un factor negativo.

Con el transcurso de los años la Ceja de Montaña ha modificado su paisaje mediante la tala de los bosques y la presión de la población. La tala de árboles ha ocurrido principalmente en áreas de la cabecera de aguas donde la erosión es más intensa, afectando la circulación del agua y el empobrecimiento del suelo mediante la pérdida de la materia orgánica. Pero la tala del bosque en grandes zonas no ha dado lugar a la formación de un buen y productivo paisaje agrícola, como se tenía previsto.

A pesar del incremento en la expectativa por conocer y preservar la diversidad cultural y biológica de los bosques montanos, son muy pocos los esfuerzos de la investigación y sobre todo de la investigación que se ha centrado en un aspecto diacrónico.

El diseño de la investigación ha sido elaborado para incorporar la información sobre el impacto de la presencia humana en el cambio del ambiente y cómo el cambio ambiental, con el tiempo, ha comprendido nuevas actividades humanas. Nuestros resultados comprueban un acentuado patrón diacrónico espacial muy dinámico, así como las estrategias del agroecosistema en el nivel regional en la cuenca del río Huambo, en La Meseta, la cuenca del río Jelache. La cubierta de la vegetación ha variado principalmente por los cambios en el uso de la tierra y en menor importancia por los cambios climáticos. Por ello la colonización se convirtió en el tema central de nuestra investigación a través de quinientos años.

Las investigaciones arqueológicas revelaron una nueva información del Horizonte Intermedio y del Horizonte Tardío sobre las culturas de los Chachapoyas y de los Incas, con sus penetraciones en el bosque denso. La cultura de los Chachapoyas tuvo presencia mediante los asentamientos nucleares ubicados al lado este, en las montañas lejanas. Los sitios fortificados son testimonio de una competencia creciente entre los cacicazgos vecinos que revelan potenciales conflictos por la posesión de la tierra y sus recursos locales. Las cámaras funerarias monumentales se encuentran a los lados escarpados de las peñas rocosas, siendo un rico material de investigación interdisciplinaria.

La expansión y conquista Inca en la Ceja de Selva trajo como consecuencia la difusión y continuación de su tecnología. Una evidencia de ello fueron los sistemas de caminos dotados de una serie de instalaciones como los tampus y otras instalaciones menores que fueron construidas en áreas agrícolas más grandes, donde el paisaje fue modificado por los andenes en los lados de la montaña. La presencia de Inka Llacta con arquitectura imperial del estilo de Cusco, en el centro del bosque, da nueva luz sobre la política y el interés económico de los Incas en esta parte alejada del noreste de Tawantinsuyo.

Las enfermedades tales como uta, fiebre amarilla y más tarde malaria fueron siempre una amenaza para una población permanente.

El desarrollo alcanzado tuvo su origen en otras culturas y crearon, como hemos visto, patrones muy diversos en los asentamientos debido a la presencia de la cultura Chachapoyas e Inca.

Nuestros estudios botánicos compararon el análisis del polen a partir del decimoquinto siglo revelando diferencias interesantes en la vegetación. Los cultivos Inca en los andenes fueron centrados principalmente en el cultivo del maíz acompañado con arveja, chiclayo y plantas medicinales en Pata Llacta.

Después, los factores coloniales a partir del siglo XVI, tales como la introducción de una nueva población, cultivos y animales de España, generaron un agudo contraste con las formas y los patrones tradicionales de la gente indígena, de quienes no hemos encontrado todavía restos en los sitios arqueológicos, antes o durante la ocupación de los Chachapoyas o de los Incas.

Las fuentes históricas revelan que los grupos tribales como los Cheduas, los Alones y los Choltos, colocados a lo largo del río Huambo, cultivaban yuca, camotes, plátanos verdes y piña. La intervención española influenció en todos éstos.

El impacto colonial en la población indígena fue desastroso. Poblaciones enteras desaparecieron como resultado de las enfermedades, la desnutrición y las incursión del esclavo, que afectaron los aspectos sociales, económicos, culturales y demográficos de la región, dando como resultado, en el área de nuestras investigaciones, el despoblamiento y olvido por los sistemas sociales que se sucedieron. El contacto entre la Sierra y la Selva siguió solamente la ruta muy conocida de Chachapoyas a Moyobamba que dejaba el valle de Huayabamba fuera de la ruta principal de comunicación.

En estos dos últimos siglos los bosques fueron percibidos como libres y como territorio sin habitantes, por lo tanto abiertos para ser colonizados. El conocimiento histórico de los lugares mediante sus relatos desempeñaba un papel muy importante en la identidad de la población a pesar de su reciente migración. Nuestra investigación ha traído al área un contexto arqueológico e histórico más amplio. La migración de campesinos sin tierras de la Sierra está incrementándose en la cuenca de Huambo y en La Meseta simultáneamente se reproduce el desarrollo desigual de la sociedad peruana.

El proceso de la migración en la Amazonía ha sido animado por grupos políticos con programas de colonización del Estado donde era clara la manipulación política: se ofrece la ilusión de un mundo nuevo donde supuestos esfuerzos individuales darán lugar a un alto estándar de vida. Este tipo de colonización sólo da lugar a la dislocación espacial de la pobreza dentro del país según lo mencionado por Chirif (1979).

Sin embargo, en la Ceja de Selva la colonización ha sido más espontánea, ligada a la migración de aventureros y pioneros; debido a necesidades económicosociales y a percepciones religiosas relacionadas con sus símbolos colectivos, que conciben a estas zonas como la Tierra Prometida y como una región de riqueza.

Pero cuando los colonos consiguen acceso a la tierra en las laderas del este de los Andes, su ignorancia del medioambiente y la carencia total en asistencia técnica evitan que obtengan niveles de la producción suficientes para mejorar sus condiciones de vida. El trabajo manual constituye el factor más importante para su subsistencia y el incremento de su economía.

La agricultura exige actividades como la tala (rozo), quema, sacado de malezas y cosecha. La disponibilidad de la mano de obra también se considera como una condición importante para la extensión de las chacras, pues hay una carencia de la capacidad de manejar las varias tareas implicadas en la agricultura. La demanda más alta de mano de obra ocurre en los periodos de cosecha de café, por ello el flujo de peones proviene de los lugares aledaños al valle del Huambo.

La economía desigual de la población se manifiesta en los de ingresos de las familias. Algunas familias tienen un ingreso de más de S/50,000 ($ 14,500) anuales, con excesos que hacen un promedio de S/20,000 ($ 6000) y las familias más pobres tienen un déficit anual y una dependencia total del autoconsumo, reflejando la desigualdad social. Una de las estrategias de subsistencia está dada en el trueque entre familias o en la venta del exceso de producción ofertada a los compradores.

En la cuenca del río Huambo y en La Meseta la juventud tiene pocas expectativas por un futuro mejor. La deficiencia en la educación no les proporciona un nivel de preparación para afrontar sus necesidades, además los jóvenes asumen los roles de padres a temprana edad, teniendo sus hijos sin una planificación, repitiendo los círculos de pobreza crónicos. Las historias de vida recogidas dan evidencia de la lucha contra pobreza.

Una correlación procesal entre los seres humanos y las plantas, como Jones mencionó en 1941, implica la necesidad del conocimiento local del uso de las plantas. Las listas etnobotánicas revelan la cultura de los colonos que introducen nuevas plantas en el área tales como el eucalipto. Al mismo tiempo, ganan nuevas experiencias con la existente vegetación original, que incrementan su conocimiento en el uso y manejo de las plantas. El uso de la leña para las actividades de cocina diaria está dando por resultado un consumo excesivo de madera, lo que contribuye a la tala de árboles en el área.

El café es el cultivo más importante del valle el cual depende del mercado mundial, estando éste sujeto a los flujos de oferta y demanda que determinan los precios afectando también a los pequeños productores de café. En el valle del Huambo en el 2001 cuando los precios bajaron a escala mundial originaron pérdidas en muchas familias pues no tenían dinero suficiente para pagar peones o para el transporte en mulas. Puesto que la rentabilidad económica depende de la exportación de algunos productos como café y maní, los campesinos deben considerar las posibilidades de comercialización y reajustarlas siempre a un mercado cambiante, que es obstaculizado por el poco conocimiento de la gente para entender la función de los mecanismos del mercado internacional.

La misma naturaleza del cambio ambiental depende mucho de la percepción humana de sus valores y de sus creencias, siendo importante considerar la relación existente entre la religión y los procesos psicológicos de adaptación que experimentan los migrantes andinos. El cambio significativo que ocurre actualmente con las iglesias, adventistas, evangelicas y pentecostales, que pueblan las zonas de la Ceja de Selva formando centros poblados anexos y caseríos tales como Canaan y Añasco Pueblo en La Meseta y en la cuenca del río Huambo: Guambo y El Paraíso.

Cada casa es el centro de interacción entre niveles altos y bajos en la toma de decisiones basadas en las necesidades, experiencias específicas y sus valores culturales y religiosos.

El resultado de nuestra investigación confirma que los paisajes culturales y naturales alrededor de los asentamientos humanos han experimentado muchos cambios relacionados con sus economías débiles, ganaderas y agrícolas, y al influjo de cosechas como el "cash crop". También se alteran los paisajes, por ejemplo en la cuenca del río Huambo los primeros cultivos que vendían en el mercado local eran arroz, maíz, fruta y yuca, habiendo variado estos últimos años por el cultivo principalmente de café.

La carretera de Achamal a Zarumilla y los nuevos puentes tendrán fuertes efectos sobre las actividades comerciales, así como a una concentración y generación del aumento de la población con resultados que deteriorarían más el ambiente del bosque húmedo. Dentro de la región geográfica nuevas comunidades rurales se están formando a lo largo del Río Huambo y en La Meseta con nuevas trochas que implica una tala de bosques acelerada.

Durante el trabajo del campo el módulo botánico recogió 1280 especímenes de plantas hasta ahora agrupados en 223 géneros, que corresponde a 86 familias. Aproximadamente 230 especies son usadas por la gente.

económicos en el área. La gente local debe ser incluida en el planeamiento de los recursos y los procedimientos de toma de decisión. Las actividades siguientes se deben iniciar como sugerencias para un desarrollo sostenible:

- Programas sobre el uso sostenible de los recursos en las áreas pobladas.

- Programas de la educación ambiental con la población.

- Estímulo de proyectos de ecoturismo por la presencia de la especie de plantas endémicas, de animales, de paisajes especiales y de sitios monumentales arqueológicos.

- Programas de reforestación forestal con especies nativas según las diversas zonas ecológicas.

Esperamos contribuir al desarrollo sostenible en nuestra investigación e información con las autoridades gubernamentales, provinciales y comunidades locales en un diálogo común.

En un mundo de cambio necesitamos registrar toda información posible de los lugares de mayor biodiversidad que han sido descuidado en investigaciones cientificas.

Contents

Acknowledgments 245
Foreword 248
Introduction 249

Chapter 1
Introduction to the Study Area 253
Geography 253
Topography and Geology 253
Climate 254
Vegetation 254
Population and Land Use 255

Chapter 2
The Pre-History 257
The archaeological sites 257
The Past reconstructed 274

Chapter 3
The Historical Approach 279
The first encounter 279
Repartimientos, encomenderos and estancias 281
Native groups and Father Alejandro Salazar's mission 282
Desired commodities 287
Progress and scientific initiative 288
Modern times 291

Chapter 4
Contemporary Life 293
Political and administrative relations 293
Roads, transportation and access to markets 294
Population and migration 297
Settlement patterns 299
Electricity, water and sewage 300
Houses and construction 300
Education 301

Religion 304
Nutrition 306
Health 309
Socio-economical activities: Contemporary agriculture 310
The land 310
Agriculture and cattle 311
The fields 311
The crops 314
The Coffee 316
Trade 323
Income 323
Expenses 325
Life stories 326
Summary 332

Chapter 5
Vegetation and Use of Natural Resources 335

The eastern montane forests 335
Introduction 340
The humid mid-altitude montane forest 343
Vegetation on La Meseta and in the Río Jelache watershed 344
The humid mid-altitude montane forest in the Huambo Valley 347
The humid lower montane forest on La Meseta..............................351
Humid Lower Montane Forest in the Huambo Valley 353
Vegetation types modified by man 355
Secondary vegetation and deforested areas 356
Utilization of natural resources in Huambo and La Meseta 361
Vegetation at the archaeological sites 373
Plant Species New to Science 378

Chapter 6
Land Use Change 381

Introduction 381
Data..381
Methods 384
Results and discussion 391
Overall changes 391
Deforestation...393
Spatial changes...394
Land use in sub-districts 396

Summary 400

Chapter 7
Conclusion 401
Future perspectives 406

Reference
Litterature 408

Appendix
Diccionary of useful plants 417

Acknowledgments

The authors wish to thank the V. Kann-Rasmussen Foundation most sincerely for the grant supporting the project.

We are grateful to the participating institutions:

- CONCYTEC (Peruvian Board of Sciences and Technology), who auspiced the project and for the interest of the project by Dr. Ing.Eduardo Torres Carranza.
- Universidad National de Trujillo, Faculty of Social Science.
- Universidad Privada Antenor Orrego, Museo de Historia Natural, Dr. Abundio Sagastegui whose knowledge, kindness and hospitality supported us during all the years.
- Universidad Nacional de San Agustín, Arequipa.
- Instituto Nacional de Cultura Credencial for permissions C 10108 2000 and C 0118, 2001 for the archaeological research.

We thank the Institute of Geography, University of Copenhagen for use of their facilities, Dr. Michael O. Dillon, Field Museum of Chicago for advice and classification on unknown plants and Profesor emeritus Dr. Daniel D. Gade,Vermont for encouraging comments and Dr. Peter Wagner of the Botanical Central Library, the University of Copenhagen for revising part of the English texts on the flora.

In the field we were greatly supported by the authorities in Chachapoyas by the alcalde provincial Leonardo Rojas Sánchez, in Rodriguez de Mendoza by the teniente alcalde , later Presidente ejecutivo de Consejo Transitorio de Administracíon Regional Amazonas (CTAR) Dr. Pedro Fernández Rodriguez and Ing. Carlos Mestanza.

Special thanks go to professor Romulo Ocampo Zamora from Chuquibamba for his never ending help in logistics and being a marvellous friend during hardship and good times. His morning songs could cheer everyone up.

Thanks to the all the authorities in Chirimoto and Omia and to the teachers, directors of the schools, catechists, pastors and traders and to everyone of the inhabitants in the Huambo Valley and in La Meseta who took time to answer our questions.

We are greatful to David Añasco and family and all the inhabitatant in Canaan. We are especially grateful to don Fabian Añasco and family for friendship and support during many years and for appointing us "distingidos hijos del Añasco pueblo", distinguished children of Añasco pueblo, when we stayed in their houses in 2000.

We thank Oscar Jambo and family in Luz del Oriente to include us in their house, Ananías Tuesta and children, Juana Guiop for long conversations on her practise as a healer, Maximo Valdez and his wife who told us about the believes as members of the Evangélica Peruana Church, Dolores Tuesta and family, Celier Silva, Espiritu Huaman, Erlinda Salón, Desiderio Guiop, Alciviadez Riva, Marino Purola, Walter Tuesta, Lizandro Salón, José López, Baldomero Bazán, Melquisedec Rojas, Geronima Qulky, Catalino Zelada, Jorge Oñate, Francisco Castillo, Zenón Torres and his children Marly, Cilda y Clotilde.

In the anex of Río Verde we thank Delicia Collazos and children who shared her life story with us, Dolores Santillán and familiy, Vinda López, Nilser Hidalgo, Felix Alva, Tomás Grandez y Joselito Grandez,.

In the anex of San Antonio we are grateful to Euclides Marín, Nelson Montoya y Andrés Hernández, and to Leopoldo Merino, José Vela, Reodórico Gomez, Aurelio López, Eustaquio Huamán, Anacleto Huamán, Artemio Chávez, Salvador Horna, José Montoya Castro, Pedro Tuesta, José Castro and Melanio Alvarado.

In the anex of Paraíso we thank Salvador Chanta, Gabriel Hidalgo, María Tocas, Olinda Quispe, José Loja, Ricardo Trujillo, Francisco Quispe, Segundo Tamayo, Darwin Riva, Elmer Quispe, Moisés Chanta, Seberino Vásquez, Santos Espinoza, Rafael Espinoza, Regnerio Quispe, Luciano Huamán.

In Zarumilla we want to thank don Juan Bustamante and family, who rented us rooms and gave us good food, and Reodórico Torres and family, Benigno Torres, who told us his lifestory, and Peris, Nancy and señor Ampuero who guided us into in the darkness in the montaña. We thank Luis Torres, Julián Riva, José Torres, Juana Torres, Linoria Rodríguez and family, José Hidalgo, Segundo Baca, Víctor López, Mario Villa, Cesar Castro, Eduar Torres, Gerardo Alva, José López, Agripino Rojas, Segundo López, Ovidio Dávila, Máximo Portocarrero, Martín Loja, Rosa Salazar, Filomeno Mas, María de los Santos López y Felix Tafur.

In Achamal we thank Elvia Trigozo, Alfonso Trigozo, Esther Trigozo, Jose Occ, Amadeo Hernández, María del Carmen Fernández, Francisco Tuesta, Mariza Tuesta Tuesta, Maximiliano Hernández, Luis Yalta, Teófilo Izquierdo, Hilmer Fernández, Linoria Torres, Eliades Rivas, Vladimiro

Trigozo, Angélica Hernández, Armando Rodríguez, Leni López, Deciderio Novoa, Rosa Rodríguez, Priciliano Tuesta, José Aguilar, Miselino Tuesta, Anaximandro Tuesta, José Calderón, Irma Occ, Víctor Tuesta and Luzbeth Occ .

We are grateful to the families of Guambo presented by Agustín Cruzado, Leoncio Rodríguez, Lorenza Guevara, Francisca Vásquez, Antonio Mejía, Simón Oyarce, Eduardo Oyarce, Carlos Huamaní, Cesar Vásquez, Huamán Vásquez, Octavio Vilchez, Ramiro Orrillo, Aurelia Paredes, Valentín Vásquez, Pascual Oririllo, Alejandrina Rodríguez, Abner Vásquez, Huilfredo Oyarce, Cesar Rodríguez, Faustino Huamán, Oscar Orillo, Alejandro Cruz, Homero Vilchez, Juan Rodríguez, Oscar Castro, Inocente Rodríguez and Cristóbal Rodríguez.

We want to thank all the families who supported us during the fieldwork.

In Lima special thanks go to Kirsten and Hugo Palma for their outstanding hospitality and friendship during the years and for giving us access to the Archivo Ministerio de Asuntos Exteriores.

The director of the project especially wants to thank all the courageous participants:

Manuel Calderón Silva, Ysabel Diaz Valencia, Kim Alan Edmunds, Carolina Espinoza Camus, Dante Hernández Prieto, Mikael Kamp Sørensen, Segundo Leiva Gonzales, Romulo Ocampo Zamorra, Victor Peña Huaman, Victor Quipuscoa Silvestre, Vivian Rose, Susana Sanchez Ocampo, Mark Strarup Jensen, Arturo Tandaypan Villacorta, Lars Henrik Thrane and Ceci Maribel Vilchez Toribio, who dared to endure the hard fieldwork and who all contributed to the various modules of the project.

to understand the local conditions compared to the historical evidence.

·The utilisation of specific natural resources is decisive for the geographical extension of the cultures in different ecological zones. Limits may be established.

·Changes in the resource utilisation will be reflected in changes in the social and economic structures of the dominant culture or society.

·New strategies for the utilisation of the land will be developed because of climatic changes and cultural responses to e.g. population pressure or the land will have to be abandoned.

The history of the relations between man and his environment is essential in order to understand the changes and gives knowledge on the processes and the importance of events such as climatic and biological events (eg. earthquakes, hurricanes, diseases) or political events (laws, wars and others).

Histories of land-use, e.g. life-stories can identify local events and conditions, that form the processes in the local structures and that conduct the use of the resources. Investigations on changes in vegetation cover and land-use have a potential for revealing the dynamic character and complexity of the human-environmental conditions.

In the absence of a long time perspective many botanists tend to view the vegetation cover of forests as virgin on the eastern slopes of the Andes when in fact it is mature or secondary forest and often the result of an ancestral human use.

Despite a multitude of studies on recent changes in the Amazonia on socio-political conditions of native groups and the deterioration of the landscapes, the relation between research based on historical studies including terrestrial ecology and the science of global changes of the environment are surprisingly few.

But what is known on the history of earlier human activities in the region?

Recent studies (Schjellerup 1997) show that from the ninth to the fifteenth century the Chachapoyas culture developed their own socio-political organisation and established powerful competitive chiefdoms in nucleated hierarchical settlements with monumental constructions. Most of the Chachapoyas settlements are placed in strategic positions on mountaintops overlooking communication routes that followed the rivers and the valley bottoms. The Chachapoyas utilised the upper ecological zones for tuber crops. We still have no information on the exact distribution of the Chachapoya culture in the northeastern Peru.

The Inca conquest and colonisation period in the 15th century that preceded the Spanish conquest brought many changes in the Chachapoyas. The human landscape was altered with new architectural styles, and the emphasis on cultivation was shifted to another ecological zone. This brief intermezzo of approximately sixty years had severe consequences for the population and their subsistence but we have no precise knowledge of the character of the introduction of new crops and settlements (Schjellerup 1997).

Spanish economic and political activities - after the first turbulent conquest years were over - devastated the native system. A drastic population decline combined with the introduction of new crops and animals and new demands for tribute once more changed the landscape as our archival studies have revealed.

Environmental modifications were not limited to the Spanish Colonial times.

Today changes in population density and settlement patterns and unpredictability in crop yields constitute agricultural risk and is an impetus for new changes.

This book seeks to give detailed information about the past and present migrating population in the Huambo Valley and La Meseta and their impact on land.

The first chapter gives a general introduction to the study area on geography, geology and topography, climate, vegetation and population and land use.

The second chapter discusses the human activities in pre-Hispanic times. Twentysix new archaeological sites are reported and described from the Late Intermediate (c. 1000-1470 AD) and Late Horizon (1470 – 1532 AD), where remains from the Chachapoya and Inca civilizations were encountered. Pollen anlysis give evidence on the cultiuvated crops on the terraces.

mainly V-shaped, indicating that fluvial processes are the principal geo-morphologic agents.

The Huambo River runs through the northern part of the investigation area with elevations ranging from 800 m along the valley floor to 2600 m at ridge tops. Numerous side valleys are present, making up a dendritic hydrological network.

In the southern part of the research area, the topography is less pronounced and the average altitude is approximately 2000 m with the highest elevations also approaching 2600 m.

The geology in the montane forest zone is mainly composed of folded, faulted and metamorphosed Paleozoic rocks with interspersed Cretaceous and Tertiary limestones. In the Huambo area the bedrock is primarily composed of Carbonian, Permian and Triassic elements (Jimenez et al. 1997). Around the valley entry point at Achamal, the Mitu formation is made up of conglomerates. Clasts are mainly sandstone and metamor-phosed rocks whereas further south in the valley clasts are predomi-nantly gneissic intrusions or andesites of volcanic origin (Jimenez et al. 1997).

Soils in the Huambo Valley are high in clay content and usually contain a large proportion of rock debris. However, in some places, soils are calcareous.

Climate

The entire eastern montane forest zone of Peru is characterized by a lack of systematic climate records (Young & Leon 1999). General climate maps indicate that mean temperatures range from 15-22°, and this range is confirmed by field observations (see Chapter 5) and interviews with the local population (Schjellerup et al, 1999).

Precipitation levels are from 2500-3000 mm (Young & Leon, 1999), although according to Johnson (1976) rainfall exceeds 7000 mm in places. There is a distinct seasonality in rainfall patterns, with a rainy season from September-April and a drier period from May-August.

Vegetation

Although the dominant part of the area is covered by evergreen rainforest, the pronounced altitudinal gradients produce a range of transitional vegetation types (Fig. 4). The montane forest belt in Peru is characterized by high levels of biodiversity due to the transition between alpine species in the Jalca or Páramo (highland areas) and the tropical species composition found in the Amazon lowland (Gentry 1992, Young & Leon 1999).

Tropical montane forest is found at all elevations in the area, however, at most ridges above 1800 m bamboo or fern species become dominant. As a result of human land use in the valleys, many areas near rivers or streams have been cleared and take part in a rotational pattern of subsistence agriculture. The vegetational landscape is thus a mosaic of small units of secondary forests of varying age, orchards and crop fields, pastures and recent clearings.

Population and Land Use

The first historical records of human settlement and slash and burn agriculture in the Huambo area are documented as early as the late 17th century by Franciscan monks (see Chapter 3). Recent fieldwork in the area has documented the widespread occurrence of Inca ruins and terraces, confirming the presence of human activity in the area for centuries (Schjellerup et al. 1999; Schjellerup and Sørensen 2001).

Subsistence agriculture is still the predominant land use in the Huambo Valley, whereas the Rio Jelache area is still largely virgin. No logging activities are present in any of the areas, as there is no infrastructure to support it. A network of mule trails is the only physical connection between the settlements in the area.

However, in recent years there has been a profound increase in the migration from the Andean highlands down into the montane forest zone (Young and Leon 1999). In the Huambo Valley, subsistence agriculture is increasingly being supplemented by the introduction of cash crops (primarily organic coffee) and cattle breeding as important economic appendages to the traditional cultivation of manioc, banana, and maize. Satellite imagery confirms that deforestation rates are extremely high, leading to land degradation and destruction of important habitats for flora and fauna.

Recuadro No. 1: Methodology

The research methodology was based on a systematic survey, registration, measurements, excavations, pollen samples, laboratory work
and mapping.

The survey was carried out on foot in the dense mountain forests
and in the contemporary settlements to outline the pre-Hispanic
occupation along the river systems of the Río Huambo and part of
the watershed of the Río Jelache in La Meseta.

With the help of the local inhabitants and GPS the archaeological
sites were located and fixed geographically. Use was also made of
the recently published nacional map Huayabamba 1457 (14-i), which
unfortunately contained many errors concerning rivers, gorges and
settlements. Twentysix new archaeological sites were registered with
different characteristics and sizes consisting of settlements, single
structures, grouped structures, terracing systems and ceremonial
centers from the Late Intermediate and Late Horizon, none of which
appears in the Instituto Nacional de Cultura's registry. Each site
got a file and its respective code. Compass, tape measures and the-
odolite were used for the mapping of the sites. In some places it was
very difficult because of the dense vegetation. Excavations were carried out in Inka Llacta. Pollen samples were taken in Inka Llacta
and Pata Llacta. The laboratory work consisted of the elaboration of
the maps and drawings of pottery.

Inka Llacta (I.LL 010)

The Inca installation of Inka Llacta is situated on La Meseta in the
Huallaga province, Departamento de San Martín, at 6°53'58"S and
77°27'53"W in the altitude of 1975 m.

The site includes three sectors: the main elite site, a tampu structure
and two single standing structures. The main site consists of three architectural components (I, II y III). The main site has an extension of c. 4 ha;
the 3264 m² correspond to the elite part and agricultural terraces cover
the 36,100 m2. (Fig. 7).

The architectural compont I is physically separated from the components II and III by a carved canal running through the whole settlement
from the southeast to the northeast. The canal has its course in a partly

258

e typical architectural elements from the Chachapoy
sented in the circular houses with subterranean cha
m Patron Samana, Papamarca and Kuelap (Schjellerup
hachapoya settlements and burials as also seen in th
eveal a very strong Chachapoya concentration in the
ases of the Chachapoya culture is presented from
Chachapoya burial at Ribera has strong connectior
amba district as seen in the same stone frieze ornamen
alata at Atuén.

s changed the environmental space into their cultural
they invaded Chachapoya country around 147C
had put their distinctive stamp on their land from t
know of the strong confrontation between the two pec
s from their first encounters but how they managed
n the 60 years of Inca occupation only further investi,
nswer to.

ng evidence of the Incas in the whole region in the La
rising.

on a string we can now locate the Inca sites from the
administrative center of Cochabamba and other In
ossing the eastern cordillera in the altitude of approxir
into the Ceja de Selva following the river system fro
cu near the Chuquibamba district and from Bolivar
n. Inca paths were constructed from Caxamarc
and from Valle de los Chilchos along the river systen
d at the río Huambo and río Huayabamba junction t
nd along the río Huambo to Huaman Pata and furth
t.

Inca road system a series of tampus were built all ov
nd most of the encountered Inca sites are situated ir
the Inca road system as tampus and at larger agricu
he landscape was modified into terraced mountain s

n analysis from the terraces gave evidence of cultivat
bita, Solanaceae, Amaranthus, Henopodiaceae, Fal
Pata Llacta. The pollen samples from Inka Llacta sl
maize and beans and fruittrees. Unfortunately many
ka Llacta were in a poor state of preservation. Aban

The owners of the site mentioned that the terraces cover an area of 3 ha but are very destroyed as the place is used for pasture and breeding cattle.

El Cedro (C. 018)

El Cedro is situated in the Milpuc District , the Rodríguez de Mendoza Province at 6°30'12" S and 77°25'13" W in the altitude of 1928 m.

The natural occurrence of immense boulders, rocks and large stones has been made into a cultural landscape where many of the boulders have stone constructions on the sides. This very large archaeological site includes high stonewalls, remains of round stone house structures, platforms and burial caves.

The site of Cedro is placed on top of the highest very rocky hilly ridge, which runs in a south-west – north-east direction and dominates the valley systems near Milpuc and Chirimoto. The top of the mountain was modified into a flat square platform with rounded corners surrounded by a 2 m high wall of fieldstone. The entrance to the top was through a narrow passage constructed with walls on both sides 1 m wide (Fig. 22).

The rocky landscape with its stone constructions and walls is very different from the surroundings witness of a sacred landscape where special ceremonies were performed. Being the highest point the site had full view and control over the neighboring valleys. An enormous cave below the site was filled with decayed human bones. A sample of a human shoulder bone from the cave gave the date of AD 1279 (Sample AAR-7974, AD 1261-1286 (Stuiver et al. 1998) which is according to the middle phase of the Chachapoyas culture. Though no pottery was found the whole layout and the character of the wall construction indicate a sacred Chachapoya site.

Chontapampa (CH.019)

Chontapampa is located east of the present hamlet of Chontapampa, the district of Omia, the Rodríguez de Mendoza province at 6°29'17"S and 77°24'23" W in the altitude of 1733 m.

The archaeological site is a large agglomerated settlement with dispersed burial caves. The settlement is placed on top of a rocky ridge, which slopes down towards the west and has full view over the valley. The ridge is surrounded by three stonewalls with the settlement on top with circular stone houses. The site is totally overgrown by chusquea sp.

---

natural depression in the bedrock but has been further cut and lined with stonewalls on both sides. The canal runs 150 m (1.40 m wide) in the settlement with a fall of app. 10 meters and stands app. 1 m high.

Sector I

Component I

The central elite area of the site consists of 18 house structures. Most of the buildings are rectangular covering an area of 1680 m[2 1].

Many of the buildings are located around small patios in the typical kancha architectural style of the Incas.

The rectangular structure R.2 is of especially interest because it is built in Cuzco imperial style masonry of elaborated soft red sandstone (Fig. 8). A carved line in the upper stones turns round the whole building. The sandstones are not found naturally in the near neighborhood but at two days travel near the archaeological site of Pascuala Baja. The entrance (0.70 m) opens to a little patio towards the east. Inside the building walls of fieldstone covered the sand stones and may have been covered with painted clay. Remains of niches were observed. Unfortunately the building is very destroyed from the collapse of the roof and because of root activity.

The other structure in imperial Cuzco style masonry is structure R. 16, an Inca fountain similar to the Inca fountains in Cochabamba and Pukarumi (Schjellerup 1997) constructed of red sand stone. The fountain got its water supply from a carved canal above the fountain towards the west. An open conduit in a carved single stone block assembled end to end carried the water down from above. The fountain was drained in the bottom through a square depression with a hole. The conservation state was very bad as the eastern part of the fountain was missing and the sidewalls very destroyed because of root activity (Fig. 9).

The central part of Inka Llacta is surrounded towards the north and the east by a series of agricultural stone terraces of different lengths and heights laid out according to the topography.

The terraces in the far most south are longer and narrower than the terraces in the north. The longest terraces in the south measure from 110 x 11 m; 80 x 9m, 80 x 8 m; y 54 x 12 m and the smallest 28 x 5.60 m; 28 x 4.80 m; 24 x 4 m y 17 x 5 m. The stone terraces are from 0.80 to 1.20 m in height.

The three terraces are constructed of large stones oriented towards the east to the west. Though the ruins are now in a cultivated area they are well conserved because of their grass cover.

Lejía B (L. 017)

To the northeast of the annex of Legía A, a level area at 6°35'50"S and 77°20'00"W in the altitude of 1400 m broadens out above a rocky formation showing remnants of four dispersed house structures in Inca architecture. Two of the house structures are square (4 x 4 m), one is rectangular (20 x 10 m) and the last a circular structure with a diameter of 4 m. The walls are made of fieldstones in clay mortar and rise to a height of 0.40 m and wall thickness 0.60 m. Most of the site is disturbed as the stones have been used for the construction of fences and new houses. The site was probably an Inca tampu placed on a strategically position with view over the Huambo valley and with view to the Pata Llacta site on the other side of the river.

Achamal A.002

Above the village of Achamal a system of stone terracing was found in at 6°32'32"S and 77°24'20"W, in the altitude of 1650 m.

The terraces, similar to the ones found in Cerro Paltayurco, are constructed of fieldstones with clay mortar (Fig. 21). The terraces have a length of 1.50 m to 15 m and follow the topography of the mountain slope. The width of the terraces varies between 0.50 m to a 1 m.

The deteriorated terraces are located at a sharp mountain ridge of the steep mountain, which rises above Achamal and is covered by dense vegetation with very difficult access. It was not possible to define the cultural afiliation.

Cerro Paltayurco (A.001)

Another system of stone terraces was observed on the lower part of the Cerro Paltayurca near Achamal at 6°31'43"S and 77°25'33"W, in the altitude of 1890 m.

The terraces are slightly inclined inwards giving a better stability. They are constructed of fieldstone in clay mortar. The lengths vary from 1.50 m to 20 m, the width from 1 to 4 m and have an average of 0,80 m height. It was not possible to define the cultural affiliation.

the river takes the name of Río Huambo. The lake has the very pe characteristics of being an enormous lake during the rainy seaso becomes a large boggy area with a deep narrow creek in the dry s The archaeological site of Pampa Vado has all the characteristics Inca tampu (Figs. 27 and 28).

The tampu is built in a rectangular kancha enclosure (35 x with the house structures constructed up to the back wall on terrain. Six buildings are distributed on three sides of the enclosur the largest being situated at the back wall towards the north[20]. houses have their front and door openings towards the courtyard middle. The entrance (2 m wide) to the enclosure is towards the All the houses are built in fieldstones with clay mortar and the wal to an altitude of 1.5 m.

Towards the north and south the tampu is associated with terraces which seem to have functioned both as a support of the t and for cultivation. The terrace walls are likewise built of fieldston have a height of 0.80 m to 1 m. The length varies from 60 m to a 71 the width from 23 m to 62.50 m.

Iglesia Pampa

Iglesia Pampa is a large rectangular structure of fieldstones mortar at 6°18'49"S and 77°29'10" in the altitude of 2200 m. It me c. 30 x 10 m with walls standing from 1-1.30 m. The structure deteriorated. It is located near the trail to the lake Huamanpata dense vegetation. It may be an Inca structure though the name inc a colonial origin.

At the lakeside we observed other archaeological remains as c structures and some terraces but very dispersed and very deterio

The Past reconstructed

As no archaeological research has been undertaken before area we have been able to discover and register a large number chaeological sites in the cloud forest during our two seasons alo Río Huambo from its springs at the Lake Huamanpata to La Mese

Evidence of the original local Chachapoyas culture was specia countered in the Rodríguez Mendoza province from the altitudes o m. The settlements both show secular and sacred virtues and st

Chapter 3: The Historical Approach

The first encounter

In 1535 the first Spaniards arrived into the province of Chachapoyas, three years after the first European conquest or invasion of Tawantinsuyu, the Inca Empire. The Spaniards visited the villages of Longúa, Charrasmal and Gomorá east of the Andean Cordillera. When they visited the indigenous nuclear villages and their dispersed settlements Capitan Alonso de Alvarado and his soldiers sometimes fought against the indigenous people and occasionally entered into friendly relations. Captain Juan Pérez de Guevara and the other Spaniards went as far as the Cocax or Coxcón village (Fig. 29)[1] supported by a local friendly lord, the curaca Guaquemila, who was fighting Igametá, lord of the opposition.

"the Spaniards kept on the safe road and congregated along the way, taking along friends who had provisions and destroyed others by burning down their houses. It was such a desperate situation for the natives that they themselves destroyed their own fields and villages, and they grieved at the god of the Christians who had come from such far away lands to utterly destroy them" (Jiménez de Espada 1965).

On the 5th of September 1538 Alonso de Alvarado "discovered" Moyobamba.

"finding a land so harsh and poor where the Indians live in a half savage way and eat selvicola manioc instead of maiz" (Busto Buthurburo 1968, Tomo I).

When the Augustinian missionaries began their christianisation in 1557:

"there was a great number of Indians inhabiting only a few villages, while numerous lived dispersed throughout these rough mountains...there is an abundance of jaguars in the mountains which attack the Indians' houses and fields, and they (the jaguars) look for the village trails and pastures and maul men, women, children, cattle and the domestic animals...these Indians who live in the montañas worship a star which they call Chuquichincay, because this and the surrounding stars form a constellation of stars that in

their eyes looks like a tiger. It is thought to be the sign we call the Lion, which consists of 27 very brilliant stars, two of which are of first magnitude, one of them having the greatest influence among all the stars in the sky. It enters into the image on the second of August and it leaves it on the ninth of September. They worship these stars, which they say is a tiger, because they protect them from these animals". (Los Agustinos [1557], Madrid 1916).

The sparse cultivable lands were not always safe. Earthquakes and some volcanic activity have caused serious damages during the last five hundred years.

The year 1547 was described by Montesino ([1640-44] in Maúrtua 1908):

"...in this year there were numerous earthquakes, and they destroyed the fields especially in the privince of Chachapoyas, jurisdiccion of Caxamarquilla. In a village called Buehumarca a mountain collapsed and the land was moved away with large rocks more than a legua in distance[2], and almost the whole village was swept away, killing many Indians as well as their priest Padre Pablo Ramirez."

According to the historical accounts, the Spaniards met several *Selva* tribes in this *Ceja de Selva* region (Fig. 30). We have not found any information on encounters between Incas and the forest tribes or between Incas and Spaniards although Garcilaso de la Vega ([1609] 1967) describes the Inca conquest of Tupac Amaru to Moyobamba and our research has revealed a strong Inca influence. We have only found one reference on the Chachapoya culture (between the 8th and 15th century) and the Incas whom conquered the region from 1470

"These lands are very populated and the Incas always maintained people in garrisons because they are very valiant" (Jimenez de Espada 1965).

From early descriptions it appears that the Spaniards always took the same known route from Chachapoyas to Moyobamba and further on to the *Selva* leaving the vast areas of Valle de Guayabamba (Huayabamba today) with its tributary rivers to the Río Huallaga. From the first Spanish invasion, there seems to be very little written information describing the landscape and the native peoples in this area.

In 1590 the Merced missionaries are established in Moyobamba 1590 (Fig. 31) (Nolasco 1966), while the Franciscans and the Jesuits arrived later to find more heathens in the mountains.

Repartimientos, encomenderos and estancias

In the Spanish colonial list of *encomenderos* and *repartimientos* from 1591 a Melchior Ruyz Menor is mentioned as *encomendero* for Chilimoto (Chirimoto) in Santiago de los Valles (Moyobamba) No tax valuation was applied to Moyobamba (Hampe 1979).

So some fifty years after the first Spanish arrival they are well established as owners of *estancias* (estates) with cattle and sugar cane in the Valle de Huayabamba, which was under the jurisdiction of Valle de Moyobamba (Mogrovejo ([1593] 1921).

The asiento de Guayabamba was under the Doctrina of Taulia, and

"... in all these lands ... the Motilones and Jeberos Indians leave (their settlements) *to cut off the heads of the Christians, and the trails became terryfing dangerous"* (Mogrovejo 1921).

Despite the dangers the reminents of 593 Indians, 123 Spaniards and a surprisingly large number of 2970 cattle are found in the settlement of the Valle de Huayabamba. Mogrovejo also mentions the name of Chirimoto as a village located at the entrance to the Huambo Valley (where the Río Shocol hides in the underground).

The population of native people in the northern *Sierra* and in the *Ceja de Montaña* decreased dramatically due to the introduction of European diseases compared to the decrease in the southern Perú. The result was that vast areas were laid empty of people and because of the unrest a large number of people fled into the *Selva* (Cook 1981).

"In these days the Padre (Fuentes) stayed twelve days in Moyobamba; there are very few Indians left because they have died in great numbers" (Acosta 1954 [1590]).

The Historia de las Misiones Mercedarias describes the population living between Taulia and Moyobamba:

"...the indigenous population of San Pedro de Guamanpata, San Francisco de Illabamba and San Francisco de Yalpac were administered with anxiety and careful attention until the year 1682, the date of the plague and wretchedness that totally wiped out the Indians in the principal villages as well as the surrounding settlements" (Nolasco 1966).

Not only were many of the inhabitants wiped out due to diseases during the first colonial period but several epidemics followed right up until the late 18th century (Dobyns 1963).

This may be the reason of so few indigenous people in the Valle de Huayabamba and neighbouring areas, and why so many Spaniards were able to buy land.

In 1678 the number of *estancias* had increased further up the Valle de Huayabamba and people of Spanish descent had entered the Valle de Huambo. At that time the Valle de Huayabamba had changed jurisdiction and belonged to the jurisdiction of Caxamarquilla.

In the lands of Sachabamba and Manchaypampa, a number of hills and a lake called Cotal belonged to the Spanish King, as they had been part of the royal Incas possession (Real Ingas) (Archivo Regional de Chachapoyas, Protocolo 1688). This is an interesting remark because it sheds some light on the Inca presence in the area as the local names are Quechua names from the pre-Hispanic period.

By the end of the 17th century the three brothers Zaramillo purchased various areas of land and one of these was a place called San Juan de Achamal, which was situated in the passage of Guambo in 1688.

"*with all the cattle, cows and calves, donkeys and four horses*" (Archivo Regional de Chachapoyas, Protocolo 1688, F 118).

Earlier Juan de Leiba owned Achamal.

In 1687 the Corregidor Vicente de Bustillos in Chachapoyas was ordered to do a census on the population including the Indians and the Spaniards living in the Valle de Huayabamba, but he found very few Indians who originated from their valley (BNL B 1554). The Indians came from many other places in the Chachapoyas province primarily from Guancas, Olleros, La Jalca Grande and Moyobamba, and the depopulated village Mian (Fig. 34 and 35)[3].

Native groups and Father Alejandro Salazar's mission

However when the Father Alejandro Salazar, from the religious order of San Francisco de Los Doce Apóstoles in 1685 left Chachapoyas for the gorge of the Río Huambo in the *montaña* he claims to discover the rich valley of Huayabamba (Las Casas 1936).

It appears that the valley was forgotten by the outside world during different time periods, the latest during the visit by Raimondi en 1869 (Raimondi 1956) as it was always isolated from the main route from Chachapoyas to Moyobamba.

Padre Alejandro Salazar left in the month of December in the rainy season and arrived at the Río Huambo passing by the Quiñamos hills (the hills are called by the same name today near the actual village of Zarumilla):

" ...*this day he found the Nation of the heathen Indians called the Alones in a longhouse well built; accompanied by their chief named Quichaolte; there were 59 children and adults, corpulent people, good-looking and well disposed and very amiable. On the sixth day he left them at five o'clock in the morning and he reached the village Choltos which region is characterised by well disposed people, stout with beautiful features, peaceable and easygoing, he went to greet them on his knees in a distance of four blocks, they greeted him politely; the curaca Quillaqui took the Father by his hand to his longhouse, and put in front of him a large amount of fragrant and wonderful pine-apples, a bunch of mature bananas as well as green bananas, manioc, sweet potatoes, and other fruits, which the montaña produces, and he (the curaca) told him that he would like to become a Christian: The Father got them to sit down, there were 81 children and adults. Most of the night passed by whilst the curaca talked to the Father with an interpreter. On the seventh day he erected a chapel and the Father celebrated Mass, and he took possession of the place in the name of His Majesty and His Holiness; the chapel was called San Geronimo de Choltos; a spacious area with a pleasant view; he (the Father) continued his journey accompanied by the two nations of the Alones, and the Choltos, climbing steep impassable cliffs, crossing swelling gorges: at three o'clock in the afternoon they arrived at the riverbank of the Río Huambo, at a place where there is a natural bridge to pass the river: at five o'clock they arrived at the village of Cumalyacu, a very fertile and pleasant place, the plain measures eight blocks in length and five blocks wide: on the lower part near the Río Huambo the location and gorge is called Cumalyacu, the tributaries from the gorges run into the Río Huambo; the curaca for the village named Uxxo accompanied by 87 children and adults came to receive the Father and while they were all reclining outside they repeated saying, Friend, friend, friend, and the Father with affection got them to stand up. The curaca took the Father by his hand escorted him to his longhouse where he showed him more courtesy by giving him finer gifts than Quillaqui had given him. The amount of different fruits was more abundant, softer, and of better taste. He had palm-leaves prepared for the dwelling of the Father, more well prepared barbecue* and very clean straw, and with the help of an interpreter the Father was informed of which fruits was given to him as his gift, and which bed was for his rest: the Father spent this night very happy with the three nations of the Alones, the Choltos, and the Cheduas whose curacas Quichaolte, Quillaqui, and Uxxo accompanied him till midnight, and he told them via the interpreter why he had come and what he was looking for. The day before the eighth day he (the Father) had asked to call all the neighbours together to build a chapel which was called la Purissima Concepción de Cumalyacu, and he celebrated Mass. He placed an image the third of a normal size ,and he had the day, month and year engraved at its feet in which he took possession of the place in the name of His Majesty and His Holiness, the montañas and the inhabitants. On the ninth day he went back to the people of Alones where he arrived at two o'clock in the afternoon, he raised a chapel where he placed a Santo Cristo, and on the tenth day he celebrated mass, below the feet of Christ. He had the day, month and year engraved and took possession of the place in the name of the King and His Holiness. He (Salazar) continues to refer on some particularities (in the text by Tena), the number of people he was able to get together in the four days, which came to a number of two hundred and fourteen children and adults. When he had asked the three curacas to what nations they belonged, how many nations there were, and if there were many people. To this question they answered that they were nine and he had not seen them all; by the coincidence he had arrived at their settlements, and that the nations were: the Alones, the Cheduas, the Ucbias, the Chillapures, the Choltos, the Sayos and the Panebotes. The nation of the Panebote is of a tawny complexion, long and oval formed hair, corpulent, well disposed, beautiful in their features and clean appearance. These eight nations are at war against another nation called the Chocoltos, naked and very brave Indians who live six days from this village of the Concepción de Cumalyacu. When they go to war these nations unite to attack them: the Chocoltos live at the riverbanks of the big and beautiful river called Chocolte, from where they have their name the Chocoltos. Another nation is increasing in size in the vicinity of our nations. They own the land behind the mountains of Leymebamba and streches to the foot of the puna of Caxamarquilla. They live in the Paxonales..." (Rodriguez de Tena 1776).

At the same time the encomenderos in Moyobamba are angry because they claim that the indigenous people the missionaries have encountered are Indians from their encomiendas who have run away to avoid paying tribute and work for the Spaniards. Considering the diseases, rebellions and hostilities of the indigenous people as a response to the bad treatment of the Spaniards the only solution was of course to flee into the hinterlands.

This document is of utmost interest as it provides information on the tribes living at the Río Huambo and the surrounding region (Figs. 32 and 33). The customs of the Alones, the Cheduas and the Choltos are similar to the *Selva* tribes living in "galpones" which are common long houses housing several families. The staple food consisted of manioc, banana, sweet potato, all foodstuffs from the lowlands.

The Father Alejandro Salazar founded the three villages of la Purissima Concepción de Cumalyacu, San Gerónimo de Choltos, and Santa Rosa de Viterbo del Huambo. It is highly likely that the first two villages mentioned did not exist for very long. Unfortunately there is no information on the location or knowledge of what happened to these settlements. Considering the available descriptions of the region and the very few level areas along the Río Huambo and the existence of a natural bridge it seems highly probable that Cumalyacu was located, where the village of San José is now situated. The village of Santa Rosa de Viterbo del Huambo was likely to have been situated in the actual village of Zarumilla. The location of a gorge named Warmi Yacu (Quechua language for the woman from the water) at Zarumilla is an indicator that Huambo was the predecessor to the village of Zarumilla.

The following legend tells:

"*the village of Huambo was inhabited by Mestizos and Spaniards. One day when the people were gathered in church during Sunday mass, they were surprised by a tribe of "Orejones" who attacked them with arrows and lances. Only the sacristan escaped with the monstrance and later turned up in Achamal to ask for help. Armed with harquebuses the Achamalinos immediately set off to help. in a whirlpool in a river gorge they found an old indigenous woman in hiding, whom they gave the name "Vieja Viña, (the old Viña) and since then the place at the river has been called Huarmi Yacu, which means the woman of the water. The old woman told about some of the savage people's customs. One of them was that when it was time to turn in for the night, the warriors piled up their weapons in one place and "went to sleep" on their backs positioned in a circle. Their feet were placed in the middle of the circle some on top of one another and fastened together their big toes with a liana. The last warrior was then connected with a cord to the pile of weapons. This arrangement functioned as an alarm system, ensuring that they were not surprised by enemies.*

The Achamalinos who set off to help the village of Huambo arrived in the middle of night and found all the savages fast sleep. They fired their harquebuses and the unfamiliar sound of gunfire gave rise to panic amongst the savages.

Earlier they had cut down a bridge made of lianas near the village. The desperate natives fled trying to find another bridge where they could escape to the other side of the river. With no other bridges to pass the river they threw themselves into the torrents of the river attempting to swim across, but the river was swollen and fastflowing and the water masses drowned most of the salvages as they were carried away by the swift current.

Once the tribe was slain, the people stayed in Achamal and they built a church with the priest Juan de la Cruz Arriaga. He also attended the saint fiestas in the other villages in Santa Rosa and Cochmal". (Diagnostico Socio-Cultural del Distrito de Chirimoto, 1993).

The other version says:

Brave hunters in the area were staying on the right (eastern) side of the Río Huambo, at the place which today is known as Achamal. They had erected a church and lived in peace. One day natives arrived and settled on the left (western) side of the río Huambo. These people belonged to the Coshivos tribe.

Their houses were made of timber; the walls made from a tree called Huacra Poma and the roof of branches also from this tree. This particular type of tree is hollow in the centre of the trunc and when split down the middle the two planks can be put together to form a wall. The natives caused problems for the hunters and their families and one day they attacked Achamal, while they were all assembled in church. The natives killed them all; only a woman escaped into the forest but was captured by the natives who forced her to live with them. After some time she managed to escape, and they searched for her tracking her down by the scent of her smell. The woman hid herself in a pool in a river gorge, which today is known as Warmi Yacu (the woman at the water). The woman then notified the people in Chirimoto of the native's attack and they armed themselves and went out to look for the natives. The natives escaped into the jungle and no one knows what became of them till this day (Reódorico Torres, 2000).

The two accounts have much in common: The presence of indigenous people within the living memory of the present mestizo people, an attack on a church by the natives, and the large number of people killed. Furthermore, a woman, either white or of native origin who escapes, and finally Warmi Yacu is a location in Zarumilla, but the pool has ceased to exist due to the occurrence of a landslide. In Achamal shallow walls made of tapía (earth construction), are the only remains of the site where the alleged church which the natives attacked is located. The wall ruins are however likely to be from a more recent chapel construction. The incident may have happened by the end of the 18th century.

Desired commodities

The indigenous people had many desired commodities. A hundred years after the Father Salazar had visited the Valle de Huayabamba and the Río Huambo, The geographer Cosme Bueno (Cosme Bueno 1784) mentions that:

"...the Indians extract various products (from the montañas) such as incense, cacao, resinous gum, María oil, Dragon blood, lians, dried fish, honey, wax, monkeys, parrots, and Ara parrots, but the most important product is coca which is grown in abundance and consumed by every-body... Commerce is mainly done in cotton and tobacco, and the best quality comes from Moyobamba, both products serve as the local provincial currency.

The women exercise in spinning cotton, and weave canvases for the sails of ships, bags, and of thin canvas they make other fine fabrics. The men work the looms, and they cultivate the cotton in the tobacco fields. The harvest is however much smaller than before, because the trade in tobacco has been prohibited after they introduced the Estancos Reales. This is the reason why the inhabitants are so extremely impoverished. One pound of raw spun cotton is worth two reales, and the very thin cotton is worth one peso. They buy and sell due to lack of cash when they are in need and have to pay taxes, bulas, to the rights of Justice and the perquisites of the priests. In the contracts of the amounts of canvas, listings, and other weavings, the prices of this province are already fixed.

In this province there is a large valley named Huayabamba, whose inhabitants belong to the Curato de Cheto, Jurisdiction of Luya and Chillaos, and four leguas ahead there is a little village called Huambo, an old mission of the Indians, where a Father of San Francisco resides".

The Franciscana mission in Huambo (Santa Rosa Viterbo de Huambo) continued until 1780s. At the same time the plains around Moyobamba to the northeast had substantial economic importance in the 18th century due to the production of tobacco and cotton. However, problems of transport, low prices, and taxes the regions economic status fell behind in the following century.

Franciscan mission with his curacy in Santa Rosa. At that time as it is today the river basin of Huambo offered refuge for thieves and bandits.

The border line between the cultivated areas of the Spaniards and the mestizos was thus the Huayabamba Valley on one side and on the other side the montañas with the infidels and bandits. The montañas started from the entrance at the Río Huambo as seen in Martinez Compañon's map from 1782.

Nevertheless, the existence of the Valley of Huayabamba was forgotten after the visit of the bishop. Almost one hundred years later, the geographer Antonio Raimondi wrote about his trip in 1869:

"Arriving at Chachapoyas and ready to continue my way towards Cajamarca, I remembered the Valley of Huayabamba, where they produce all the sugar consumed in the department of Amazonas. I looked at the maps and saw that it did not exist. I wanted to obtain more accurate data on this region but I could not get hold of this; so a desire was born in me to visit this part so unknown. I made it as a parenthesis in my trip of return, and I took care of preparing the provisions and animals necessary for this new expedition to the Montaña...I went to Chirimoto and Paltayrumi and arrived at the summit of the hills. From this point the open lands and felled trees end, and the virgin vegetation of the Montaña begins. I went down the other side following a narrow and shaded trail and during the course of an hour I found myself in an inhabited place called Achamal, where they grow sugar cane. From here it can be said that the populated part of the valley of Huayabamba ends, and further onward there are only fields, which are under cultivation in from time to time, without permanent inhabitants. I did not have any interest in continuing any further" (Sic !) (Raimondi 1874, vol. I).

Raimondi gives us the first geographical description of the area reporting that the Valley of Huayabamba is made up of several valley gorges, which merge into a single river called the Río Huambo called Río Pucayacu[4] in Raimondi's map (Fig. 36) (Raimondi 1904). The fifth valley is known as Achamal; and on the other side of a range of hills the Río Huambo is born near Chirimoto and runs towards the east were it merges with the Río Omia. Raimondi remarks that all the river tributaries form the Río Huambo, and that it is also the name of an ancient village that has ceased to exist. However, some fields remain, which are cultivated at certain times of the year. The Huambo village is situated on the right (eastern) side of the river. Santa Rosa is mentioned as the capital of the Valley of Huayabamba (Raimondi 1974, Volume I).

Raimondi observes that the Valley of Huayabamba has the problem of having many dammed waters, which in the hot periods causes vapour producing breeding grounds for mosquito larvae from which malaria originates.

Modern times

Before the year 1875 the large valley of Huayabamba did not exist on any official maps of Peru though the indigenous people and later Spaniards undoubtedly populated the area during the first years following the European conquest. In 1875 the district of Huayabamba in the province of Chachapoyas was divided into six districts with its annexes: Santa Rosa, San Nicolas, Cochamal, Soquia, Omia and Totora and the estancias (small estates) of San Nicolas, Soquia, Omia, and Totara were upgraded to the status of being pueblos, villages.

In 1932 the province of Rodríguez de Mendoza was created in the department of Amazonas. The capital became the village San Miguel de Soquia, which took the name of Huambo and later Rodriguez de Mendoza. The name of Rodriguez de Mendoza was taken from a don Toribio Rodríguez de Mendoza, a well known priest and teacher, who was born in 1750 in Chachapoyas.

All these fragmentary descriptions, observations and notes from the 16th century on the development of history takes us to the 20th century where the last one hundred years passed without greater attention. The same characteristics as mentioned by Raimondi continue till to day.

People continued to live as they had always done in their small farms, cultivating their fields with sugarcane, processing the sugar cane in the sugar mills, and having some cattle. During our visits in the valley we have observed numerous sugar mills which produce sugar and alcohol (aguardiente). For comercial purposes the methods used have not changed during the past two hundred years. A sugar mill is typically made of timber or iron and is powered by a team of oxen (Fig. 37). The sugar cane is fed into the mill press by hand and the sugar extractis funneled from the mill press down an open lenght of bamboo into a container, where it is refined and destilled to produce both sugar or alcohol.

During the years of subversion in the 1980s and the beginning of the 1990s terrorist groups from Sendero Luminoso (Shining Path) and the MRTA (Tupac Amaru) took refuge in the Huambo Valley and terrorised

Mayo, Mesopotamia, Palestina and Pascuala Baja (also called El Reposo del Pastor). Añasco Pueblo was founded in 1999 by a resolution from the mayor in the district of Pasaralla, Saposoa.

Roads, transportation and access to markets

Each morning at 4 a.m., a van (*combi*) leaves Achamal on a dirt road for the four-hour road ride to Rodríguez de Mendoza, the market center for the entire Huayabamba Valley. From Rodríguez de Mendoza, a bus service makes a 3 and ½ hour run on another a dirt road to Chachapoyas. The trip to Chiclayo on the coast, part of which is on an asphalted road, takes 12-20 hours depending on the weather conditions.

Trails from 0.3 to 2.5 m wide connect Achamal with the other *caserios* and annexes on both sides of the Río Huambo. They can accommodate only foot traffic or beasts of burden. *Campesinos* who do not own animals must rent at a high price to take their coffee and other products out to the market (Figs. 40 and 67). Each mule is able to carry about 90 kg, but their use as pack animals occur in the drier months of the year. Landslides and mud make trails almost impassable during the rainy season.

The trail to La Meseta is narrow and the only means of human transport is on foot to La Morada and from here to the villages in the Sierra towards the west to Chuquibamba and the south to Bolívar, which takes three to five days. The journey to Luz del Oriente from Canaan passing the Río Jelache on balsa fleet may be done in one to two days. The trail is too dangerous for going on horseback but mules can carry the baggage.

In 2000 the district municipality approved several works in order to improve the transportation facilities. Financial support came from the Consejo provincial, the Catholic Church in Spain and FONCODES (*Fondo de compensación y desarrollo*):

Road building from Achamal Zarumilla supported by the *Consejo Distrital.*

A footbridge across the Río Huambo from el Paraíso supported by FONCODES (Fig. 41).

A water canal for potable water in Zarumilla supported by *Consejo Distrital.*

A suspension bridge, Virgen del Carmen, across the Río Huambo at Zarumilla supported by the Catholic Church, Spain.

Box No. 2: Methodology

The objectives of the anthropological module were to evaluate the influence of various types of cultural pressures in land-use and land-tenure in relation to the natural resources. The anthropological field-work was undertaken with the other modules in the project. The households were taken to be the basic social and economic unit for the study of contemporary agriculture. A household is here defined as a domestic unit utilising a common house with one fireplace. The position of each household was taken with the GPS when it was possible.

The applied methods of data collecting consisted of four categories:

· Structured surveys aiming at collecting quantified data, which could be presented in tables and on thematic maps such as areas of cultivated land, food production and economic situation. A census was conducted in each of the communties.

· Formal interviews, based on a questionairre elaborated by Inge Schjellerup.

· Semi-structured surveys to get overall information on major components such as village resources, seasonal calenders, infrastructure, family structure, housing, land-types, crops, use of plants and animals.

· Participant observation, the classical anthropological method of obtaining in-depth information was used to present the people's reasons for their specific practises and strategies.

170 families in the Huambo valley and 19 families in Canaan and in Añasco Pueblo, La Meseta were interviewed. The actual population is a mixture of cholo's (Indian) and mestizo (white/Indian) people.

The works were scheduled to be completed by the end of 2001. With the construction of bridges the inhabitants from the various *caseríos* and annexes on the left side of the river do not have to take their products to Omia, which is very difficult because of the bad trails. They will get better access to the markets in Zarumilla and Achamal and thus lower their transportation costs and obtain a better price when selling the coffee.

The bridges will facilitate and increase the transportation of agricultural products and cattle and improve the security in the crossing of the

Box No. 5: Newcomer families in the Huambo Valley

19th century	Foundation of Chirimoto by the three Spanish families, the Fernández, the Trigosos and the Rodriguezes.
1955	Zarumilla. The Grandes family from Chirimoto Viejo and Benigno Torres from Limabamba.
1977	San Antonio. Manuel Vela, José Montoya Castro and Visitación Burga from Achamal and Santa Rosa.
1977	RíoVerde. Jesus Rojas Alva, Jesús Hoyos Vargas, Severino Vázquez García, Ilmo. Puertas Mixan and the Jambo family from Celendin. The Tafur family from San Miguel de Huambo and Jonas Vergara Bacalla from Chachapoyas.
1977	Luz del Oriente. Basilio Jambo Huáman, Jonas Vergara Bacalla, Oscar Jambo Cruzado, Filiberto Jambo Cruzado, Jesus Rojas Alva, Jesús Hoyos Vargas, Severino Vélazquez García, Ilmo Puertas Mixan.
1979	San José. Samuel y Raúl Torres and Matias Garcia from Zarumilla
1983	San Isidro. Efraín Guimac Valqui, Edilberto Muñoz López de Luya Chico (Chachapoyas), Agustín

In 1978 the Río Shocol flooded the Chirimoto district and houses and fields were demolished. This caused many families to leave, and many settled down in the *caseríos* of Nuevo Chirimoto and Achamal. In the last fifteen years there has been an increased migration mainly from the northern highlands (Box 4 and 5, Fig. 43).

Population

Populated settlements are found on both sides of the Río Huambo. In 2001 the population of the Huambo Valley consisted of 335 households containing 2295 persons: 1205 men (52 %) and 1090 women (48 %) giving an average of 6.8 persons pr. Household (Fig. 45). There are families where the husband has two wives. The difference of 4 % more men than women is the result of a major migration into the area of young single men between 14 and 24 years old looking for work in the coffee plantations and to get new land. There is also an increased birth rate of boys. Young couples start to live together from a very young age. They marry or get together from the age of 12-14 for girls and from 17-18 for boys and often have children from that age.

In La Meseta in Canaan and Añasco Pueblo there were 19 households consisting of 74 persons: 36 men and 38 women.

The life expectancy was 63 years for men and 68 years for women according to the last National Census from 1993.

Settlement patterns

The settlement patterns in the Huambo Valley and on the Meseta consist of nucleated settlements and dispersed settlements located according to the topography (Fig. 45). The nuclear settlements are concentrated around a plaza and laid out in a grid pattern. The dispersed settlements may be divided into two types: 1) settlements which are placed along a vertical axis from the Río Huambo up to the higher *montaña* and 2) settlements which are placed at an horizontal axis along the trail which runs parallel to the Río Huambo.

The criteria for selecting the location of a settlement is controlled by the newcomers' perception of the environment concerning the rationality and fear they have as *colonos* originating from the Sierra.

In Achamal the houses are grouped around a central plaza, on both sides of the main road and along another parallel road and is surrounded by fields (Fig. 46).

Zarumilla is developing an urban plan due to the increasing population, which will accelerate further once the road to Achamal is established. None of the other annexes on the western bank of the river has a village planning but grow according to each settler's ideas.

On the left side of the Río Huambo the *caserío* Guambo (Fig. 47) and annexes of Legía Chico, San José, San Isidro, Dos de Mayo and Nuevo Chachapoyas have a central plaza with a primary school and a communal house. The plazas are the public spaces where people meet on Sundays to play and strengthen their social ties.

On La Meseta, Canaan is a fast growing hamlet. Canaan has a grid style Spanish urban structure as planned by the founder of the village. Each square *solar* measures approximately 90 x 90 m. Within the *solares* the households have 30 x 30 meters (Figs. 48 and 49). Añasco Pueblo is centered on a small open plaza with clearings in a more informal structure (Figs. 50 and 51).

Electricity, water and sewage

None of the *caseríos* in the Huambo Valley or in La Meseta have electricity; the population use candles or kerosene lamps. Only one house in Achamal has a hydraulic motor producing electric light.

Between the years 1995-99 a system of potable water from springs higher up in the mountains was installed in the streets in some of the *caseríos* and annexes on the right side of the Río Huambo. Fountains were constructed in Achamal, Zarumilla and Luz del Oriente supported by FONCODES, but unfortunately they are not maintained. The other settlements get their water from streams running into the Río Huambo and from the river itself. In San José and Legía Chico the population have dug open wells in the ground to get water. Canaan and Añasco Pueblo get their water from small rivers near the settlements.

Achamal has a sewage system. Zarumilla has got household bogs constructed by the support of FONCODES and in San José and Legíá Chico the population has constructed their own privies.

Houses and construction

Within the Huambo Valley there is a great variety of house constructions depending on the wealth of the individual family.

The houses are built of

1) adobe (sun dried mud bricks)

2) *tapia*, in which the walls are made of rammed earth plastered with mud, leaving small square openings in the wall from the wooden mould

3) wooden houses made of planks

300

4) *muesca* constructed as log cabins measuring approximately 6-8 by 4-6 m (Figs. 52 and 53). These houses are built by joining the logs at right angles in one or two storeys and

5) wattle and daub constructions.

The roofs are made of *pajilla*, burnt tile and corrugated tin brought from Rodriguez de Mendoza.

Two-storey houses made of *tapia* or *muesca* are mainly found in the larger *caserios*, elsewhere the houses only contain a single room with an attic or a simple hut or shack. Two-storey houses often have small wooden balconies. Living facilities may be on the ground floor, on the first floor or in the attic.

Most houses are one-roomed with no or one open window. Many people begin with the residential rustic log cabin constructed of timber called *muesca*. If they can afford it, they will build an adobe or a *tapia* house. In the far away places the houses are very small with two house structures, a room for sleeping and a kitchen.

Furniture is sparse consisting of a bed, a table, a bank and chairs made of wood. The beds are covered with home woven blankets and bedcovers made in crochet. Clothes are kept in plastic sacks, and the daily clothing suspended above the bed.

On the ground floor are the storage facilities and the fireplace in the kitchen. In many kitchens the open fireplace is placed on a raised adobe construction (Fig. 54). In some places the kitchen is a separate building. Some houses have an oven made of adobe and mud located by the side of the house for baking bread. Firewood is the only source of fuel for cooking or baking by all the families.

Small gardens, orchards or plantations of coffee and bananas surround the houses.

Education

All the *caserios* in the Huambo valley are under the governmental school program PRONOEI (*Programa escolarizado de educación inicial*) and teach the primary level classes from 1st to 6th grade. A school breakfast program is supported by FONCODES and it is also applied to all the schools in the annexes. The mothers take turns preparing the donated

Table 3: Levels of education in the Huambo valley and La Meseta

	A	PI	PC	SI	SC	SUP
Achamal	8	50	45	8	1	1
Zarumillla	1	68	31	4	7	4
El Paraiso	9	55	7	7	1	
San Antonio	13	31	16	3		
Río Verde	1	24	13		1	
Luz del Oriente		31	30	5	2	
Guambo	2	92	10	8	8	2
San José	-	14	13		1	
San Isidro		33	21		5	
Nuevo Chachapoyas		10	6			
Canaan		9	10			
Añazco Pueblo		8	6			
Total (735)	34	425	208	35	26	7
Total %	5%	58%	28%	5%	3%	1%

A: Illiterate, PI: Not completed primary school, PC: Completed primary school, SI: Not completed secondary school, SC: Completed secondary school, SUP: Superior education completed

Religion

Religion plays an important role in the daily life of most of the people. Religion acts as a media in the adaptation process for the migrants entering a different environment, who are looking for a refuge and a support in their cosmology. In the environmental change from the Sierra to the Selva many of the people look forward to encountering the Promised Land or paradise. The beliefs, norms and religious principles rule their daily lifestyles (Box 6).

In the Huambo valley there are seven Christian churches of which the Catholic Church is still dominant. The Catholic Church has members in all the settlements but the number is decreasing rapidly in the most faraway places. Achamal has a Catholic church on the plaza and Zarumilla has just finished the building of a new church in 2001.

The other churches are protestant sects introduced from the United States of America who have a major presence in the Andean highlands such as:

La Iglesia Evangélica Pentecostés, Iglesia Pentecostés (including *la Iglesia Última Voz de Cristo- Avivamiento*), *Iglesia Evangélica Peruana, Iglesia Adventista del Séptimo día, Iglesia Evangélica*, and *La Iglesia Bautista* – most of them pertaining to the Pentecostal Movement.

La Iglesia Evangélica Peruana has its followers in Achamal, Zarumilla, San Antonio and Luz del Oriente and in the annex of Paraíso. *La Iglesia Última Voz de Cristo-Avivamiento*, has its temple in en Luz del Oriente. *La Iglesia Adventista del Séptimo Día* has its temples en El Paraíso, Zarumilla and Guambo. These church followers are present all over the Huambo Valley but especially on the eastern riverbank in Vista Hermosa, San Isidro and in Guambo. 90 % of the families in Guambo belong to this church and originate from Celendin (Fig. 55).

The inhabitants get together twice a week on Saturdays and Sundays to praise God. It is forbidden to work on these days. Sports activities such as football, volley and the game of the frog take place on Sundays for everybody.

Box No. 7: Wild animals mentioned by the population

The maquisapa: *Ateles belzebuth*
The choro: *Lagothrix legothricha*
The armadillo or the carachupa: *Dasypus novemcintus*
The huangana: *Tayassu pecari*
The deer: *Mazama americana*
The sajino: *Tayassu tajacu*
The picuro: *Agouti paca*
The añuje or the chozca: *Dasyprocta variegata*
The roncoso: *Hydrochoerus hydrochoerus*
The spectacled boar: *Tremarctos ornatus*
The tigrillo: *Felis pardalis*
The jaguar: *Pantheum onca*

Peces:
Carachama: *Pterygoplichthys multiradiatus*
Sábalo: *Brycon erythropterum, Brycon melanopterus*
Cujines
Plateado
Dorado: *Brachyplatistoma filamentosum*
Bagre
Buchón

Snakes:
Shushupe: *Lachesis muta*
Jergón: *Bothrops atrox*
Loro machaco: Bothrops bilineatus

Table 6: **Main crops**

English name	Scientific name	Family
Tubers		
Sweet potato	*Ipomoea batatas* (M,H, n)	Convolvulaceae
Llacon	*Smallanthus sonchifolius* (M, n)	Asteraceae
Michuca	*Colocasia esculenta* (M,H,i)	Araceae
Potato	*Solanum tuberosum* (M, H, n)	Solanaceae
Radish	*Raphanus sativus* (M, H, i)	Brassicaceae
Arracacha	*Arracacia xanthorrhiza* (M, H, n)	Apiaceae
Manioc	*Manihot esculenta* (M, H, n)	Euphorbiaceae
Carrot	*Daucus carota* (M, H, i)	Apiaceae
Legumes		
Pea	*Pisum sativum* (M, H, i)	Fabaceae
Common bean	*Lupinus mutabilis* (M, n)	Fabaceae
Horse bean	*Vicia faba* (M, i)	Fabaceae
Peanut	*Arachis hypogaea* (H, n)	Fabaceae
Pigeon pea	*Cajanus cajan* (H, i)	Fabaceae
Pallar	*Phaseolus lunatus* (M, H, n)	Fabaceae
Poroto, pajuro	*Erythrina edulis* (M, n)	Fabaceae
Soya	*Glycine max* (H, i)	Fabaceae
Andean lupin	*Lupinus mutabilis* (M, n)	Fabaceae
Vegetables and spices		
Achiote	*Bixa orellana* (H, n)	Bixaceae
Chilli	*Capsicum annuum* (M, H, i)	Solanaceae
Garlic	*Allium sativum* (M, H, i)	Liliaceae
Celery	*Apium graveolens* (M, H, i)	Apiaceae
Tree tomato	*Cyphomandra betacea* (M, H, n)	Solanaceae
Caigua chilena	*Sechium edule* (H, i)	Cucurbitaceae
Caigua lisa	*Cyclanthera pedata* (M, H, n)	Cucurbitaceae
Onion	*Allium cepa* (M, H, i)	Liliaceae
China onion	*Allium fistulosum* (M, H, i)	Liliaceae
Chiclayo	*Cucurbita fiscifolia* (M, H, n)	Cucurbitaceae
Cauliflower	*Brassica oleracea* (M, H, i)	Brassicaceae
Coriander	*Coriandrum sativum* (M, H, i)	Apiaceae
Mint	*Mentha spicata* (M, H, i)	Lamiaceae
Huacatay	*Tagetes terniflora* (M, H, n)	Asteraceae
Marygold	*Tagetes minuta* (M,H, n)	Asteraceae
Lettuce	*Lactuca sativa* (M, H, i)	Asteraceae
Lemon	*Citrus limon* (H, i)	Rutaceae
Oregano	*Origanum vulgare* (M, H, i)	Lamiaceae
Parsley	*Petroselinum crispum* (M, H, i)	Apiaceae
Cabbage	*Brassica oleracea* var. *capittata-alba* (M, H, i)	Brassicaceae
Rocoto	*Capsicum pubescens* (M, H, n)	Solanaceae
Radish	*Raphanus sativus* (M, H, i)	Brassicaceae
Elder	*Sambucus peruviana* (M, n)	Caprifoliaceae
Tomato	*Lycopersicon esculentum* (M, H, n)	Solanaceae
Zapallo	*Cucurbita maxima* (M, H, n)	Cucurbitaceae

English name	Scientific name	Family
Fruits		
Anona	*Rollinia* sp. (H, n)	Annonaceae
Cacao	*Theobroma cacao* (H, n)	Sterculiaceae
Caimito	*Pouteria caimito* (H, n)	Sapotaceae
Chirimoya	*Annona cherimola* (M, H, n)	Annonaceae
Coco	*Cocos nucifera* (H, i)	Arecaceae
Granadilla	*Passiflora ligularis* (M, n)	Passifloraceae
Guayaba	*Psidium guajava* (M, H, n)	Myrtaceae
Huabilla	Inga edulis H,n)	Fabacaceae
Sweet lime tree	*Citrus aurantifolia* (H, i)	Rutaceae
Loquat	*Eriobotrya japonica* (H, n)	Rosaceae
Lúcuma	*Pouteria lucuma* (H, n)	Sapotaceae
Mandarin	*Citrus reticulata* (H, i)	Rutaceae
Mango	*Mangifera indica* (H, i)	Anacardiaceae
Apple	*Malus domestica* (M, H, i)	Rosaceae
Maracuyá	*Passiflora edulis* (H, n)	Passifloraceae
Marañón	*Anacardium occidentale* (H, n)	Anacardiaceae
Orange	*Citrus aurantium* (H, i)	Rutaceae
Níspero	*Eriobotrya japonica* (H, i)	Rosaceae
Pacae	*Inga feuillei* (H, n)	Fabaceae
Avocado	*Persea americana* (M, H, n)	Lauraceae
Papaya	*Carica papaya* (H, n)	Caricaceae
Pinapple	*Ananas comosus* (H, n)	Bromeliaceae
Banana	*Musa acuminata* (M, H, i)	Musaceae
Elder	*Sambucus peruviana* (M, n)	Caprifoliaceae
Tumbo	*Passiflora quadrangularis* (M, H, n)	Passifloraceae
Graminea		
Rice	*Oryza sativa* (M, H, n)	Poaceae
Sugar cane	*Saccharum officinarum* (M, H, i)	Poaceae
Barley	*Hordeum vulgare* (M, i)	Poaceae
Kiwicha	*Amaranthus caudatus* (M, n)	Poaceae
Hierba luisa	*Cymbopogon citratus* (M, H, i)	Poaceae
Maize	*Zea mays* (M, H, n)	Poaceae
Wheat	*Triticum aestivum* (M, i)	Poaceae
Mulitipurpose crops		
White cotton	*Gossypium barbadense* (*barbadense*) (M, H, n)	Malvaceae
Brown cotton	*Gossypium barbadense* (*peruvianum*) (H, n)	Malvaceae
Cacao	*Theobroma cacao* (H, n)	Sterculiaceae
Coffee	*Coffea arabica* (H, i)	Rubiaceae

Based on informants in La Meseta (M) and the Huambo valley (H), n: native to the region (South- and Central America), i: introduced. Identified by V. Quiposcoa.

Each household has a minimum of three fields in use every year. The traditional technology consists of slash and burn agriculture which takes place in the drier periods from June to August. It takes about fifteen days to cut the trees and bushes and let them dry before the field is burnt. After the burning and one more week the temperature is low enough to start sowing (Fig. 61).

Table 7:   The agricultural cycle

Duration up to one year		Duration of more than one year	
Crop	Months	Crop	Years
Onion	2	Michuca	1
Bean	3	Guayabo	1
Sweet potato	3	Huaba	2
Tomato	3	Banana	2
Cabbage	3 ½	Coffee	3
Rice	4 (twice per year)	Limón Real	3
Maíze	4	Limón Gentil	4
Peanut	4	Avocado	5
Chiclayo	6	Caimito	8
Zapallo	8	Orange	9
Manioc	8		
Ricacha	8		

The crops

One of the strategies used by the *campesinos* is to sow several varieties of species in plots in the same field (Table 6).

The first year rice, manioc and maize with beans are sown in separate plots in the same field. The next year when the field is cleaned of weeds and the crops change within the plots or the field. The cultivars in the fields are in constant rotation, for example rice, manioc and maize with beans are followed by *ricacha*, *zapallo*, banana, sugar cane, *calabaza* and again maize with beans, manioc, peanuts, *zapallo* and rice are repeated. After the fields have produced from two to four years they are left fallow for one year if they are not turned into coffee plantations or pasture.

The *campesinos* let all kinds of plants grow around the fields. Fruit trees are planted to give shade for the coffee plants (Fig. 63). When the field has produced crops for at least one year, pasture may be sown. Pasture is normally sown on more level places and in the upper hill slopes.

A few of the households have small gardens near their houses with orange trees, papaya, *guayaba*, avocado and vegetables like *caigua*, onions, cabbage, oregano, celery, tree tomato, coriander and *hierba buena* which is used to flavour the meals (Fig. 62).

Table 8:   Crop production

Cultivo	Seeds per hectare	Average harvest
Coffee Caturra	2 kg	App. 40 *quintales*
Coffee Típico	2 kg	App. 20 *quintales*
Peanut	1 kg	App. 15 kg
Maíze	1 kg	App. 40 kg
Rice	1 *lata*	App. 30 *latas*

Table 9:   Measurement units *(One lata measures 23x23, height 35 cm.)*

1 *Arroba*	11.5 kg
1 *Quintal*	50 kg
1 *Lata* coffee	2.5 – 3 kg of parchment coffee
1 *Lata* rice	30 kg

Soil types

In the Huambo Valley the families distinguish between six varieties of soil types through the experience they have acquired working the land (Table 10):

Table 10:   Soil types

Type of soil	Cultivated fields		Non-cultivated fields	
	Ha	%	Ha	%
Black	136	16	527	19
Clay	27	3	198	7
Frondoso	132	15	474	17
Black clayish	227	27	640	23
Red	303	36	854	31
Black with pebbles	25	3	41	3
Total	850	100	2734	100

Black soil – very fertile for all kinds of cultivars. The soil is sparse and located above the main trail.

Yellow soil – (clay) sterile is found in the dry gorges or ravines. It is used for house construction.

Tierra frondescense – good for pasture. It is found at the riverbanks.

Tierra shilla – black clayish soil with small pebbles is suited for beans, maize and banana. It is found in different locations in the upper part of the mountains along the river.

Red soil – exists in abundance and is good for coffee production. It is found in the different locations in the upper parts of the mountain slopes.

Tierra calichal – black soil with pebbles of limestone is good for the production of sweet potato and manioc. It is found in the humid gorges or ravines.

Tools

The common tools are the axe, the machete, the *lampa*, a sharp angled wooden mattock with a steel or iron blade, *the lampilla*, as the lampa, but smaller, the *estaca* or *tauma*, digging stick, the *sapapico*, a pick with a iron or steel blade, the *pushana*, a wooden hoe and a special machete to cut sugar cane. To clear the field the forest trees are cut with the axe and the smaller vegetation is cleared with the machete and collected with the *pushana*. Where the vegetation is burnt the soil is worked with the *sapapico* and the *lampa*. The digging stick is used for making the hole for sowing maiz and beans. The *lampilla* is used where the soil is more soft and for harvesting the sweet potato. The oxen with the ard is only used in a very few places in Achamal.

The Coffee

Coffee is the most important cash crop in the valley, which was introduced some fifty years ago displacing sugar cane and rice. Only until 1985 all coffee produced and sold were the coffee berries.

The Ministerio de Agricultura in Rodríguez de Mendoza buys most of the coffee seeds for 20 soles per kg. The *campesino* that already has coffee selects the seeds from the most productive plants. The varieties are TX 2880, Café típico (nacional), Caturra (Ropa - amarilla), Catimorra and Pachago.

The cultivation

Coffee is sown in the rainy months from December to April in association with the fruit trees as papaya, *guayaba* and *huaba*. The fruit trees provide shade for the coffee plants. The producers calculate to have 50 % covered by these trees with a distance of 8 to 10 m between each tree.

The *campesinos* consider the best time for sowing is in the first quarter of the moon (see Box 12), as it will make the plant grow large and with plenty of beans. New moon is not good for sowing as the plant will be weak and get plenty of leaves that will eventually dry out and fall off.

Plant beds

The coffee seeds are prepared with the removal of the membrane by hand and left to dry for a minimum of two days. Plant beds are constructed in the field after the number of seeds to be sown. An average size is 6 x 4 m. The seeds are then sown and are covered to secure the germination. Two kg of seeds are used for 1 ha.

Germination

The germination lasts sixty days. When the new plant appears it undergoes three phases called the *Etapa del Palito*, the Phase of the Little Stick, when the plant grows to 10 cm and appears like a little stick. Next follows the *Etapa de Fósforo*, the Phase of the Match, when the plant reaches 20 cm and buds appear from the stem and it looks like a match. Finally is the *Etapa de Mariposa*, the Phase of the Butterfly, when the plant reaches 25-30 cm and begins to have leaves.

El Repique

After the sixty days in the Etapa de Mariposa each plant is put in a little black plastic bag with earths. This is called the *repique*. The plant then grows until the transplanting.

Transplantation

The transplantation also takes place in the *Etapa de Mariposa*. The field is cleaned of weeds and each plant is transferred to a little hole made by machete or graving stick with a distance of 2 m between each plant. Approximately 2000 plants enter 1 ha according to the producers.

Weeding

Weeding is done every two months in the rainy season and every three to four months in the drier season.

Harvest

The first harvest takes place after two years if it is of the variety Caturra and after three years if it is of the variety Típico. The first time a plant is harvested it is called *maltona*. In general the period from flowering to the berries being ripe is fairly constant, between six to nine months. The first harvest is in January- February, while the busiest months are from July – September. Every 2 weeks the coffee berries are collected. Harvest from a coffee plant takes place three times a year. The first four years the plant produces well. The producers claim to harvest 30 to 40 quintales of parchment coffee each year pr ha, which is considered a good harvest. After the four years the coffee production decrease.

Day labourers are contracted during the harvest periods and are paid S/ 10.00 soles pr day including meals (August 2001). A normal day labourer collects 2 to 8 tin cans of coffee pr day (the tin cans come from building constructions). A good coffee picker is called *activo* and collects up to 8 tin cans of coffee pr day. Each tin can carries 2.5 – 3 kg dry parchment coffee (Fig. 64). The time consumption and numbers of day labourers are relative depending on the quantity of coffee they are able to collect. Women are also employed during the coffee harvest. They are in demand because "*they are tender when harvesting, collecting only the mature berries and not destroying the green berries*".

Pulping, washing and drying

The bad or destroyed berries are removed before pulping. Pulp re-moval must be done as soon as possible after harvesting as ripe berries start to ferment very soon after they are picked. Pulping is the removal of the red skin with the adhering pulp. The hand pulper squeezes the ber-ries to release the beans (Fig. 66). The parchment (*pergamino*) left is still covered with several layers of cells which are removed by fermentation and washing. Afterwards the beans are washed and left to dry – a time consuming process, where the coffee is spread out outside the houses on plastic bags and immediately taken indoors again when it starts raining (Fig. 65).

The hand pulpers were introduced to the region around 1985-1990. They are bought in Rodríguez de Mendoza for app. S/. 500.

From the preparation of the coffee field to harvest time approximately fifteen-day labourers work on one ha. The day labourers arrive from the neighbouring villages of Huambo, Limabamba, Chirimoto and Milpuc in the months from January – June looking for work during the peak harvest period. Each *peon* earns S/. 20 per day including meals (August 2001).

Coffee marketing

The *campesino* carries his production on mule back to the coffee buyers (Figs. 67 and 68). Local coffee dealers in Zarumilla or Achamal and in Rodríguez de Mendoza buy the parchment coffee.

In Rodriguez de Mendoza the cooperative *Asociación de Cafetaleros San Nicolás* buys the production from its members. The cooperative was founded and organized by a Padre Antonio and other Spanish priests. Today the advisor is the Padre Juan López. The cooperative sells the coffee as ecological or organic coffee at the international market via the *Empresa Café Perú* in Chiclayo on the Pacific coast.

Box No. 10: Coffee crop diseases

The inhabitants identify four diseases attacking the coffee

La Broca: The disease attacks the berry. It is a moth which eats the interior of the berry leaving only the peel. It is a disease caused by a coleóptero beetle (Hypotenemus hampei).

La Roya: The leaves crumple in rolls and fall off. The plant does not die but the berries dry out and fall off as well. The *roya amarilla* is a disease caused by an orange colored fungus (Hemileia vastatrix), which lives on the back of the leaves in the altitudes below 1200 m.

Ojo de pollo: Black spots appear on the leaves and around the spot the leaves turn yellow and dry.

Fungus: (a Phitophtora) - is often found where the earth is very humid. The plant gets too much water and the fungus starts developing from the root and upwards. Especially the young coffee plants are attacked. It is very common in San Isidro. It is also known as *pie negro* or *allahuayco*.

Spider disease: (Cortisium koleroga) - is a disease, which looks like a spider's nest among the leaves in the coffee plant. The "spider's web" encloses many leaves and the plant dies out.

There are very few members from the eastern side of the Huambo Valley, most of them come from the Nuevo Chirimoto, Omia, Tocuya and Mashaco on the eastern side of the valley and further into the interior. Some of the *campesinos* see the advantage of being a member. They say: "*The benefit we receive from being a member of the cooperative is that they buy all your production and by the end of each year, they will give us back S/1 pr. kg of what you have sold to the old members and 60 céntimos to the new members.*"

Others do not consider it convenient to become a member. One *campesino* mentioned: "*It is not convenient to sell the coffee to the cooperative because they only pay me cash for half of my production and the remaining when they have sold it all. That is why I do not become a member because it may last 3 months before they pay me, they use my money and this is not how it should be*". He also said that the cooperative only selects the best of the production and leave the rest.

Coffee prices

The price of coffee has varied during our two years investigation (Fig. 70). In August 2000, 1 kg of parchment coffee was sold at S/. 4.20 in the local market in Achamal, but 200 g of each kg were subtracted because of the parchment. In August 2001 the price was only S/. 2.00 minus the parchment. The low price is one of the major problems for the coffee producers. They complain that the coffee buyers who store the coffee ask them to leave the coffee a credit referring to the fact that they do not have any cash money. Of pure need many of the coffee producers are now interchanging the coffee with food, as most of the shop owners in Zarumilla and Achamal at the same time are the coffee buyers.

Animal husbandry

Cattle

From the early Spanish colonial times in the 16th century, as mentioned in the chapter on history, cattle was introduced to the Huayabamba Valley and later to the Huambo Valley. Cattle are one of the indicators of the economical situation of the *campesinos* (Fig. 71).

The campesinos not only breed their own cattle but also take care of cattle for people living in Rodriguez de Mendoza. Some of them are large cattle owners with more than 70 heads of cattle.

Box No. 12: List of animals

	AC	ZA	EP	S A	RV	LO	GU
Cattle	93	293	124	51	15	25	178
Horses and mules	29	26	40	17	6	21	41
Sheep						10	
Pigs	3		4	7	3	10	3
Chicken	436	410	265	295	127	249	411
Turkeys	12	17	13	10	4	19	12
Ducks	19	38	15	6		18	19
Rabbits	10	52					
Guinea Pigs	119	98	117	33	21	135	
Dogs	33	50	32	15	7	13	41
Cats	4	4	14	10		5	18

	NC	SJ	SI	DM	CA	AP
Cattle	42	52	31	2	145	55
Horses and mules	3	23	3	1	16	6
Sheep						
Pigs		5	2	3		
Chicken	83	260	273	37	130	12
Turkeys	2	20	10	1	5	2
Ducks	2	20	6	2	7	
Rabbits						
Guinea Pigs		24	48		12	16
Dogs	10	20	12	2	10	6
Cats		4				

*AC=Achamal, ZA=Zarumilla, EP=El Paraiso, RV=Rio Verde, LO=Luz del Oriente, GU=Guambo
NC=Nuevo Chachapoyas, SJ=San José, SI= San Isidro, DM=Dos de Mayo, CA= Canaan,
AP=Añasco Pueblo.*

The governmental program for the maintenance of river basins PRONAMACH (*Programa de Mantenimiento de Cuencas*) together with the nutrition program PRONAA (*Programa Nacional de Alimentación*) encourages the farmers to improve the quality of the natural pastures in the area. PRONAMACH and PRONAA recommend that people cut the forest in the upper slopes and introduce new pastures. The result is that the natural vegetation is destroyed and the erosion starts with the activities of the cattle. However, the quality of the cattle has improved, but the introduced cattle varieties are only able to survive on the new pastures. Thirty years ago there were only cattle *chusco* or *criollo* that is smaller in size. Today the farmer's breed improved cattle as Holstein, Cruz de Santa, Brown Suize, Cebra and Yiro.

Box No. 13: Categories of income and expenses

Incomes according to importance

I, II	III	IV	V	VI
Coffee	coffee	coffee	coffee	coffee
Cattle	cattle	trade	trade	trade
Small animals	Small animals	Small animals	Small animals	Small animals
Transport	transport	transport		
Labour	labour	labour	labour	labour
public servant	public servant			
Maiz	maiz	maiz	peanut/beans	sweets
Food	food	sweets	sweets	sweets
Liquer	champan			
		third part	third part	

Spendings according to importance

I, II	III	IV	V	VI
Food	Food	Food	Food	Food
Salt salt	salt			
Kerosene	kerosene	kerosene	kerosene	kerosene
	transport	transport	transport	
Clothes	clothes	clothes	clothes	clothes
Soap	soap	soap	soap	soap
Labour	labour	labour	labour	labour
Animal med	Animal med	Animal med	Animal med	Animal med
Human med	Human med	Human med	Human med	Human med
Education	education	education	education	
Ammunition	ammunition	ammunition	music band	music band
		Batteries	batteries	batteries
Booze	booze	booze	booze	booze
Tools	tools	tools	tools	tools

Both men and women work as day labourers earning S/.10 per day (2001). Especially during the coffee harvest household income increases. Some income is also achieved during the Sunday meetings when the women and their daughters sell their home made sweets, jellies and maize cakes. Local trade with commercial products such as candles, kerosene, sugar, oil, biscuits, cigarettes, soft drinks, beer, matches and batteries takes place in some of the households that function as small shops as mentioned earlier. During *fiestas* or communal meetings some households prepare different beverages as *champan* (a mixture of *aguardiente* and soft drinks) or *aguardiente* and sell it in plastic bottles.

324

Other households increase their income with contributions from a third party, *terceros*. When some of their children or other family members have left to work on the coast or in the cities they send both money and various articles back to their parents or to other family members.

Expenses

The households spend money on food, education, clothes, kerosene, house materials, transportation (mules or bus), agricultural production and fiestas (Box 13).

Many young people and whole families travel from all over the Huambo Valley and La Meseta to participate in the religious fiesta for the *Patrona Santa Rosa de Lima* and the *Patrón Santo Toribio de Mogrovejo* in Rodríguez de Mendoza each year from August 30th and the following week. They are prepared to spend approximately S/. 1000, equivalent to 5 *quintales* of coffee. The money is used for purchasing clothes, house utensils and ghetto blasters. This fiesta is one of the most money consuming expenses during the whole year and implies a lot of prestige.

Table 12: Principal Income and expenses in the Huambo valley

Income category	N° of Families	Income	Expense	Sum
I. S/. 20 000	3	84460	18198	66262
II. S/. 15 000 – 19 999	3	50820	7812	43008
III. S/. 10 000 – 14 999	5	59235	21590	37645
IV. S/. 5 000 – 9 999	14	98866	40160	58706
V. S/. 2 500 – 4 999	36	126789	82226	44563
VI. S/. 0 – 2 499	109	103308	160808	-57500
Total	170	523478	330794	192694

Exchange rate (US$1=S/. 3,45; August 2001)

brave and a dangerous man and they ought to have taken him alive so he could become one of their leaders. They came fully armed and I became convinced that they had killed him. My children went to look for him at the riverbank and called him it was difficult to convince them that he was dead, he was suddenly gone and it will never be the same.

Months and nights went by and I could not sleep I could not do my things and I could not take care of my animals. I remembered how my husband had been a hard worker, and I felt terrible. I also remembered my dead sons who had died because of lack of medicine because in the montaña we are without communication systems. I now have two more sons with another man, but I could not continue with him because my other children could not get used to the authority of a stepfather. To maintain peace in the house I had to stop with my partner.

Life in the *montaña* is not easy and you have to work hard to get the land to produce. I am not able to educate my small children but I am not thinking of leaving the *montaña*, my life is here. As my daughter says, we are from the *montaña* and we will die here.

Señora Eva Flores, San Antonio (31 years old).

I have lived here for two years and I like agriculture, my husband's family invited us to come here because we all like to be farmers and we wanted to know what the Selva was like.

Well, I have no problems I only miss my family a little; we have to fight to get what are our intentions. As we are a very united family my sisters came from Chiclayo twice when I had to give births. At first I had problems but never any complications.

Now I have four children and *basta* that is enough.

The worst experience was the hurricane on the15th of April (2001); it only lasted some minutes. The biggest trees began to fall, the trails were cut off, some of the roofs were lifted of the houses, it was very bad; I was in my house and panic-stricken I did not know what to do. I just hid my children under the bed, everything began to fall down but it only took one or two minutes.

It was like a whirlpool with an ear-splitting noise with torrential rain, I have never experienced anything like it before, when it was over we went out to look and saw gigantic trees had been lifted up with their roots and the trails were blocked. We were afraid it would return.

Before we lived in the gorge but because of our fear of snakes we left. The snakes are long one and a half meter, they went in to consume the chicken, they frightened us. My husband killed two with his weapon they were the *Shushupe* snakes. He saw them under the bed, where one of them was ready to attack and jump upon him so we decided to leave from there. Here you have to face the snakes, they appear to jump over each other.

Señor Benigno Torres Rivas (76 years old).

I came here when I was 9 years old accompanying my father who was Benigno Torres Fernandez, son of Eustaquio Torres Fernandez and my grandmother was Carmen Fernandez.

I arrived with my father to this place and here we worked. The natives came here as it is along the route, and here a woman escaped in the gorge and they gave it the name of *warmiyacu* (the woman from the water). The children of the pagans could not track her down and left her there. They say that they (the pagans) rested at noon, so they (the colonists) came prepared and killed the pagans and they never returned. The pagans were the *Orejones* and the *Coschivos*, that was what my father told me, they destroyed all the villages, but the woman was saved.

This land was a hacienda belonging to the priest La Riva. He had it all written down (the story) of the land, which is from Curallaco to Quirimatay.

From that time came the news of dividing the land into plots and "the dogs"(bad people) came and distributed all. At the same time they wanted the document in Lima and they do not know to whom it was given. Uncle Tiofilo Fernandez does not know who has the document of La Riva.

The gorge Currallacu to the Quirimachay cave belongs to the Jalca, all this belonged to the priest, he was from Spain, but I do not know from where in Spain he came.

The first who came here were my father and my uncle, Tobias Rodriguez, Manengo Fernandez who alone in the *montaña* for many years. I am 76 years old, we worked here together. At that time the priest was not here and I did not know him.

The products here are the banana, cacao, rice, coffee, manioc, lemon and everything.

I have also seen the natural fruits as avocados and wild coca, at that time we only used the coca to chew there was no foolishness.

I was born in Limabamba and grew up there as a child. I studied in Limabamba. I learnt to write on a blackboard with chalk and we prepared ink from the *ubilla* tree. We wrote with turkey feathers. La *ubilla* is a black tree (Pourouma spp.). This was how we studied before. One day at school they talked about the end of the world and an aeroplane was passing over us for the first time. We saw it as much bigger than a condor and we ran to hide ourselves and thought that the Day of Judgment had arrived.

The radio was also introduced to Limabamba and we went to the plaza to listen to music. In these years the Adventists also arrived with their sermons and baptised the people in the small rivers.

I have now lived here thirty years permanently with my family. I have nine children and I have always cured my family with natural herbs-everything that is natural. I have experienced several hurricanes but never one as strong as this year.

I was down at the riverside and my family above in the field, and the hurricane came with thunder and destroyed everything.

How many quintales of coffee is collected from one ha? Some 30 to 22 quintales coffee are collected. We are more dedicated to cattle. Before there was no the *tupe* to attack the cattle but some tens years ago it began invading the area it is a pest which also attacks the dogs.

When I came here with my uncle and my father the *montaña* was covered with dense forest but we were not afraid of anything. We shot boars, *tigrillos*, jaguars, and snakes of all kinds and sizes.

At that time the family Bazan arrived to cultivate the land from Limabamba. The father stayed outside in a hut. When he went out to sow (a new field) a jaguar attacked him, he shot at the animal but the jaguar ate him and only left the bones.

The jaguar looks for people to eat especially the Shivil jaguar.

The jaguar is the biggest feline and weighs c. 10 arrobas; they are tall and big; there is also the bear, *sagino*, deer, *choscas*, *caradupe*. Today there are hardly any snakes, before there were all kinds: the *Ashipamama*, which is up to 7 meters long. The *Ashipamama* is of a clear blue colour as the heaven, they are large and eat animals as rats and other animals alive, it does not attack people but is a snake, which may be domesticated. Another snake is the *caferilla* which has a white stomach. The *shushupe* and the bushmaster are of the same colour. The boa is green as the *champa* and they are very few, but difficult to see when they hide in the green grass. The *Sierracha* is of dark green colour and is like a small clasp-knife.

The snakes hide six months in the interior and leave in the month of July in the summer after the incubation.

Sr. Salvador Chanta Nayra, El Paraiso (70 years old).

Before I lived in the Huancabamba province in the *caserío* of Tambillo near the lake sowing oca, potatoes and ullucu serraño.

I have now lived here 22 years. I came with my wife and two children and here we have had four more children.

I live in the *montaña* where I have built my log cabin house, and have my fields.

For four years I have stayed in Paraiso. It is a sad place to live alone in the *montaña* and we have only come here because there is a school and we have a granddaughter, which we raise. We have bought this piece of land near the school because it was a very long way to go to school; here we have no fields, so every day we walk up in the mountains to work in my fields far away.

Life in the *montaña* is not easy as there are no facilities. We cultivate coffee, maize, beans and banana. We sell the coffee and from the coffee we get our money. These days they buy the coffee for 2 to 2.20 Soles but recently they do not want to buy our coffee. That is why we are bad off, I am not a member of the cooperative because in the co-op there is a further discount of some kilos because of the parchment and further due to the quality of the coffee.

The cattle needs pasture, if there is no pasture there is no cattle, this is how it is and here there is no natural pasture.

How often do I go to Piura and my homeland? I never went back and I do not miss it. What I miss are the products of my home, I was born with wheat, maize, cancha, potatoes, oca and ullucu, to come here I left my fields without selling them, they are large and I left everything, but I do not want to go back, I have become accustomed to live here with my family and my children.

When I arrived I was afraid of the snakes and the *tigrillo*, because it attacked me once. It threw it self upon me, I also remember I ran towards a jaguar with a stick my brother in law helped me; the jaguar was as big as a donkey. To be protected I had brought two good dogs which were swallowed by the jaguar by the heads and the whole bodies just like a cat swallows a mouse, that is why we do not have any dogs.

Summary

The contemporary situation has been described based on the anthropological investigations. Emphasis was given on subjects such as infrastructure, population and religion, socio-economic activities and use of natural resources, which will be described more in detail in the next chapter.

Road construction from the beginning of the 1970s has contributed to the introduction of agriculture in new territories, as well as giving access to new zones causing deforestation. The new road from Achamal to Zarumilla will have a very strong impact on the environment. The migratory processes have brought about new settlements of families from different places in the Sierra. This implies that cultural elements play an important role in the use and handling of the environment.

A change in agricultural practises is seen in the strategies of the people who first develops an adaptive strategy, given by the cultural shock of going from one ecosystem to another one; and then managing the new environment with the introduction of other crops and trees.

The population chooses different strategies in the utilization of the land and demonstrates an unequal social economic status.

In the Huambo Valley the poverty is expressed in the few expectations of the youth that from very early assumes paternal responsibilities without getting an education that could assure their labour activities. For that reason the agricultural practices do not improve technically and the agricultural risks are very high. The Huambo Valley is a coffee zone with good productions but the fluctuations in prices on the international market have affected the peasant in loosing production and money. This reflects the weak economy.

The relations between the settlement pattern and the agricultural potential reveal significant differences between the Valley of Huambo and La Meseta. The difference is reflected in the nuclear settlements of Canaan and Añasco Town and the land-use. Both villages have been founded recently by the influence of two brothers but the settlements in the Valley of Huambo are founded spontaneously on an individual level. Whereas the economy mainly is on a subsistence level on La Meseta, the economy is oriented towards a market economy in the Huambo Valley. The scale of space in which the population has adapted to the environment is described and analysed in chapter six. The living space and how the inhabitants use it is one of the keys to understand the daily life.

Box No. 15: Methodology

The botanical investigations carried out included field work and herbarium work. Field data were recorded according to the objectives. At each research site a series of transects, 5 x 240 m, was laid out, divided in 48 subunits of 5 x 5, and patches of 20 x 20 m, with two repetitions in each locality of study in order to analyzes mature and secondary forest diversity. Plant inventories and field data were gathered inside and around the archaeological sites. The ethnobotanical work during fieldwork included interviews basically of older people and surveys in order to obtain information about which species are used and how they are used. These data were collected visiting the households and their chacras in collaboration with the anthropologic module. Following this, collections were made of the plants.

For each species seven samples were collected using a trowel, a plant clipper and a machete depending on whether the plant was a herb, shrub or a tree. Whenever possible, the sample included both flowers, fruits and leaves, in some cases only flowers and fruits, and in monoecious and dioecious plants the male and the female flowers were collected. The samples were placed in newspapers, vouchered, compressed, packed and conserved in alcohol during the field journey until it could be dried in the herbarium. In situ were recorded habit, habitat, uses, type of use, collection date, special characteristics of plant, elevation, geographic localization using GPS, and recorded in photographs and slides.

The "alcohol technique" consists of placing the selected plants into a used newspaper, writing the number of the collection and initials of the collector in a corner of the newspaper. The plants in the newspaper are piled up until approximately 15 cm with the opening at the same side. Next the pile is packed with new newspapers leaves and tied with treads without covering the opening side. The packages are put it into a plastic bag. Alcohol (1:1 of alcohol and water) is added. When the sample of plants are succulents or are very thick, the proportion of alcohol should be more concentrated, and if samples are herbs, ferns, bryophytes or lichens the alcohol proportion should be less. The solution of alcohol: water (if there is no alcohol sugar cane spirits: *aguardiente* or *cañazo*, without dilution can be used). The alcohol must completely cover the samples. The bags are closed hermetically and numbered in secuence for the priority of the drying process in the herbarium. Finally they were placed in polyethylene bags for the transportation to herbarium on mules, trucks and in buses. In this way the material could be preserved for two to three months after collections before being dried, It is useful when the work area is inaccessible to vehicles in humid forest where it is not possible to carry a stove. However the disadvantage is that the sample loses the color of the flowers and the leaves, so it is important to check all plants characteristics.

In the herbarium, the samples were dried, mounted on cardboard and identified. The identification was done by comparing with other collections, using specialized literature and taxonomic keys and by sending new unknown specimens to specialists. The samples were deposited in the herbarium HAO of Universidad Antenor Orrego from Trujillo, Herbarium Truxillense HUT of the Universidad Nacional de Trujillo, Trujillo, the herbarium HUSA of Universidad Nacional de San Agustín, Arequipa; and four duplicates were sent to the Field Museum (F) of Chicago, USA for determinations and classifications by their specialists.

vegetation and the soil are saturated with water, and depending on the altitude, receive an average annual precipitation from 1000 to 4000 mm. Of the precipitation approximately two thirds come back to the atmosphere as evapotranspiration, and the remaining part runs off by numerous water streams. High and narrow mountaintops locally called *filas* or *cuchillas*, with gorges and small rivers, frequently stop the water streams. The water in its course drops into many waterfalls and/or by narrow and deep canyons and becomes tributaries of strong current rivers.

The rain in these forests is abundant almost all year round, with one season considered *verano* (summer) or *secano* (dry), from August to October, where there may be no rain for some days alternating with moderate precipitation. During this time the rivers have less volume, increasing gradually during the rainy season called *invierno* (winter) or *lluviosa* (rainy), from November to April where the volume of the rivers reach high levels. In these months many landslides occur due to the torrential rain and the sloping terrain. According to Young & León (1999), 10% of disturbance of forests is because of land slides on the slopes of the eastern montane forest, however, in Rio Huambo and Rio Verde basin they are less frequent.

biodiversity. According to Gentry (1992), the high diversity of tropical America, compared to tropical Africa and Austral – Asia, is due to the Andes mountainrange which is seen as a factor for an explosive speciation. As a result, these montane forests show higher local endemism in the Andean cloud forest than in others parts of the world. The floristic diversity of tropical Andes is higher than in Central America or the southern part of South America. Each cut forest in this area could present a loss of dozen of unknown plants species which is the highest rate of extinction in the world.

The forests on La Meseta and in the Huambo Valley

Introduction

During field work in the Huambo valley and on La Meseta 455 taxa of plants were collected corresponding to 223 genera, grouped in 74 families of which five genera belong to the myxomycetes, 4 to the bryophytes, 24 to the pteridophytes (ferns and related plants) and 190 genera correspond to the angiosperms (flowering plants).

The forest formations found in the humid montane and premontane forests correspond to the classification by Weberbauer (1945), Tosi (1960), and after the System of Classification of the Phanerogams of the World suggested by Holdridge (1982).

The area uniting Bolívar-La Morada and Leimebamba- Los Chilchos belongs to the *Dominio Andino* with vegetation communities of the Jalca. The lower limit is in the *Dominio Amazónico* with transitional vegetation and continuous montane forests (Fig. 77). The research area presents five main vegetation types: The Jalca ranges from 3700 m to 4200 m, transitional vegetation from 3500 m to 3700 m, upper montane forest from 2800 m to 3500 m, mid-altitude montane forest from 1500 m to 2800 m and lower montane forest from 900 m to 1500 m.

Table xxx Vegetation types

Vegetation	Altitude (masl.)
Jalca	3700-4200
Transitional vegetation	3500-3700
Upper montane forest	2800-3500
Mid-altitude montane forest	1500-2800
Lower montane forest (premontane)	900-1500

This is the first botanical research in this area but much more botanical research is needed in the region boundering the departments of La Libertad and Amazonas with the Department of San Martín as our knowledge of the vegetation still is very fragmentary.

The vegetation communities of the Jalca above 3700 m have several zones with abundant rocks and stones, the habitat of ground plant communities of specific species of the genera of the ferns *Polypodium*, *Asplenium*, *Jamessonia*, *Elaphoglossum*, among others.

Asteraceae are represented with spine shrubs as the (*Barnadesia* and *Chuquiraga*), Rosaceae (*Rubus*) and Berberidaceae (*Berberis*), are abundant, and other important species of Asteraceae are the genera *Gynoxys*, *Aristeguietia*, *Baccharis*, *Verbesina*, *Pappobolus*, *Pentacalia*, *Coreopsis*, *Senecio*, *Gnaphalium*, *Stevia*, *Perezia* and *Bidens* among the most frequent.

This plant community also has representatives of other plants of the families Lamiaceae (*Satureja*, *Minthostachys*), Scrophulariaceae (*Calceolaria*, *Castilleja*) Anacardiaceae (*Mauria*), Solanaceae (*Solanum*), Verbenaceae (*Verbena*), Clusiaceae (*Clusia*, *Hypericum*), Fabaceae (*Otholobium*), Bromeliaceae (*Tillandsia*), Gentianaceae (*Gentianella*) and Poaceae (*Stipa*) among the most important species.

In the highest parts dominated by bunch grasses, commonly called the *Pajonales* (corresponding to the *Jalca* or *Páramo del Norte* of Weberbauer (1945)) the Poaceae are the dominant family with the genera *Stipa*, *Festuca*, *Eragrostis* y *Calamagrostis*, up to 0.50 m high. Other species are mosses of the genera *Polytrichadelphus*, *Marchantia*; ferns of the genera *Jamessonia*, *Blechnum*, *Elaphoglossum*, *Lycopodium*, *Huperzia*; the phanerogams represented by the *Dorobaea*, *Gnaphalium*, *Conyza*, *Baccharis*, *Gamochaeta* (Asteraceae), *Mimulus*, *Calceolaria*, *Castilleja* (Scrophulariaceae), *Brachyotum* (Melastomataceae), *Vaccinium* (Ericaceae), *Halenia*, *Gentianella* (Gentianaceae), *Cuphea* (Lythraceae), *Alchemilla* (Rosaceae), *Plantago* (Plantaginaceae), *Rhynchospora* (Cyperaceae), *Cortaderia* (Poaceae), *Oxalis* (Oxalidaceae), *Puya* (Bromeliaceae), *Valeriana* (Valerianacaeae), *Galium* (Rubiaceae), *Geranium* (Geraniaceae) *Ranunculus* and the endemic species of the zone *Laccopetalum giganteum* "pacra-pacra" o "pagra" (Fig. 78).

Within the *Pajonales* it is posible to distinguish various forms of turf called *Césped de Jalca*. It is characterized as having small and enclosed formations as cushions at the level of the surface with dominant species of *Plantago tubulosa* and *Werneria nubigena*.

Box No. 16: Observations on climate

In order to achieve a local estimate of climatic parameters, three Tinytag Ultra data loggers were installed in August-September 2000, recording temperature and relative humidity every 90 minutes until August 2001. The sensors were strategically placed to capture information about the climatic variability in the area. Two sensors were placed at opposite ends of the Huambo Valley. In the northern part of the valley, forest cover is relatively sparse, but dominating in the southern end of the valley. This difference in land cover was expected to have an influence on local climate. The last sensor was set up in the south of the highland plateau. Unfortunately, only two of the instruments were retrieved, as the northernmost sensor was missing.

Table 14 summarizes the climate data for Luz del Oriente at the southern end of the Huambo Valley and Añasco Pueblo in the south of the highland plateau. Average temperatures are 21.6 °C and 17.6 °C, respectively. Daily mean temperatures are shown in Figs. 86 and 87. For Luz del Oriente, the variations throughout the year are quite conspicuous with a period of low humidity in March-April 2002 followed by a period of very high variability. For the highland location of Añasco Pueblo, humidity levels are very high throughout the year. Temperatures are generally lower than at Luz del Oriente, with a distinct cooling in June-August 2001.

Even though the locations are only 20 km apart there is no correlation between the two datasets on a daily basis ($R^2 = 0.05$), but this local variability is quite usual for mountainous environments (McGregor & Nieuwolt 1998).

Table 14: **Datos de temperatura y humedad relative del área**

Luz del Oriente (750 m.a.s.l.)		Añasco Pueblo	(1900 m.a.s.l.)
Temp. [°C]	Rh [%]	Temp. [°C]	Rh [%]
21.6	67.3	17.6	85.7

In order to simulate the regional effects of vegetation cover, high frequency simultaneous measurements were made in two different locations in Luz del Oriente. The data loggers were programmed to record temperature and relative humidity every second for app. four days.

348

One sensor was placed in an open area dominated by grassland and dispersed trees, the other in a dense mature forest environment. The instruments were placed centrally in homogenous areas to maximize the distance to the transition boundary, thus accounting for adjustments in the local boundary layer conditions (Oke 1987). The distances between the two locations was app. 500 meters.

Figures 88 and 89 show the difference between the two locations. The diurnal temperature range is profound for the grassland location (15-20°C). The rising limb of the temperature curve is especially dramatic, which is due to intense local heating when the sun emerges behind the local topography roughly one hour after sunrise. The temperature peaks above 30°C around 13.30 hrs but scattered cumulus clouds occasionally lower the midday temperature. Night temperatures approach 16°C. The relative humidity level builds up during the night to a maximum around sunrise. During the day, it decreases corresponding to the rise in temperature.

At the forest location, the diurnal temperature range is dampened by the dense vegetation cover (app. 8°C). Maximum temperatures are app. 10°C lower than for the grassland location. The humidity profile is likewise moderated, with constantly high relative humidity levels.

Among Tiliaceae figures the species *Heliocarpus americanus* "llausa", "chaquicha" a tree reaching 20 m. Here, as on La Meseta, grows the same thorny species with purple flowers 25 - 30 m tall of the genus *Solanum* "caballo runtu" or "cashacaspi". Other species present, but not dominant are *Ochroma pyramidale* "palo de balsa" or "topa" and *Chorisia* "lupuna" of Bombacaceae; several species of the genus *Siparuna* "limoncillo" (Siparunaceae); species of the genera *Schefflera* and *Oreopanax* (Araliaceae); various species of *Miconia* (Melastomataceae); species of the genus *Styloceras* (Buxaceae); a species of the genus *Psidium* "palillo" (Myrtaceae) which reach approximately 15 m; the genus *Hedyosmum* (Chloranthaceae); species of *Cecropia* "ceticos" or "higos" (Cecropiaceae) and species of the genera *Iriartea* "wacrapona", *Astrocarium* "chonta", and *Socratea* and *Geonoma* of Arecaceae (palms) among others.

Abundant tree ferns reach 15-18 m belonging to the Cyatheaceae family. Undetermined species are called "humo", "chuncaspi", "caraña", caraña colorada", caraña blanca", "quita cedro" and "lucmillo".

Fabaceae with many species of *Inga* and *Erythrina* , the caducous trees have a multitude of red-orange flowers (Fig. 92).

Moraceae are represented with the genera *Ficus* and *Clarisia* that grow along the riverbanks. There are abundant *Ochroma pyramidale* "palo de balsa" or "topa' used in the construction of rafts, among Bombaceae grow species as *Chorisia* "lupuna".

Further families are Annonaceae, Tiliaceae (*Heliocarpus americanus* "llausa"), Myrsinaceae (*Myrsine*), Siparunaceae (*Siparuna*), Solanaceae (*Solanum*), Anacardiaceae (*Toxicodendron* "itil"), Euphorbiaceae (*Hura crepitans* "catahua"), Melastomataceae (*Miconia*), Cecropiaceae (*Cecropia*), Polygonaceae (*Triplaris* "tangarana", a dioecious tree with red fruits, and covered with fistluas, where a speciel species of ants called "tangarana" lives) (Figs. 93 and 94).

Arecaceae (palms) are represented by the genera *Iriartea* "wacrapona", *Socratea*, *Geonoma* and *Astrocarium* "chonta". Tree ferns of the Cyatheaceae family and other trees not determined are called by the people: Chaposo, Kutchsara, Nictipina, Pasalla, Pishualla and Sachamorocho.

The tree layer has several saprophytes (fungi), parasites and hemi-parasites of the Viscaceae (*Phoradendron*) family. Abundant are the epi-phytes and hemiepiphytes as lichens, mosses, hepatics, and ferns espe-cially of the genera *Niphidium*, *Polypodium*, *Pleopeltis* and *Campyloneurum* (Polypodiaceae), *Vittaria* (Vittariaceae), *Nephrolepis* (Davaliacea).

Angiosperms are represented by the genera *Peperomia* (Piperaceae), *Anthurium* y *Philodendron* (Araceae), Bromeliaceae (*Tillandsia*) and Orchidaceae (*Pleurothallis*, *Oncidium*, *Pachyphyllum*, *Maxillaria*, *Epiden-drum*, *Stelis*), *Ripsalis* (Cactaceae) among other genera.

The shrub layer

The shrub layer contains genera reaching 5 m. There are genera of Melastomataceae (*Miconia*), Asteraceae (*Lycoseris trinervis*, *Pentacalia*, *Liabum* and *Critoniopsis*), Rubiaceae (*Palicourea* and *Psychotria*), Euphorbiaceae (*Phyllanthus* "chanca piedra", *Croton* and *Acalypha*), Urticaceae (*Phenax*), Lamiaceae (*Hyptis*), Piperaceae (*Piper*), Solanaceae (*Solanum* and *Cestrum*), Papaveraceae (*Bocconia* "pincullo") and Campanulaceae (*Centropogon*) with reddish and orange flowers.

The herb layer

The herb layer is similar with pteridophytes (ferns) being the most abundant. Some species belong to the genera *Selaginella* (Selaginellaceae), *Lycopodiella cernua* (Lycopodiaceae), *Anemia* (Schizaeaceae), *Nephrolepis* (Davaliaceae), *Pteris, Lindsaea* y *Adiantum* (Pteridaceae), *Asplenium* (Aspleniaceae), *Blechnum occidentale* (Blechnaceae), *Polypodium, Pecluma, Campyloneurum* (Polypodiaceae), *Diplazium,* and *Elaphoglossum* (Dryopteridaceae); and there are species of *Hymenophyllum* and *Trichomanes* (Hymenophyllaceae).

Among angiosperms the genus *Peperomia* (Piperaceae) is very diverse, further species of *Begonia* (Begoniaceae), *Smallanthus, Munnozia* and *Mikania* (Asteraceae); *Browallia* and *Lycianthes* (Solanaceae); *Anthurium* (Araceae); *Altensteinia* and *Epidendrum* (Orchidaceae); *Salvia* (Lamiaceae), *Passiflora* (Passifloraceae) (Fig. 95), *Cissus* (Vitaceae), *Dicliptera* and *Ruellia* (Acanthaceae), *Renealmia* (Zingiberaceae), *Heliconia* (Heliconiaceae) and species of the families Cucurbitaceae, Asclepiadaceae and Poaceae are represented.

Vegetation types modified by man

11 % of the lower humid montane forest form part of a secondary forest and other vegetation types situated on both sides of the Río Jelache and Río Huambo and near by. Secondary vegetation consists of shrubs and shrublets, *chozales* (bracken thickets), herbs and *purmas.*

The process of colonization as described in chapter 3 and 4 has caused serious deforestation. Where the Río Huambo unites with the Río Jelache, the mountainous landscape on both sides of the rivers is covered by different kinds of vegetation to a certain degree modified by man. Altitudes reach from 980 m to 2800 m with humid mid-altitude montane forest and lower montane forest. From 1200 m and below the vegetation is considered part of the premontane forest on both sides of the Río Huambo.

In the Omia district there is hardly any area left with mature vegetation, forests only exist in fragments and reduced in the ravines and gorges on the mountain slopes in inaccessible places and locations not fit for agriculture or cattle grazing. Due to the land-use secondary vegetation and other vegetation types cover most of the land. Today the mature forest has suffered many changes in the whole area but primarily along the Río Huambo, where the strongest colonization has taken place.

Sapindaceae (*Dodonaea*), Verbenaceae (*Lantana*) and Malvaceae. The soils do not recuperate easily because the campesinos keep burning this kind of vegetation causing acid soils. Many of these areas ar totally abandoned, not available for cultivation and the forest is not able to recuperate. It has been observed that some shrubs and small plants of trees in unburnt *chozales* start the process of turning the land into *purmas.*

The vegetation developing after the *herbazales* and the *chozales* consists of shrubs and small trees with many species of the genera *Critoniopsis* "cosomo", *Baccharis* and *Pentacalia* of Asteraceae . Among others Angiosperms, Fabaceae are represented by the *Inga* and *Acacia* species, Piperaceae are relatively abundant with the genero *Piper*. This vegetation may stay the same for some 4 - 6 years, then the trees take over and constitute another type of vegetation.

The *purmas*

The *purmas* are part of secondary forests that emerge after having been left of human use and are of different ages. *Purmas* 8 - 10 years old form part of deforested areas which have not been cultivated or after *chacras* cultivated from 2 - 3 years and then abandoned. This type of of *purma* contains almost all the species characteristic of mature forest. If the vegetation starts with shrubs it takes more time to become forest again. Birds, bats and other animals are contributors in the process of developing the forest eating and leaving seeds. The forest develops into mature forest if left undisturbed.

La Meseta

The *purmas* 5 to 10 years old may develop in groups called "cecropiales" if the *purma* is dominated by "ceticos" or "higos" *Cecropia* (Cecropiaceae) with some 59 %, "palo de balsa" o "topa" *Ochroma pyramidale* (Bombacaceae) 22 % and "llausa" *Heliocarpus americanus* (Tiliaceae) 15 %. Another group may present itself with the dominant species of "atadijo" *Trema micrantha* (Ulmaceae) with 46 %, acompanied by "palo de balsa" or "topa", 28 %, and "llausa", 19 %, with other species represented in minor percentages. In a *purma* more than 10 years old the species are "huabillas" *Inga* (Fabaceae), "ishpingos" *Nectandra, Ocotea* and *Persea* (Lauraceae), "cedro" *Cedrela* (Meliaceae), "espina" *Solanum* (Solanaceae) and Rubiaceae species. In the *purma* Asteraceae are dominating in the shrub level and notable are "suros" *Chusquea* (Poaceae) (Fig. 96). In the herb layer ferns and Poaceae and Cyperaceae specieas are dominant.

The Huambo Valley

In the lower humid montane forest the first species to appear are of the genus *Cecropia* "cetico" or "higo" (Cecropiaceae) 36 %, *Heliocarpus americanus* "llausa" (Tiliaceae) 24 %, *Ochroma pyramidale* "palo de balsa" (Bombacaceae) 19 % and *Inga* "huabilla" (Fabaceae) 10 %. Further there are the genera *Critoniopsis* (Asteraceae), *Siparuna* "limoncillo" (Siparunaceae), *Carica* "papaya silvestre" (Caricaceae) and many herbs as ferns, species of Poaceae and Cyperaceae.

Pastures

The pastures are used for cattle grazing. The pastures are situated above and far away from the settlements, where large areas are fenced to keep the cattle within the pastures in the Río Huambo Valley, while much cattle wander loose in the forests on La Meseta. When the cows have calves they are generally moved to the *invernas*.

The cattle are mainly grazing natural grasses such as the genera *Chusquea* "suro" or "carricillo" within the forest and *Paspalum*, *Paspalidium* and *Digitaria* of Poaceae which grow in deforestated areas. The cattle also feed on herb plants of the Commelinaceae family which grow below the trees and the leaves and stems of *Psiguria* (Cucurbitaceae) and the leaves of *Coussapoa* "hoja Chocra" (Cecropiaceae) beside all the introduced new grasses described in *invernas*.

The cattle often constitute the first colonizers with their trails in the forests, which make it easier for the people to penetrate and use afterwards in their search for new fields. The environment is greatly affected by the cattle which damage the herb layer, opening it to erosion of the thin and fragile soil (see chapter 4).

Fields, *chacras*, and *invernas*

The deforested areas are used for agriculture and for *invernas*, pastures for animals. Within the lower humid montane forest the population has prepared their fields with slash and burn agriculture on the most level areas near their houses. After cutting and burning the shrubs and herbs they leave some of the trees within the field to give shadow and as fences as "huabillas" (*Inga*, Fabaceae), "higueón" (*Ficus*, Moraceae), "álfaro" (*Calophyllum longifolium*, Clusiaceae), "llausa" (*Heliocarpus americanus*, Tiliaceae), "ishanga" (*Urera*, Urticaceae) and "ishpingos" (*Nectandra*, Lauraceae).

Around the fields on La Meseta the population further sow cedar (*Cedrela*, Meliaceae), "higuerón" (*Ficus*, Moraceae), several species of "huabillas" (*Inga*, Fabaceae) (with edible fruits), "ishpingos" (*Nectandra*, Lauracae), "mohena" (*Ocotea*, Lauraceae), "paltas silvestres" (*Persea*, Lauraceae), "tangarana" (*Triplaris*, Polygonaceae) and "pajuros" (*Erythrina*, Fabaceae), with shrub species as "ishangas" (*Urera*, Urticaceae) as hedges against animals, people and wind.

Though the inhabitants use the fruits available in the forest they also sow species as "caimito", the "palillo" (*Psidium*, Myrtaceae), "sacha anona" (*Rollinia*, Annnonaceae) in their gardens.

The Huambo Valley

Besides subsistence crops on the *chacras* the campesinos cultivate annual and biannual cash crop products as coffee, fruit trees and sugar cane in the Huambo Valley. Coffee is the principal economic income together with peanut (*Arachis hypogaea*, Fabaceae). The cultivated crops are described in chapter 4.

Cultivation of coffee entail the cutting of large areas of forest but the population leaves the trees of the genera *Inga* "pacae" (Fabaceae) and *Ficus* "higuerón" (Moraceae), the species *Heliocarpus americanus* "llausa" (Tiliaceae), the genera *Urera* "ishanga" (Urticaceae) and *Nectandra* "ishpingo" (Lauraceae), to give shadow for the coffee.

Fruit trees as orange (*Citrus aurantium*, Rutaceae), lemon (*Citrus limon*, Rutaceae), mango (*Mangifera indica*, Anacardiaceae), avocado (*Persea americana*, Lauraceae), níspero (*Eriobotrya japonica*, Rosaceae), are planted in their gardens. Other native species as *Pouteria caimito* "caimito" (Sapotaceae), *Psidium* "palillo" (Myrtaceae), *Persea* "palta silvestre" (Lauraceae) and various species of *Inga* "huabillas" (Fabaceae) are also cultivated for their fruits.

The chacras and gardens are fenced with the trees *Cedrela* "cedro" (Meliaceae), *Ficus* "higuerón" (Moraceae), *Nectandra* "ishpingos" (Lauraceae), *Urera* "ishanga" (Urticaceae) and *Triplaris* "tangarana" (Polygonaceae).

Invernas

Abandoned fields near the settlements may be used as *invernas*, where introduced pasture as *Pennisetum clandestinum* (grama, kikuyo),

360

Pennisetum purpureum (pasto de elefante), *Trifolium repens* (trébol), *Philoglossa mimuloides* (siso) and *Paspalum* (bracare) are cultivated to feed cattle, horses and mules.

The Ethnobotany

Utilization of natural resources in Huambo and La Meseta

The *campesinos* in both river basins use about 232 species of plants among cultivated species and species found in the forest. Of the total of species 34 % grow only in the Huambo Valley, 16 % only on La Meseta while the remaining 50 % grow in both places. Approximately 72 % species are native and 28 % are introduced species.

The inhabitants near the Río Jelache watershed are related in their economic activities with the inhabitants of Huambo watershed and use the resources in the same way. This is in contrast to the inhabitants of the Canaan and Añazco Pueblo on La Meseta living at a higher elevation, who still conserve customs of their origin mainly from the Sierra in Amazonas.

Crops

The inhabitants on La Meseta cultivate their products mainly to be self-sufficient unlike the *campesinos* in Huambo who try to generate income especially from coffee and peanuts.

In both river basins the *campesinos* cultivate approximately 77 species, of which 8 are tubers and roots, 9 are vegetables, 25 correspond to vegetables and seasoning, 24 are fruits, 7 are gramíneae and 4 are species of various uses. Of the total of species 52 % are used in both areas, 45 % are introduced and 55 % are native species (see also chapter 4).

Manioc

Manioc is the staple food in the Huambo valley with twelve varieties: *mestizo, muncha, yuca blanca, yuca cabalonga* and *yuca narajilla, templina, babuina, cabalonga* and *siete mesina, palo negro, riojona,* and *sauce.*

On La Meseta they have the following seven varieties: *riojana, muncha, blanca, pata de pugo, amarilla de hoja ancha, amarilla de hoja menuda* and *comun.*

The Yuca Muncha is different from the other varieties not only because of its violet colour in the peel but also in its interior fibres. The inhabitants prefer this manioc because it is more resistant and it does not putrefy too fast. The other varieties are yellow in the fibres and are used for feeding the poultry. Manioc is harvested little by little when needed to avoid its decomposition and because it keeps well in the ground. Generally manioc tubers sufficient for three days' consumption are harvested.

Potatoes and sweet potatoes

La Meseta is more propitious for the production of potatoes cultivating the five varieties *canchán, pericholi, colegiala, ñata,* and *chaucha.*

Also many varieties of sweet potato (eleven) are cultivated here as *camote papa, bolita, dedo bola, papita, papita linda, pugo, shingo, espelma, huayabina, costeña* and *morado.*

La michuca

Other important crops from this zone are *michuca* with the two varieties *blanca* and *comun* and *arracacha* with the three varieties *blanca, amarilla* and *morada.*

Fabaceae

Concerning legumes the crops are similar for both areas. On La Meseta the beans are of the following twenty varieties: *pishingo colorado, pishingo negro, panamito blanco, canario, chaucha, guayacho", negrito, toda la vida bayo, toda la vida blanco, burro, autau, granate, chiclayano, bayo, nuña, garbanzo, boca negra, frijol de palo, muncha* and *huasca.*

In the Huambo valley they have less varieties (six) such as "panamito", "autau", "joya", huasca", "gloribamba" and "canario".

Among other *Fabaceae* they cultivate horse bean, *poroto* and *tarwi.*

In the Huambo Valley soya and mountain bean are better adapted. The vegetables are the same and of similar use, except *sauco* that is used on La Meseta in Añazco Pueblo.

Fruit trees

The fruit trees produce better in warmer areas and accordingly the majority is cultivated near Río Jelache and in the Huambo Valley.

In both areas they cultivate avocado, pineapple and bananas of the following ten varieties: *isleño*, *seda*, *sedillo*, *manzano*, *tataco*, *guineo*, *amarillo*, *blanco*, *mangunche* and *morado*.

Other fruits that produce are *guayaba*, apple and *tumbo*.

Papaya, avocados, oranges and sweet lemon are grown but much of the production never reaches the market due to the lack of transportation facilities.

Gramineae

The Huambo Valley produces rice due to its climatic conditions; nevertheless, on La Meseta they also grow some mountain rice varieties like *perla*, *caqui* and *carolina*.

Maize cultivated on La Meseta has the following six varieties: *común*, *zarco*, *amiláceo*, *híbrido*, *perla* and *pula* and in the Huambo Valley the four varieties: *huanuqueño*, *blanco*, *criollo* and *híbrido*.

Barley, wheat and kiwicha are cultivated on a minor scale.

Sugar cane

Sugar cane is widely cultivated in the whole area. The following six varieties have been observed: *piojota*, *negro*, *crystalina regenta*, *vallacha* and *los Tena*. Sugar mills produce cane juice and *canchaca* (Fig. 37) and in Guambo, Achamal, Omia and Zarumilla, sugar distilleries of sugar cane make *aguardiente* which is sold all over the valley.

Cotton

In the Huambo Valley cotton is cultivated on two varieties, one white and one in brown colour.

Cocoa and coffee

Cocoa and coffee (*típico* and *caturra*) are main cash crops.

Medicinal plants

The use of medicinal plants is declining especially among the inhabitants in the larger *caserios* in Huambo Valley. Many of the persons who

Table 15: Medicinal plants used in the river basins of Río Jelache and Huambo

Common name	Scientific name	Family
Achiote	*Bixa orellana* (H, c, n)	Bixaceae
Worm wood	*Artemisia absinthium* (M, H, sc, i)	Asteraceae
Garlic	*Allium sativum* (M, H, c, i)	Liliaceae
Alfalfa	*Medicago sativa* (M, H, c, i)	Fabaceae
Alfalfilla	*Melilotus indica* (H, s, i)	Fabaceae
Cotton	*Gossypium barbadense* (M, H, c, n)	Malvaceae
Alder tree	*Alnus acuminata* (H, sc, n)	Betulaceae
Common mallow	*Urocarpidium peruvianum* (M, h, s, n)	Malvaceae
Angusacha	*Sida rhombifolia* (M, h, sc, n)	Malvaceae
Anisillo de sierra	*Tagetes filifolia* (M, sc, n)	Asteraceae
Celery	*Apium graveolens* (M, H, c, i)	Apiaceae
Egg plant	*Cyphomandra betaceae* (M, H, c, n)	Solanaceae
Bolsa del pastor	*Capsella bursa-pastoris* (M, H, s, n)	Brassicaceae
Cadillo	*Bidens pilosa* (M, H, s, n)	Asteraceae
Calaguala	*Campyloneurum angustipaleatum* (M, s, n)	Polypodiaceae
Carqueja	*Baccharis genistelloides* (M, sc, n)	Asteraceae
Cascarilla	*Cinchona* sp. (H, s, n)	Rubiaceae
Onion	*Allium cepa* (M, H, c, i)	Liliaceae
Cedrón	*Aloysia triphylla* (M, H, c, n)	Verbenaceae
Cerraja	*Sonchus asper* (M, H, s, i)	Asteraceae
Cerraja	*Sonchus oleraceus* (M, H, sc, i)	Asteraceae
Chancapiedra	*Phyllanthus niruri* (H, s, n)	Euphorbiaceae
Chilca	*Baccharis* sp. (H, s, n)	Asteraceae
Chispa sacha	*Lantana camara* (H, sc, n)	Verbenaceae
Chuchuhuasi	*Heisteria acuminata*	Celastráceas
Coca	*Erythroxylum* sp. (H s, sc, n)	Erythroxylaceae
Cola de caballo	*Equisetum bogotense* (M, H, s, n)	Equisetaceae
Cola de caballo	*Equisetum giganteum* (M, H, s, n)	Equisetaceae
Congona	*Peperomia inaequalifolia* (M, H, c, i)	Piperaceae
Cordoncillo	*Piper umbellatum* (H, s, n)	Piperaceae
Culantrillo	*Adiantum* sp. (H, s, n)	Pteridaceae
Culén	*Otholobium pubescens* (M, H, sc, n)	Fabaceae
Diego López	*Ephedra americana* (M, sc, n)	Ephedraceae
Diente de león	*Taraxacum officinale* (M, H, s, i)	Asteraceae
Escorzonera	*Perezia multiflora* (M, s, n)	Asteraceae
Eucalyptus	*Eucalyptus globulus* (M, H, c, i)	Myrtaceae
Guayaba	*Psidium guajava* (M, H, c, n)	Myrtaceae
Hierba buena	*Mentha spicata* (M, H, c, i)	Lamiaceae
Hierba luisa	*Cymbopogon citratus* (M, H, c, i)	Poaceae
Hierba santa	*Cestrum auriculatum* (M, H, sc, n)	Solanaceae
Higuerilla	*Ricinus communis* (M, H, c, i)	Euphorbiaceae
Hinojo	*Foeniculum vulgare* (M, H, c, i)	Apiaceae
Ishanga	*Urtica* sp. (H, s, n)	Urticaceae
Lancetilla	*Alternanthera* sp. (M, H, s, n)	Amaranthaceae
Lemon	*Citrus limon* (H, c, i)	Rutaceae
Flax	*Linum usitatissimum* (M, H, c, i)	Linaceae
Plantain	*Plantago major* (M, H, sc, i)	Plantaginaceae

Common name	Scientific name	Family
Plantain macho	*Plantago australis* (M, H, s, i)	Plantaginaceae
Llacón, yacón	*Smallanthus sonchifolius* (M, c, n)	Asteraceae
Chamomile	*Matricaria recutita* (M, H, c, i)	Asteraceae
Matico	*Piper* sp. (M, H, s, n)	Piperaceae
Mint	*Mentha* x *piperita* (M, H, c, i)	Lamiaceae
Muña, tinto	*Mintosthachys mollis* (M, s, n)	Lamiaceae
Orange	*Citrus aurantium* (H, c, i)	Rutaceae
Walnut	*Juglans neotropica* (M, H, sc, n)	Juglandaceae
Nudillo	*Crotalaria* sp. (H, s, n)	Fabaceae
Ojé	*Ficus insipida* (M, H, s, n)	Moraceae
Oregano	*Origanum vulgare* (M, H, c, i)	Lamiaceae
Nettle	*Urera* sp. (H, s, n)	Urticaceae
Paico	*Chenopodium ambrosioides* (M, H, s, n)	Chenopodiaceae
Avocado	*Persea americana* (M, H, c, n)	Lauraceae
Panizara	*Satureja pulchella* (M, H, sc, n)	Lamiaceae
Potato	*Solanum tuberosum* (M, c, n)	Solanaceae
Papaya	*Carica papaya* (H, c, n)	Caricaceae
Piluco	*Passiflora* sp. (M, H, s, n)	Passifloraceae
Poro-poro	*Passiflora tripartita* (M, sc, n)	Passifloraceae
Reucanacaspi	*Solanum* sp. (H, s, n)	Solanaceae
Ricacha	*Arracacia xanthorrhiza* (M, H, c, n)	Apiaceae
Ruta	*Ruta chalepensis* (M, H, c, i)	Rutaceae
Ruta	*Ruta graveolens* (M, H, c, i)	Rutaceae
Sabila	*Aloe vera* (M, H, c, i)	Liliaceae
Salvia	*Salvia* sp. (H, s, n)	Lamiaceae
Dragon blood	*Croton lechleri* (M, H, s, n)	Euphorbiaceae
Sangre de grado	*Croton* sp. (M, H, s, n)	Euphorbiaceae
Elder tree	*Sambucus peruviana* (M, sc, n)	Caprifoliaceae
Tobaco	*Nicotiana tabacum* (M, H, s, n)	Solanaceae
Tilo	*Sambucus* sp. (M, c, i)	Caprifoliaceae
Tomato	*Lycopersicon esculentum* (M, H, c, n)	Solanaceae
Toronjil	*Melissa officinalis* (M, H, c, i)	Lamiaceae
Trensilla pequeña	*Selaginella kunzeana* (M, s, n)	Selaginellaceae
Cat's claw	*Uncaria tomentosa* (H, s, n)	Rubiaceae
Verbena	*Verbena litoralis* (M, H, s, n)	Verbenaceae
Yerpi	*Portulaca oleraceae* (H, s, n)	Portulacaceae

Dates obtained from both river basins; M: La Meseta, H: Huambo, c: cultivated, sc: semi-cultivated, s: wild, n: natural e i: introduced. Identified by V. Quipuscoa.

knew about the virtues of the plants have passed away and the introduction of western pharmacology has caused that the knowledge passed through the generations is being forgotten or not taken into account by the new generations.

In the annexes the population use traditional ways of treating the illnesses with medicinal plants or go to the *curanderos*, healers and midwives

Table 16: Main use of medicinal plants

Use	Registered Events
Bladder conditions	1
Liver conditions	7
Nervous conditions	2
Stomach conditions	1
Lung conditions	1
Uterine conditions	2
Anticancerous	1
Antidiarrheal	5
Antispasmodic	3
Anti-inflammatory	5
Anti-paludal	2
Anti-parasitis	7
Antipyretic	10
Anti-rheumatic	3
Astringent	2
Sedative	2
Cardiotonic	1
Carminative	10
Cicrasitive	3
Against hiccough	1
Pneumonia	1
Blood cleansing	9
Desinfectant	18
Digestive	11
Dissolve kidney stones	4
Dissolve vesicular stones	2
Diuretic	13
Emmenagogue	1
Bronchial illnesses	8
Blood pressure illnesses	2
Hemostatic	3
Laxantes	3
Laxative	3
Sedative against cough	6
Tonic	3
Ulcer	1
Emetic	1

Based on interviews.

Most of the *curanderos* are from the Sierra and are also members of the *Adventista del Séptimo Día* and the *Evangélica Peruana* churches. Others have become *curanderos* because they themselves have suffered from an illness and have been experimenting with the treatment. Another influence is the radio, which broadcasts programs on natural medicine.

The *campesinos* use about 82 species to alleviate their pains. 38 % of these species are introduced and 62 % are used in both the Huambo watershed and on La Meseta. The inhabitants on La Meseta use more species of highland origin and very few plants, which grow, in the mature forest. The lack of knowledge of the medicinal virtues of the species in the forest favours the culture in small orchards of most of medicinal species introduced from other areas.

Whereas, the *campesinos* of Huambo, besides using native and introduced species, know the properties plants of the mature forest like *Uncaria tomentosa* "cat's claw" (Rubiaceae), *Cinchona* "cascarilla" (Rubiaceae), *Erythroxylum* "coca" (Erytrhoxylaceae), *Croton lechleri* "dragon blood" (Euphorbiaceae), *Ficus insipida* "ojé" (Moraceae) among the most important (Tabla 15).

Despite the introduction of western medicine the medicinal plants were, and will continue being, a main medicine source that the *campesino* will use against pains. Although it is necessary to study the active ingredients and to make biological tests of the used plants in these river basins at a later stage, it is necessary to initiate inventorying the knowledge that the *campesinos* have about the use and applications of the vegetal species. Most frequent are the use of medicinal plants for gastrointestinal illnesses, the urogenital system and the central and peripheral nervous system along with disinfectants (Table 16, Fig. 97 and plant dictionary).

Plants used for construction, manufacture of tools and firewood.

Approximately 49 species are used for the construction of houses, bridges, and in the production of tools and for firewood, (Table 17). 25 % are common species for both the Huambo Valley and La Meseta and are used in a similar way; nevertheless, differences exist due to the variation in the distribution of the species.

Thus the principal species on La Meseta are the *arrayán, chinchín, espina,* the *ishpingos,* cedar and *tornillo;* whereas in the Huambo area species such as *álfaro, azarcillo, culantrillo, itil,* laurel, *lechero,* papaya, *morrero, morocho, naranjillo, palo fuerte* and *palillo* are of frequent use.

All the species are used for firewood when they are dry, but care is taken not to burn the species that are used in the construction of houses and in preparation of furniture and tools.

Tabla 17: Plants used in construction, manufacture of tools and firewood.

Common name	Scientific name	Family
Achontilla	*Heliocarpus americanus* (M, H, I, h, n)	Tiliaceae
Alfaro	*Calophyllum longifolium* (H, c, h, n)	Clusiaceae
Aliso	*Alnus acuminata* (H, c, h, n)	Betulaceae
Annona	*Annona* sp. (H, c, l, n)	Annonaceae
Arrayán	*Myrcianthes* sp. (M, c, h, n)	Myrtaceae
Atadijo, pasalla	*Trema micrantha* (H, h, I, n)	Ulmaceae
Azarcillo	*Cinchona* sp. (H, c, h, n)	Rubiaceae
Cabuya	*Furcraea andina* (H, h, n)	Agavaceae
Calabaza, mate, poto, checo	*Lagenaria siceraria* (H, h, i)	Cucurbitaceae
Cashacaspi, caballo runtu	*Solanum* sp. (M, H, c, h, I, n)	Solanaceae
Catahua	*Hura crepitans* (H, c, n)	Euphorbiaceae
Cedro	*Cedrela montana* (M, H, c, h, n)	Meliaceae
Chinchín	*Iochroma nitidum* (M, c, h, I, n)	Solanaceae
Culantrillo	*Parkia* sp. (H, c, h, I, n)	Fabaceae
Eritrina, pajuro silvestre	*Erythrina* sp. (M, H, c, h, n)	Fabaceae
Estoraque	*Myroxylon* (H, c, h, I, n)	Fabaceae
Eucalipto	*Eucalyptus globulus* (M, c, I, i)	Myrtaceae
Guayaba	*Psidium guajava* (M, H, c, h, I, n)	Myrtaceae
Higos	*Cecropia* sp. (H, I, n)	Cecropiaceae
Higuerón	*Ficus* sp. (M, H, c, I, n)	Moraceae
Hoja chocra	*Coussapoa* sp. (M, I, n)	Cecropiaceae
Huaba	*Inga edulis* (H, I, n)	Fabaceae
Huabilla	*Inga* spp. (M, H, I, n)	Fabaceae
Kosomo	*Critoniopsis* sp. (H, c, h, n)	Asteraceae
Ishpingo mohena	*Nectandra* sp. (M, H, c, h, I, n)	Lauraceae
Ishpingo caoba	*Nectandra* sp. (M, H, c, h, I, n)	Lauraceae
Itil	*Toxicodendron striatum* (H, c, h, n)	Anacardiaceae
Lapacho	*Verbesina ampliatifolia* (M, c, I, n)	Asteraceae
Laurel	*Myrica pubescens* (H, c, h, n)	Myricaceae
Lechero	*Ficus* sp. (M, H, c, I, n)	Moraceae
Lechoso	*Clarisia* sp. (H, c, h, n)	Moraceae
Llausa	*Heliocarpus americanus* (M, H, h, I, n)	Tiliaceae
Lupuna	*Chorisia* sp. (H, c, I, n)	Bombacaceae
Morrero	*Clarisia* sp. (H, c, h, n)	Moraceae
Morocho	*Myrsine* sp. (H, c, h, n)	Myrsinaceae
Naranjillo	*Myrsine* sp. (H, c, I, n)	Myrsinaceae
Ojé	*Ficus insipida* (H, c, I, n)	Moraceae
Palta silvestre	*Persea* sp. (M, H, c, I, n)	Lauraceae
Palillo	*Psidium* sp. (H, c, h, I, n)	Myrtaceae
Balsa tree, Topa	*Ochroma pyramidale* (H, h, n)	Bombacaceae
Palo fuerte	*Ficus* sp. (H, c, h, n)	Moraceae
Penca, maguey	*Agave americana* (H, c, h, n)	Agavaceae
Pona Pona	*Iriartea* sp. (H, c, n)	Arecaceae

Common name	Scientific name	Family
Quinilla	*Cinchona* sp. (H, c, n)	Rubiaceae
Sacha annona	*Rollinia* sp. (H, l, n)	Annonaceae
Sorgo	*Sorghum halepense* (H, h, i)	Poaceae
Tangarana	*Triplaris* (H, l, n)	Polygonaceae
Tornillo	*Cedrelinga cateniformis* (M, c, h, n)	Fabaceae
Wacrapona	*Socratea* sp. (H, c, n)	Arecaceae

Information from M: La Meseta, and H: Huambo; c: construction of houses, h: manufacture of tools, l: firewood, n: native to the region, i: introduced. Information collected and identified by V. Quipuscoa.

A family of five consumes two loads *cargas* of firewood each week. Each load equals 45 pieces of wood, each 1.85 m long and 7 cm thick. Large quantities are also used for burning tiles.

The firewood is cut and kept up to six months in the house to dry properly or the tree for firewood is cut and left in the field to dry.

For the construction of houses people generally use hard wood such as *álfaro, palillo, palo fuerte, morrero, lechoso,* the *ishpingos* and *itil.* These species are resistant to water and to attacks of termites. The same timber is used in the construction of stairs, molds to make *chancaca* (sugar loaves), mortars and mallets (to grind rice) (Fig. 75). The cedar is mostly used in the construction of doors, chairs, banks, wide dough vessels and other kitchen utensils.

In places where it is difficult to work the wood, tabular roots of Ficus (*higuerones*) are cut to construct tables.

A special type of a hand made sugar mill called *cachete* by Don Red Esteban in San Antonio consists of a vertical support of timber set to the ground. The support is appropriately fixed to place the sugar cane, which leads the juice to a deposit. The juice is extracted with the help of a stick called *mazo* made of *palo fuerte* (Fig. 98).

Another hand made tool is the *angarilla,* a device allowing a mule to transport firewood made of huabillas or guayabos.

Sorghum halepense (Poaceae) is cultivated to make brooms, *Agave Americana* (Agavaceae) and *Furcraea Andina* (Agavaceae) are used to make ropes.

Plants used as forage

The pastures in both areas contain around 13 species of pasture plants for grazing mainly pertaining to the families Poaceae and Fabaceae. The native species, such as *Chusquea* sp. suro (Poaceae) and other native species of the Commelinaceae family are little used for the cattle. In the pastures, 90 % of the plants sown are introduced species, mainly elephant grass (*Pennisetum purpureum*, Poaceae) and kikuyo grass (*Pennisetum clandestinum*), species that behave as weeds and are very difficult to eradicate. Although the alfalfa forage is of much importance its cultivation is not extensive. All introduced species and app. 70 % of the total of species are of common use in the Huambo Valley and on La Meseta.(Table xxx).

In addition to the species mentioned in the table, it is important to note that the stems and leaves of many of the cultivated species such as maize, wheat rice, bean, among others after harvest are used as forage.

Table 18: Plants used as forage

Common name	Scientific name	Family
Alfalfa	*Medicago sativa* (M, H, c, i)	Fabaceae
Alfalfilla	*Melilotus indica* (M, H, s, i)	Fabaceae
Hoja chocra	*Coussapoa* sp. (M, s, n)	Cecropiaceae
Kikuyo	*Pennisetum clandestinum* (M, H, s, i)	Poaceae
Pasto	*Ichnanthus nemorosus* (M, s, n)	Poaceae
Pasto	*Paspalidium* sp. (H, s, n)	Poaceae
Pasto	*Paspalum* sp. (M, H, s, n)	Poaceae
Elephant grass	*Pennisetum purpureum* (M, H, c, i)	Poaceae
Pasto, grama	*Agrostis* sp. (M, H, s, n)	Poaceae
Sorghum	*Sorghum halepense* (H, c, i)	Poaceae
Siso	*Philoglossa mimuloides* (M, H, s, n)	Asteraceae
Bamboo, yiwi	*Chusquea* sp. (M, H, s, n)	Poaceae
Clover	*Trifolium repens* (M, H, c, i)	Fabaceae

Data collected on La Meseta (M) and in the Huambo valley (H); c: cultivated, sc: semi-cultivated, s: wild, n: natural and i: introduced. Identified by V. Quipuscoa.

Plants used as hedges

The inhabitants use about 13 species for the construction of hedges to borderline their *chacras*. Most of the species, that are useful as hedges, are sown along the trails to avoid the entrance of animals and people and to give shadow for the crops. The favourite species are the fast growing and even better with spines on the stems or having other virtues for defence as the *tangarana Triplaris* (Polygonaceae), a tree in which the stems are a habitat for ants. The ants appear immediately by the slightest movement of the stems and their bites are very painful (Table 18).

Tabla 19: Plants used as hedges

Common name	Scientific name	Family
Atadijo	*Trema micrantha* (H, s, n)	Ulmaceae
Cabuya	*Furcraea andina* (M, H, s, n)	Agavaceae
Farolito chino	*Malvaviscus penduliflorus* (H, c, n)	Malvaceae
Ishanga	*Urera* sp. (H, s, n)	Urticaceae
Pajuro	*Erythrina edulis* (M, c, n)	Fabaceae
Pajuro silvestre	*Erythrina* sp. (M, H, s, n)	Fabaceae
Penca	*Agave americana* (M, s, n)	Agavaceae
Rosa	*Rosa canina* (H, c, i)	Rosaceae
Tangarana	*Triplaris* sp. (H, s, n)	Polygonaceae
Cat's claw	*Caesalpinia decapetala* (M, s, n)	Fabaceae
Zarza	*Byttneria* sp. (M, s, n)	Sterculiaceae
Zarzamora	*Rubus robustus* (M, H, s, n)	Rosaceae
Zarza de oso	*Rubus* sp. (M, H, s, n)	Rosaceae

Data collected on La Meseta (M) and in the Huambo valley (H); c: cultivated, sc: semi-cultivated, s: wild, n: natural and i: introduced. Identified by V. Quipuscoa.

Plants used for decoration

A great number of decorative plants grow in the forest as Orchidaceae (many orchids, called *sancapillas*, are valued for their aroma and beauty).

Table 20: Plants used for decoration

Common name	Scientific name	Family
Begonia	*Begonia parviflora* (M, H, s, n)	Begoniaceae
Begonia	*Begonia* sp. (M, H, s, n)	Begoniaceae
Bolas de adán	*Asclepias physocarpa* (H, c, i)	Asclepiadaceae
Cucarda	*Hibiscus rosa-sinensis* (H, c, i)	Malvaceae
Enredadera	*Mutisia wurdackii* (M, s, n)	Asteraceae
Farolito chino	*Malvaviscus penduliflorus* (H, c, n)	Malvaceae
Floripondio	*Brugmansia arborea* (H, c, n)	Solanaceae
Geranio	*Pelargonium roseum* (M, H, c, i)	Geraniaceae
Pajuro	*Erythrina edulis* (M, c, n)	Fabaceae
Pajuro silvestre	*Erythrina* sp. (M, H, s n)	Fabaceae
Rosa	*Rosa canina* (H, c, i)	Rosaceae
Sancapilla	*Epidendrum* sp. (H, s, n)	Orchidaceae
Sancapilla	*Oncidium* sp. (M, H, s, n)	Orchidaceae
Cat's claw	*Caesalpinia decapetala* (M, s, n)	Fabaceae

Information from M: La Meseta, and H: Huambo; c: cultivated, sc: semi-cultivated, s: wild, n: native to the region, i: introduced. Identified by V. Quipuscoa.

Others are of Bromeliaceae, Araceae, Begoniaceae, Commelinaceae, Asteraceae and Solanaceae.

However, the settlers of both river basins prefer to cultivate the species of traditional use in their small gardens. 14 species are used for decoration, of which 36 % are common for both the Huambo Valley and La Meseta and 28 % are introduced (Table 20)

Wild edible fruit species

A total of about 25 fruit species consumed grow wild in the forest. The fruits are gathered direct from the trees or with hooks. Sometimes the plant is cut. The fruits are only consumed by the local population and are not sold.

Table 21: Wild edible fruit species

Common name	Scientific name	Family
Barrilón	*Cecropia* sp. (M, s)	Cecropiaceae
Bejuco	*Psammisia* sp. (M, s)	Ericaceae
Berenjena silvestre	*Cyphomandra* sp. (M, H, s, sc)	Solanaceae
Calvinche	*Solanum* sp. 1 (H, sc.)	Solanaceae
Calzón rosado	*Axinaea* sp. (M, s)	Melastomataceae
Gansho	*Psychotria* sp. (M, s)	Rubiaceae
Cansaboca silvestre	*Bunchosia* sp.(M, s, sc)	Malpighiaceae
Chanfurra	*Carica* sp. 1 (M, s)	Caricaceae
Chanfurro pequeño	*Carica* sp. 2 (M, s)	Caricaceae
Granadilla silvestre	*Passiflora* sp.(M, s)	Passifloraceae
Lanche	*Myrcianthes* sp. (M, s)	Myrtaceae
Pepino silvestre	*Solanum* sp. 2 (M, s)	Solanaceae
Poro-poro	*Passiflora tripartita* var. *mollisima* (M, H, s, sc)	Passifloraceae
Huabilla	*Inga* sp. 1 (M, s, sc)	Fabaceae
Huabilla	*Inga* sp. 3 (M, H, s, sc)	Fabaceae
Huabilla landosa	*Inga* sp. 4 (H, s ,sc)	Fabaceae
Naranjilla	*Solanum* sp. (H, s)	Solanaceae
Palillo	*Psidium* sp. (H, s, sc)	Myrtaceae
Palta silvestre	*Persea* sp. (M, H, s)	Lauraceae
Sauco	*Sambucus peruviana* (M, sc)	Caprifoliaceae
Tomatillo silvestre	*Jaltomata* sp. (M, s)	Solanaceae
Tomatillo	*Physalis peruviana* (M, H, s, sc)	Solanaceae
Zarzamora	*Rubus robustus* (M, H, s)	Rosaceae
Zarza de oso	*Rubus* sp. (H, s)	Rosaceae

Based on the informants in M: La Meseta, and H: Huambo; c: cultivated, sc: semi-cultivated, s: wild, n: native to the region, i: introduced. Identified by V. Quipuscoa.

28 % of the genera and families *Inga* spp. "huabilla" (Fabaceae), *Rubus* spp. "zarzamora" (Rosaceae), *Persea* sp. "palta silvestre" (Lauraceae) are common in both areas.

Others only grow in special vegetation communities on La Meseta where the settlers find fruits from *Bunchosia* sp. "cansaboca silvestre" (Malpighiaceae), *Carica* sp. "chamfurra" (Caricaceae), *Psychotria* sp. "gansho" (Rubiaceae), *Jaltomata* sp. "tomatillo" (Solanaceae). Though it does not have anything to do with the fruits the people use the whole flower of (*Psammisia* "bejuco") or the stamen of the flowers of (*Axinaea* "calzón rosado"), among others.

In the Huambo Valley grow *Psidium* sp. "palillo" (Myrtaceae), *Solanum* sp. "calvinche" (Solanaceae), *Rubus* sp. "zarza de oso" (Rosaceae) among others. Some species are semi-cultivated (grow in a wild manner, but are sown in the gardens).

Vegetation at the archaeological sites

The vegetation at the archaeological remains has the same composition as the mature mid-altitude montane forest with some differences. There are some species that only grow in the archaeological sites, which are related to domesticated species. The domesticated species are cultivated to day by the present population.

In Inca Llacta we collected two species of the genus *Cyphomandra* (Solanaceae), one of them is called "pepinillo" or "wild tree tomato" which is edible and the other "poisenous pepinilllo" the use of which is not known. Both species are wild relatives of *Cyphomandra betacea* "tree tomato" which are cultivated and consumed in the Andes. Other collected species belong to the genus *Carica* (Caricaceae) which are called wild papayas. They have round red fruits and the other oblong shaped fruits and are considered relatives of *Carica papaya* "papaya". They are widely cultivated and consumed.

Within these constructions are also found tree species as "wild avocado" of the genus Persea (Lauraceae) a relative of *Persea americana*, avocado. A forest plum "ciruela de monte" or "cansaboca silvestre" of the genus *Bunchosia* (Malpighiaceae) is another wild species with edible fruits, a relative of *Bunchosia armeniaca* "ciruela de fraile" or "cansaboca",which is cultivated and consumed as a fruit. Among other growing species are the "pajuros silvestres" of the genus *Erythrina* (Fabaceae) with not edible fruits, but it is a relative of *Erythrina edulis* known as "poroto" or "pajuro" which is cultivated for its edible fruits in the Andes.

In the archaeological site of Tampu de Chuquisito, the species are 30 % different to the species in Inca Llacta. The trees are taller and surrounding the site is a multitude of "wild coca" of the genus *Erythroxylum* (Erytroxylaceae). It may reach 7 m and has broad and long leaves, different to the domesticated coca bush.

In the archaeological site of Pata Llacta, Buenos Aires are found "cascarilla" of the genus *Cinchona* and "cat's claw" *Uncaria tomentosa*. Both belong to the Rubiaceae family and grow around the ruins. They are used as medicinal plants among the present population. These species are not found in the other archaeological sites.

Inca Llacta

The ruins of the Inca imperial site Inka Llacta (see chapter 2) in the altitude of 1975 - 2100 m are covered by mature vegetation calculated to be some 500 years old. The majority of the plants are angiosperms registered in the transects and parcels and come to Lauraceae 16 %, followed by Rubiaceae 13 %, Fabaceae 10 %, Solanaceae 9 % and Moraceae 6 %, as being the most representative. A dense vegetation with trees 30 - 35 m tall covers the whole area. Most of them belong to the genera *Nectandra* "ishpingos", *Ocotea* "mohena" and *Persea* "wild avocadoe" of the Lauraceae family. Moraceae have various species of the genera *Ficus*, and *Clarisia*. Among the Solanceae grow a species with a thorny stem 25 - 30 m tall of the genus *Solanum* and other especies of the genera *Brugmansia* and *Juanulloa* of minor height. The Fabaceae family is represented with various species of the genus *Inga* known as "huabillas" whose fruits are edible for monkeys as for example *Atheles paniscus* "mono araña" and other monkeys. Further are the species of *Erythrina* "pajuro silvestre" and *Cedrelinga* "tornillo" a good timber. Rubiaceae are represented by many species of *Psychotria* and *Palicourea*. Araliaceae has the genera *Schefflera* and *Oreopanax*. In the vegetation are also registered the families Meliaceae with the genus *Cedrela* "cedro", Cecropiaceae with *Cecropia* "higos", "cetico", Tiliaceae with the species *Heliocarpus americanus* "chaquicha", "llausa" found abundantly in some areas, Malpighiaceae with the genus *Bunchosia* "ciruela de monte", a forest plum, Urticaceae with some especies of *Urera* "ishanga", "shanga", Melastomataceae with the species *Miconia*. Piperaceae is represented by the species *Piper* a tree 7 - 10 m tall; among the palms Arecaeae grow species of thegenera *Astrocarium* "chonta" and *Iriartea*. The tree ferns of the Cyatheaceae family have various species 12-15 m tall.

In the shrub layer are species of the genera *Cyphomandra*, *Solanum* (Solanaceae), *Byttneria* (Sterculiaceae), various species of *Piper* (Piperaceae), two species dioecias of *Carica* (Caricaceae), *Centropogon* (Campanulaceae), *Miconia* (Melastomataceae), *Palicourea* (Rubiaceae), *Geonoma* (Arecaceae). Decorating the forest with its greenish-yellow flowers is the *Begonia parviflora* (Begoniaceae). In the forest are many entangling vines and lianas 8 to 15 m long, 0,10 – 0,12 m in diameter of the Bignoniaceae, Asclepiadaceae, Sapindaceae, Fabaceae families. Moreover are species of the families Passifloraceea (*Passiflora*), Gesneraiaceae (*Columnea*, *Alloplectus peruvianus*, among others), Asteraceae (*Mutisia wurdackii*) Fig. 99) Solanaceae and the genero *Chusquea* "suro" (Poaceae).

In the herb layer are ferns of the genera: *Diplazium*, *Didymoclaena*, *Asplenium*, *Pteris*, *Blechnum*, *Nephrolepis*, among others. Angiosperms are represented by many species of *Peperomia* (Piperaceae), Commelinaceae, *Epidendrum* (Orchidaceae), *Anthurium* (Araceae), *Renealmia* (Zingiberaceae), *Begonia* (Begoniaceae) and Poaceae.

Other species grow on the trees as the genera *Mikania* and *Munnozia* (Asteraceae).

The forest as described earlier is characterized by many epyphytes growing in different altitudes on the trees as algas, lichen, a great variety of fungus, mosses, hepatic, ferns (several species of the genera *Polypodium*, *Pecluma*, *Campyloneurum*, *Elaphoglossum*, *Asplenium*, *Niphidium*, *Blechnum*, *Trichomanes*, *Hymenophyllum*, *Vittaria*, most of them reach the canopies of the trees). Among the phanerogams grow species of *Peperomia* (Piperaceae), *Epidendrum*, *Maxillaria*, *Stelis*, *Pleurothallys*, and species of Orchidaceae, *Tillandsia*, *Vriesea* (Bromeliaceae). There are many species of Araceae with the genera *Anthurium* and *Philodendron*.

Tampu Chuquisito

The tampu is situated in the altitude of 1100 m on a small plain area. Here is a higher diversity as seen in the angiosperms, which were registered from our transects: Rubiaceae 17 %, Lauraceae 15 %, Bombacaceae 8 % followed by Moraceae, Clusiaceae and Annonaceae 7 %. The trees are 35 - 40 m tall with species of the genera *Ficus* (Moraceae), *Inga* (Fabaceae) known as "huabillas"; the species of *Nectandra* "ishpingos", *Ocotea* y *Persea* of the Lauraceae; *Cinchona* "cascarilla", *Psychotria* and *Palicourea* of the Rubiaceae; *Ochroma* and *Chorisia* of the Bombacaceae; *Clusia* (Clusiaceae); some palms of the genero *Iriartea* (Arecaceae) and species of the Annonaceae.

On the trees grow plenty of ephyphytes, algas, fungus, lichen, mosses, hepaic and ferns (*Campyloneurum, Niphidium, Asplenium, Elaphoglossum, Vittaria* and *Microgramma.* Among the angiosperms are particularly many species of Piperaceae (*Peperomia*), Araceae (*Anthurium*), Bromeliaceae (*Vriesea, Tillandsia*) and Orchidaceae (*Maxillaria, Stelis, Pleurothallis*).

In the shrub layer grow the genus *Erythroxylum* "wild coca" (Erythroxylaceae) a species 5 - 7 m tall, the genus *Critoniopsis* (Asteraceae), species of *Miconia* (Melastomataceae), various species of *Piper* "cordoncillos" (Piperaceae) and species of *Palicuorea* (Rubiaceae). There are also a great variety of vines and lianas entangling the forest. The principal species of the lianas belong to the familes Bignoniaceae, Asclepiadaceae, Sapindaceae (*Cardiospermum* y *Serjania*); moreover are there the genus *Chusquea* "suro" of Poaceae.

In the herb layer are a multitude of pteridophytos (ferns) of the genera *Nephrolepis, Asplenium, Diplazium* (the most abindant) and *Pteris*.

Among the angiosperms are many species of Piperaceae (*Peperomia*), Poaceae, Commelinaceae and Gesneriaceae.

Tampu Pata Llacta, Buenos Aires, Zarumilla

The site of Pata Llacta are situated at the altitude of 1550 – 1700 m. The best represented families of the angiosperm registered in the transects are Rubiaceae 19 %, followed by Lauraceae 13 %, Solanaceae 12 %, Moraceae and Fabaceae con 9 %.

The entire area is very deforested. The vegetation consists of herb species of the genera *Paspalum* and *Paspalidium* "pasture" (Popaceae). These species have been introduced by the inhabitants as forage for their animals and are at present *invernas*. Nearby are sections of the humid lower montane forest, which makes it possible to reconstruct the ancient vegetation (see also pollen analysis).

The humid lower montane forest has trees 30 m tall of Moraceae (*Ficus*), Lauraceae (*Nectandra, Ocotea* y *Persea*), Fabaceae (*Inga*), Rubiaceae (*Cinchona, Uncaria, Palicourea* and *Psychotria*), Solanaceae (*Solanum* " caballo runtu" and *Cestrum*), Myrsinaceae (*Myrsine*), Asteraceae (*Pollalesta*), Tiliaceae (*Heliocarpus americanus* "lausa", "chaquicha"), Araliaceae (*Schefflera*), Melastomataceae (*Miconia*), Siparunaceae (*Siparuna*), Urticaceae (*Urera* especies are used as medicinal plants especially against "mal del aire"), Buxaceae (*Styloceras*), Chloranthaceae

(*Hedyosmum* , the leaves are used for infusions as a carminative) and Arecaceae (*Iriartea*). The tree ferns Cyatheacea reach 10-12 m in height.

On the trees are saprophytes species as fungus, hemiparasites species of the Viscaceae (*Phoradendron*) and Loranthaceae families; others are epiphytes as algas, mosses, hepatics and ferns (*Campyloneurum, Vittaria, Elaphoglossum, Hymenophyllum, Trichomanes*). Among angiosperms living on the trees are many Bromeliaceae, Araceae, Piperaceae (*Peperomia*) and Orchidaceae.

The shrub layer has plenty of the species Melastomataceae (*Meriania, Tibouchina* y *Miconia*), Begoniaceae (*Begonia parviflora*), various species of *Piper* (Piperaceae), *Solanum* (Solanaceae), species of Rubiaceae and Campanulaceae (*Centropogon*).

The herb layer maintains a great diversity of pteridophytes (fens and related plants) of the genera *Lycopodiella, Selaginella, Pteris, Diplazium, Polypodium* y *Asplenium*.

Among the angiosperms are several familes of Euphorbiaceae, Lamiaceae (*Salvia*), Poaceae and Commelinaceae.

Conclusion on the species growing at the archaeological sites

The vegetation that grows at the archaeological monuments has a composition similar to the surrounding vegetation but some plants only grow on the Inca terraces like the species of the genera *Cyphomandra, Carica, Erythrina* and *Bunchosia*. These species are probably remains from the earlier cultures that inhabited these areas and are wild relatives of the cultivated species of to day as *Cyphomandra betacea* "berenjena", "tree tomato" (Solanaceae), *Carica papaya* "papaya" (Caricaceae), *Erythrina edulis* "poroto", "pajuro" (Fabaceae) and *Bunchosia armeniaca* "ciruela del fraile", "cansaboca" (Malpighiaceae).

Comments on the pollen analysis

The pollen analysis (Fig. 100) reveals that the vegetation some 500 years ago was similar to the vegetation of to day. However it is possible that the quantity of the different species has changed because of climatic and cultural factors.

In **Inka Llacta** the pollen samples give evidence of plant families well presented to day as Rubiaceae, Anacardiaceae, Lauraceae (*Nectandra,*

Ocotea) Asteraceae, Rosaceae and Poaceae. The genus *Rauwolfia* (Apocynaceae) normally grow in lower altitudes and the genus *Montia* (Portulacaceae) normally grow in drier areas. Pollen types of *Haloragis* (Haloragaceae) and *Navarretia* (Polemoniaceae) are presented with species related to these families. Cultivated species as maize is common in both places, but maybe beans *Phaseolus* (Fabaceae) were cultivated on a larger scale than to day.

The pollen samples from **Pata Llacta** in the Huambo Valley show Arecaceae (palms), Elaeocarpaceae, Asteraceae, Bombacaceae, Cyperaceae, Malvaceae, Solanaceae, Urticaceae, Poaceae, Gesneriaceae, Lauraceae and Fabaceae which are seen in the present vegetation but with less Caryophyllaceae. Gimnospermas *Pinus* (Pinaceae) has introduced species and Podocarpaceae that normally grow in higher elavations are well presented. The genus *Myrsine* (Myrsinaceae) is very diverse, other genera as *Alnus*, *Cordia*, *Satureja*, *Potamogeton*, *Calandrinia* and *Impatiens* grow in places boundering this ecological zone. Probably the pollen types of genera not registrered for Perú as *Fagara* (Rutaceae) which species are presented in *Zanthoxylum*, *Dinemandra* (Malpighiaceae), *Drapetes* (Thymelaeaceae), *Primula* (Primulaceae), *Rubia* (Rubiaceae), *Sphaeralcea* (Malvaceae), have representatives in other genera from these families, which are abundant and grow associated to the archaeological remains. The species *Typha angustifolia* (Typhaceae) grow normally along the Peruvian coast. Pollen types of *Lomatia dentata* (Proteaceae) and *Celtis spinosa* (Ulmaceae) may be related to species growing inthe area. The cultivated species of the genera *Zea mays*, *Cucurbita*, *Chenopodium*, *Amaranthus* and *Solanum* among others of Andean origin are also being cultivated to dayand maybe *Sphaeralcea* and *Impatiens* were cultivated for their ornamental virtues.

Box No. 17: Plant Species New to Science

During our explorations in the humid forests in the cuencas of the Rio Jelache and Rio Huambo, we have collected many un-described plants species new to science. Some of the species have already been described and published (Leiva y Quipusoa 1998, 2002; Sagastequi y Quipuscoa 1998), and others are being described by specialists in the plant families, Solanaceae, Asteraceae, Loasaceae and Araceae. These species are currently considered as endemic species and inhabit the humid forests at elevations between 1000-4200 m. The specific epithets of these new species are dedicated to

---

both people that have participated in or contributed to the realization of the investigations of the biological and cultural diversity of this region.

Larnax kann-rasmussenii Leiva & Quipuscoa (Solanaceae). Suffrutescent shrubs to 1.40 m tall. Leaves alternate, petiolate, the blades elliptic with undersides purple. Flowers 8 per node; calyx campanulate; corollas campanulate, glabrous, outer surface green, inner surface greenish-yellow with purple spots; 5-lobed; stamens 5; ovary ovate. Fruit a berry, whitish, and enclosed by the acrescent, persistant calyx . Seeds 51-54 per berry.

The type of this species was collected in the interior of forests in · Department San Martín, Provence Huallaga, between La Ribera y Añazco Pueblo, 1850-1860 m. The species epithet is dedicated to the honorable Danish family, Kann Rasmussen, who has graciously supported our collecting and exploration in these regions.

Larnax schjellerupii Leiva & Quipuscoa (Solanaceae). Shrubs 1-2.5 m tall. Leaves alternate, petiolate, the blades entire, elliptic. Flowers to 8 per node; calyx campanulate, greenish; corollas campanulate to star-shaped, greenish-yellow; stamens 5; ovary oblong to ovate, glabrous. Fruit a conical berry, yellow, surrounded by the accrescent, persistent calyx. Seeds 46-48 per berry.

The type of this species was collected in the Department of San Martín, the Huallaga Province, near La Fila, between Añazco Pueblo and Lejía, at ca. 2000 m. The species epithet is dedicated to Dr. Inge Schjellerup of the National Museum of Denmark, who has done so much to advance cultural and scientific research in northeastern Peru.

Verbesina bolivariensis Quipuscoa & Leiva (Asteraceae)(inéd.) Shrubs 3-4 m tall. Leaf blades oblongo-lanceolate. Capitula discoid. Florets hermaphroditic, pentamerous corollas tubular, white; anthers fused; ovary inferior, the styles filiform and with two branches. Fruits a cypsela, oblanceolate; pappus of two unequal awns.

The type of this species was collected in the Department of La Libertad, the Bolivar Province, at 3000-3200 m. The species epithet is dedicated to the locality of the type collection.

Box No. 18: Remote sensing and Global Change in Montane Forests

Land use change and forest classification in the tropics has been an issue of great concern in recent years. In tropical forest regions, land use change is often synonymous with deforestation as mature forest areas are cleared for timber extraction or subsistence agriculture. In a global change perspective, land use change in the tropics is extremely important, as shifting cultivation account for approximately 60 % of the deforestation on a worldwide basis (Thenkabail 1999).

The process of deforestation results in a net release of CO_2 to the atmosphere, that is partly responsible for the increase in atmospheric carbon dioxide levels (Lucas et al. 2000). Global carbon budgets indicate that the concentration of atmospheric CO_2 should be rising faster than the current rate of approximately 1.5 ppm yr^{-1} (Kuplich et al. 2000).

Recent research indicates that a possible reason for the discrepancy between budget estimates and measurements of atmospheric carbon is due to the presence of large, but poorly quantified terrestrial carbon sinks (Helmer et al. 2000).

It is hypothesized that a major terrestrial carbon sink may be found in regenerating tropical forests, that sequesters CO_2 from the atmosphere during the process of photosynthesis (Salas et al. 1999; Steininger 2000; Lucas 2002).

However, the magnitude of this carbon sink is uncertain as information on the extent of regenerating forests and their associated carbon flux is lacking (Lucas et al. 2002). Even though biomass increases rapidly in the first years of secondary regrowth, carbon sequestration by pioneer species may be limited by their low carbon content and low wood density (Gerwing 2002).

Apart from the possible contribution to altering the earth's atmospheric composition, land use change in the tropics has important implications for biodiversity (Foody et al. 1997; Helmer et al. 2000; Fearnside 2001; Nagendra 2002) and habitat destruction and fragmentation (Skole et al. 1993; Skole & Tucker 1994; Laurance 1999; Nagendra 2002). Furthermore, hydrological impacts from the removal of forest cover may result in accelerated erosion and land degradation (Tivy 1995; Ataroff & Rada 2000) and downstream problems of flooding and sedimentation (Laurance 1999).

Most studies focus on tropical forest degradation either in areas of logging activities, or in areas characterized by large scale human migration. While these areas are unquestionably of vital importance in a global change perspective due to their vast areal extent, many of the world's most delicate forest resources are located in mountainous terrain (Young & Leon 1999).

Globally, montane forest areas make up approximately 20 % of the world's forest, while the proportion of montane tropical forests accounts for 10 % of the entire tropical forest biome (FAO 2001). However, limited research is devoted towards remote and mountainous areas.

Quantification of the areal extent of both mature as well as varying stages of regenerating forests is an important issue in global change modelling and for the monitoring of multi-lateral environmental agreements (Skole et al. 1997; de Sherbinin & Giri 2001; FAO 2001).

In tropical regions, satellite remote sensing may be the only feasible technique for mapping and monitoring deforestation and land use change dynamics at regional scales (Thenkabail 1999). This is due to their capability of collecting data in a systematic, synoptic and repetitive manner (van der Sanden & Hoekmann 1999) at relatively low costs per unit area.

Various research projects have successfully mapped deforestation and land use change in lowland areas, while relatively modest efforts have been devoted to montane forest areas (Helmer et al. 2000; Rudel et al. 2002). Part of the reason for this may be that a number of technical challenges apply to the use of remote sensing data in mountainous environments (Tokola et al. 2001).

tion to separate forest types and vegetation. Instead, color images are required that contain information in various intervals across the electromagnetic spectrum, such as different portions of visible, infra-red and thermal infrared wavelengths. In this respect, the data from the Landsat satellites are often used.

The first Landsat satellite was launched in 1973, and the data is widely used in many types of applications, especially land use, vegetation and ecozone mapping, but also meteorological research. The recent decrease in prices on Landsat data combined with improved storage and analysis capabilities of conventional desktop computers has made remote sensing available to a large range of data users in recent years.

In many regions of the world, optical remote sensing is complicated by the frequent occurrence of clouds. The Landsat satellite has a temporal resolution of 16 days, which means that approximately 20 images are acquired annually from the same location. However, in many parts of the world the number of cloud-free acquisitions is much smaller due to frequent cloud cover. For the Huambo area, only four images with less than 20 % cloud cover are stored throughout the entire period of Landsat acquisitions, all of which were used in the current investigation (Table 22).

Table 22: Available Landsat data

Date	Sensor
June 30th, 2001	ETM+
July 11th, 1999	ETM+
August 11th, 1996	TM
May 15th, 1987	TM

To alleviate the problems of cloud cover, the use of radar images was investigated. The microwaves of imaging radars are generally able to penetrate cloud cover, but the interpretation of radar imagery is much more complicated than optical data, especially in regions of complex topography. Data from the JERS-1 (Japanese Earth Resource Satellite) were kindly provided by the National Space Development Agency of Japan (NASDA) as part of an international research project, but the results for the current study area were limited, partly because very few acquisitions from the area were available, but also because of severe geometric distortions due to terrain effects.

Methods

Image pre-processing

Geometric registration is a fundamental image processing step. It converts the local coordinates of the digital image into geographical coordinates. In this way, the data can be related to georeferenced maps and data collected using GPS devices in the field. Furthermore, it is important to co-register all images in order to compare the changes occurring at a given location in the image across the time series.

384

Box No. 19: Remote sensing

Remote sensing is the science of recording information from a phenomena or object on the surface of the Earth without being in actual contact with it. In land use change studies, remote sensing usually refers to the information recorded in aerial photographs or satellite images.

While the information in aerial photographs is relatively simple to interpret, airborne or spaceborne multi-spectral scanners have capabilities of recording information outside of the visible spectrum, such as ultraviolet, infrared, thermal and microwave information. This information is important in order to discriminate between different land cover types. Healthy green vegetation is characterized by heavy absorption of electromagnetic radiation in the red wavelengths of visual light, whereas high levels of reflection occur in the near-infrared wavelengths. This difference is known as the red edge, and is an important feature for distinguishing various types of vegetation.

Remote sensing has become a well established discipline within earth sciences in the last decades. This is due to its capability of collecting data in a systematic, repetitive and synoptic manner at relatively low costs per unit area. Only very small areas can be accurately surveyed in the field and remote sensing is the only viable method for regional monitoring of remote areas.

However, field work is usually required to relate the reflectance values recorded by the satellite sensor to land cover types on the ground. This process is sometimes referred to as ground truth. Furthermore, a classification method is required to convert the reflectance values to thematic land cover types (see Box 20).

Three fundamental parameters are the spatial, spectral and temporal resolution of the satellite sensor. The spatial resolution is a measure of the spatial detail defined as the smallest indivisible unit in an image, the pixel. Spectral resolution denotes the amount of spectral bands located across the electromagnetic spectrum. Finally, the temporal resolution denotes the time interval between image acquisitions.

The most recent Landsat ETM+ scene from June 30th was rectified geometrically using GPS points captured in the field, as the topographic map of the area was of inadequate quality for rectification. Using GPS points for ground control, a root-mean-square errors (RMSE) of one pixel was achieved, which is usually considered adequate (Jensen 1996). Next, this scene was used in image-to-image rectifications of the remaining scenes, with RMSE values of 0.5 pixels. Correct image registration is critical in change detection applications. Verbyla & Boles (2000) report that misregistration may introduce bias in the interpretation of land cover change. In some cases, even co-registration with root-mean-square (RMS) errors less than one pixel can lead to an overestimation of change by up to 30 % using Landsat TM data (Verbyla & Boles 2000).

Furthermore, variations in illumination angle and atmospheric effects may falsely introduce or conceal actual changes in land cover when comparing image pairs. In order to account for this, a relative radiometric calibration was performed (Song et al. 2001), using the 2001 master scene as the base image for the normalization. Normalization targets were located in areas that are considered radiometrically stable (so-called pseudo-invariant features) such as lakes, bedrock areas or other impervious surfaces.

As mentioned above, cloud cover is a serious problem in many tropical regions. Areas obscured by clouds and shadows do not contain any information about the actual land cover at that specific location, and consequently these areas have to be masked away and excluded from the land cover analysis.

Cloud and shadow masking was performed using an object-oriented classification-based method. This method compared favourably to conventional methods such as unsupervised clustering (Helmer et al., 2000). When dealing with time series for change detection purposes, variations in cloud cover may complicate the interpretation of changes as a comparison of exact locations may not always be possible. One option would be to sum all the cloud masks for each individual scene and apply the resulting mask to all images. However, in the current time series, the 1996 scene contains a high degree of cloud cover (10 %) that is mainly located over the most dynamic part of the area. By masking this area out of all images, important information would be lost. To overcome the problem of consistency in the comparison of locations, change detection was performed for a number of smaller areas within the study area.

Field data collection

The collection of field data is usually required in order to relate the digital values in a satellite image to land cover classes on the ground. In the process of converting a satellite image into a thematic map, a classification algorithm must be applied to the image. A supervised classification algorithm must be trained to recognize a given class based on the characteristics of the features within the given class.

Certain land cover classes may be easy to distinguish without the use of reference data (i.e. lakes, rivers, urban areas), but in order to classify a digital image into discrete vegetation classes, it is usually necessary to collect reference data in the field (sometimes referred to as *ground truth*) (Figs. 102 and 103). A distinction is made between reference data used in the classification process (training data) and field data used to assess the accuracy of the final product (test data) (Congalton 1999).

During two expeditions through the area in August - October 2000 and July - September 2001, field data for image classifications was collected. The 2000 campaign focused on biomass estimation, while a general assessment of land cover classes was the main concern of the expedition carried out in 2001. Sampling of relevant training and reference data in the field was severely restricted by access, and therefore a new remote sampling scheme was deployed. The method relies on a combination of a handheld GPS receiver and high precision compass measurements and facilitated the collection of accurate training data across impassable physical boundaries such as rivers, dense vegetation areas etc. A total of 863 training and test locations were recorded in the field for supervised image classifications.

The location of training and test data was more complicated for the older images in the time series. Training data for stable classes such as mature forest were reused whenever possible, whereas nearly all training data for all other classes had to be trans-located as changes occur extremely fast in the area. As the images were cross-normalised, it was possible to digitize new training and test areas based on the digital numbers combined with the visual appearance in a false color composite.

Class definitions

The definition of classes is not an easy task in heterogeneous areas, where the scale of variation is often smaller than the pixels of the images that are controlled by the sensor's instantaneous field of view (IFOV). The complexity of land use patterns is further complicated by the topography,

Box No. 20: Classification of digital images

Remote sensing images typically contain a wealth of information about the reflectance of different types of land cover in a given area. For land use change studies, this information needs to be categorised in order to make interpretations easier. Therefore it is often useful to convert the digital satellite image into a thematic map of discrete information classes found in the image, i.e. forest, pasture, water bodies, urban areas etc. In this way it will be possible to analyse the development of land cover classes using a time series of remote sensing data. For instance, the deforestation ratio can be calculated by comparing thematic maps of forest cover from different dates.

However, to produce a thematic map, knowledge about the land cover classes found in the area is required to train the classification algorithm that converts the digital numbers of the image into information classes. Such data may be available from existing maps or aerial photographs, but in most cases field work is a fundamental part of the classification process, especially in remote areas where existing data is scarce.

In the current study, an integrated GIS and remote sensing approach was used. Using an object-oriented method, the satellite images were classified using a combination of statistical measures and rule based GIS-methods. Compared to conventional image classification, the result was significantly improved.

which introduces problems in relating different spectral responses in the imagery to land cover classes observed in the field.

For example, the study area has witnessed a growing trend towards coffee production in recent years. Coffee grown ecologically is almost exclusively planted under the canopy of Inga sp. (Farbaceae), a fast growing tree providing shadow and moisture for the coffee plants. Spectrally, Inga sp. are non-separable from other secondary forests in Landsat imagery and therefore the land cover class of coffee plantations appears as secondary forest. Table 23 shows a description of eight land cover classes identified in the field.

However, a number of technical challenges apply to the use of remote sensing data in mountainous environments (Tokola et al. 2001). For optical data, topography affects both irradiance and reflectance (Dymond et

Table 23: **Brief descriptions of the classes defined in the area.**

Class Id	Description
Cn	Cleared areas
Pp	Grassland (Paspalum sp.)
CPm	Mixed Crops (Banana, manioc, maize, fruits)
SFf	Secondary growth : ferns, regeneration in nutrient-depleted, dry areas
SFm	Secondary growth : dry shrub forest dominated by Myrcine sp.
SFl	Secondary growth : humid forest dominated by Moraceae and Asteraceae.
MFc	Mature forest : Bamboo (Chusquea sp)
MFl	Mature forest : Premontane/ Montane, dominated by

al. 2001). The distribution of natural vegetation varies across different terrain distributions, as topographic changes cause variations in growth conditions of both natural and anthropogenically influenced vegetation, an ecological phenomenon referred to as the "individualistic concept" (Townsend 2000). Young (1995) mentions three environmental gradients of concern in ecological biogeography, namely elevation, humidity and topographic position (slope, aspect). The spectral response of a given land cover class will therefore contain more variance in a montane environment than in flat areas (Helmer et al. 2000; Tokola et al. 2001) and this may introduce problems of signature extension which occurs when the same land cover class reflects differently in different illumination environments (Jensen 1996). Thus, the discrimination of forest classes is reportedly more complex in a montane environment. Rudel et al. (2002) report that the spectral signatures of mature and secondary forests are sensitive to elevation, and they express difficulties in distinguishing these two classes in the Andean foothills of Ecuador. Similar results were found by Helmer et al. (2000), reporting that the species composition of secondary montane forests may cause their spectral signatures to be indiscernible from that of lowland mature forests in an area in Costa Rica.

Object-oriented classification

An object-oriented approach to image classification was chosen using the image classification software eCognition (Baatz et al. 2000). The method relies on a new multi-resolution image segmentation algorithm (Baatz & Schäpe 2000), and the classification process makes use of uses fuzzy logic and decision tree rules. It allows for an integration of remote sensing and GIS at the analysis level, using spatial concepts such as context and texture. Fuzzy ecozone stratifications are applied to reduce distance between classes in the feature space. Using data from the current study area, Edmunds & Sørensen (2002c) documented an increase in classification accuracy from 81 % for conventional pixel-based maximum likelihood classification to app. 95 % for the object oriented method. The main advantages of the method are a pre-classification reduction of variance through image segmentation and the ability to apply expert knowledge using fuzzy decision tree techniques.

Change detection

Various methods exist for detecting changes between two or more image scenes. The most common approach is the post-classification change detection (Jensen 1996). The method relies on a comparison of two or more classifications, and the accuracy of the change detection is thus dependent on the accuracies of the separate classifications that are compared, as errors present in the initial classifications are compounded in the change detection process (Lillesand & Kiefer 2000).

Deforestation

Deforestation is defined as the removal of trees from a given location (Goudie et al. 1994). Often a distinction is made between gross and net deforestation. Gross deforestation refers to the decrease in mature forest cover, while net deforestation takes into account any compensating gain in secondary forest cover. This gain may be related to natural regeneration of previously cleared areas (reforestation) or expansion of the forest frontier into areas with no previous history of forest cover (afforestation).

Rates of deforestation are thus computed in the following manner:

$$Deforestation = \frac{MF_{t1} - MF_{t2}}{MF_{t1}}$$

where MF_{t1} is the mature forest cover at the reference time t1 while MF_{t2} refers to the forest cover at a later time. Similarly, gross reforestation or afforestation can be computed as:

$$Re/afforestation = \frac{SF_{t2} - SF_{t1}}{MF_{t1}}$$

Net deforestation is calculated as

$$Net\ deforestation = \frac{MF_{t1} - MF_{t2} + SF_{t2} - SF_{t1}}{MF_{t1}}$$

Annual rates of gross or net deforestation can be computed by diving the with the number of years between t1 and t2.

GIS analyses

Spatial differences in deforestation rates are analysed in a Geographical Information System (GIS). The influence of various parameters such as distance to markets, rivers and the effect of topography are analysed in respect to deforestation. Distances to the valley entry point at Achamal are analysed by extracting statistics for sub-districts in the valley. The influence of distance to transportation networks was analysed by deriving buffer zones around these features. Finally, the effect of topography was analysed by summarising classified land cover classes within different intervals using a digital elevation model (DEM).

Results and discussion

Overall changes

The earliest satellite images of the area are from 1987, but a series of aerial photographs from 1962 are also available. A visual analysis of these photographs confirms the findings from the anthropological module that

---

Box No. 21: Geographical Information Systems

A Geographic Information System (GIS) is a computerised system for working with spatial data, i.e. any type of information that has a position, size or shape. A GIS can be used for collecting, analysing, displaying, and managing geo-data and it may refer to any kind of land related information such as natural resources, land use, transportation, communications, census data, mapping etc. A GIS may therefore be considered as a dynamic, digital map and the power of a GIS lies in the ability to integrate common database operations with visualisation and analysis offered by a digital map interface.

Today, GIS is widely used in planning and administration in both the private and public sectors. In natural resource management, GIS has become an important tool in recent years. It may be used for modelling ecosystem response, identifying areas of high erosion risk, analysing the relationship between settlement patterns and infrastructure etc.

---

deforestation rates of 2.7 % in the 1996-1999 period and 2.0 % in the years 1999-2001. This suggests that the amount of new forest clearings has slowed down slightly in recent years. But subtracting the reforestation rates from these figures, the net annual deforestation rate is 0.7 % in 1996-1999 and peaks in the following period at 0.9 %. These figures are slightly higher than net deforestation rate for the entire country of Peru, estimated at 0.4 % in the period 1995-2000 (FAO 2001a). In the Meseta region south of Rio Verde, the development is much more static, with only moderate changes and very low deforestation rates (Table 26).

However, even though the average values are significantly different north and south of the Rio Verde, the general tendencies conceal important information on spatial differences in the development of the area (Fig, 108). Accordingly, a more detailed study of the spatial changes is necessary.

Table 25: Annual deforestation rates in the Huambo Valley

Year	1987	1996	1999	2001
Mature forest	90.0%	88.3%	81.2%	77.9%
Secondary forest	3.1%	2.2%	7.3%	9.2%
Deforestation	87-96	96-99	99-01	87-01
Gross deforestation	0.2%	2.7%	2.0%	1.0%
Gross reforestation	-0.1%	2.0%	1.1%	0.5%
Net deforestation	0.3%	0.7%	0.9%	0.5%

Table 26: Annual deforestation rates on La Meseta

Año	1987	1996	1999	2001
Mature forest	99.3%	99.6%	99.0%	98.4%
Secondary forest	0.3%	0.2%	0.7%	1.0%
Deforestation	87-96	96-99	99-01	87-01
Gross deforestation	0.0%	0.2%	0.3%	0.1%
Gross reforestation	0.0%	0.2%	0.1%	0.0%
Net deforestation	0.0%	0.0%	0.2%	0.0%

Spatial changes

A number of spatial analyses the contemporary land use history of the Huambo area were performed. These include sub-district statistics, influence of infrastructure and various topographical features such as elevation, slope, and aspect.

Table 27: Mature and secondary forest and deforestation rates in sub-districts

Achamal	0 hrs	0 km			Zarumilla 3½ hrs		9 km	
Year	1987	1996	1999	2001	1987	1996	1999	2001
Mature forest	36.3%	- *	30.8%	21.2%	55.0%	37.2%	35.4%	24.5%
Sec. forest	24.1%	- *	14.5%	22.6%	10.3%	15.0%	20.9%	31.7%
Period	87-96	96-99	99-01	87-01	87-96	96-99	99-01	87-01
Gross defor.	- *	- *	15.6%	3.0%	2.6%	5.4%	15.4%	4.0%
Gross refor.	- *	- *	13.1%	-0.3%	1.0%	4.6%	15.3%	2.8%
Net defor.	- *	- *	2.5%	3.3%	1.6%	0.8%	0.1%	1.2%

	Paraiso	5 hrs	15 km		Buenos Aires	7 hrs	20 km	
Year	1987	1996	1999	2001	1987	1996	1999	2001
Mature forest	88.3%	83.0%	78.3%	72.3%	89.6%	71.7%	62.9%	54.2%
Sec. forest.	3.3%	4.9%	8.3%	13.0%	3.9%	4.8%	13.3%	20.1%
Period	87-96	96-99	99-01	87-01	87-96	96-99	99-01	87-01
Gross defor.	0.7%	1.9%	3.8%	1.3%	2.2%	4.1%	6.9%	2.8%
Gross refor.	0.2%	1.4%	3.0%	0.8%	0.1%	4.0%	5.4%	1.3%
Net defor.	0.5%	0.6%	0.9%	0.5%	2.1%	0.1%	1.5%	1.5%

	San Antonio	12 hrs	25 km		San Ant. (south) 13½ hrs 30 km			
Year	1987	1996	1999	2001	1987	1996	1999	2001
Mature forest	94.1%	88.9%	79.0%	74.6%	95.2%	91.5%	83.0%	78.6%
Sec. forest	1.8%	3.2%	11.2%	14.2%	2.7%	3.7%	12.1%	12.3%
Period	87-96	96-99	99-01	87-01	87-96	96-99	99-01	87-01
Gross defor.	0.6%	3.7%	2.8%	1.5%	0.4%	3.1%	2.7%	1.2%
Gross refor.	0.2%	3.0%	1.9%	0.9%	0.1%	3.1%	0.1%	0.7%
Net defor.	0.5%	0.7%	0.9%	0.5%	0.3%	0.0%	2.6%	0.5%

	Rio Verde	15 hrs	35 km		Luz del Oriente 17 hrs 40 km			
Year	1987	1996	1999	2001	1987	1996	1999	2001
Mature forest	96.2%	89.1%	82.5%	81.0%	95.7%	90.9%	80.8%	82.6%
Sec. forest	2.0%	5.3%	10.9%	13.3%	1.4%	4.4%	14.0%	12.7%
Period	87-96	96-99	99-01	87-01	87-96	96-99	99-01	87-01
Gross defor.	0.8%	2.5%	0.9%	1.1%	0.6%	3.7%	-1.1%	1.0%
Gross refor.	0.4%	2.1%	1.4%	0.8%	0.4%	3.5%	-0.8%	0.8%
Net defor.	0.4%	0.4%	-0.5%	0.3%	0.2%	0.2%	-0.3%	0.1%

	Nuevo Union	22 hrs	50 km		Canaan	38 hrs	95 km	
Year	1987	1996	1999	2001	1987	1996	1999	2001
Mature forest	99.9%	96.3%	92.6%	90.1%	99.6%	99.6%	99.3%	98.2%
Sec. forest	0.1%	0.2%	1.8%	2.8%	0.0%	0.0%	0.0%	0.5%
Period	87-96	96-99	99-01	87-01	87-96	96-99	99-01	87-01
Gross defor.	0.4%	1.3%	1.3%	0.7%	0.0%	0.1%	0.5%	0.1%
Gross refor.	0.0%	0.6%	0.5%	0.2%	0.0%	0.0%	0.3%	0.0%
Net defor.	0.4%	0.7%	0.8%	0.5%	0.0%	0.1%	0.3%	0.1%

*Missing values due to cloud cover.

Land use in sub-districts

The land use history of a number of smaller districts in the Huambo area were analysed to investigate the relationship between land use change and geographic position.

The areas were delineated reflecting the approximate political influence of the *caserios* and the smaller *annexos* (settlements) in the area, as no detailed information on the borders of individual districts exists. Table 27 shows the areal extent of each sub-district along with approximate travel distances from the valley entry point at Achamal. It is immediately evident that areas in the north of the valley have much less mature forest cover. In Achamal, forest cover decreased from 36.3 % in 1987 to 21.2 % in 2001, while at the other extreme, forest cover in the area of Canaan, located 55 kilometres south of Achamal, decreased from 99.6 % to 98.2 %. However, it is not only the extent of mature forest cover that varies. Deforestation rates also show dependency on the distance to the valley entry point at Achamal.

Figure 109 shows the relationship between distance from Achamal and gross deforestation rates in the sub-districts from Table 6. During the entire period from 1987-2001, there is a significant relationship between distance and both gross and net annual deforestation rates as deforestation decreases logarithmically with distance from Achamal. In the three sub-periods (1987-1996, 1996-1999 and 1999-2001) the pattern is more variable. In the first period (1987-1996) the trend follows the general development with a significant, negative correlation between distance and both gross and net deforestation rates.

However, in the next period from 1996-1999, the gross deforestation rate is polynomial, indicating that the deforestation maximum has shifted further down the valley compared to the previous period. This development is also in accordance with the expected, as relatively high population densities in the northernmost part of the valley encourage people to venture further south. As more mature forest areas are available for clearing and as seen from Table 27, the percentage of mature forest cover increases southwards from Achamal.

However, in the most recent period (1999-2001) the general trend is reproduced, but the annual gross deforestation rates are much higher than any other period with maximum values in the north of the valley at nearly 16 %. To some degree, however, this is compensated by high reforestation rates for that period, resulting in net deforestation rates that are comparable to the average for the entire 14-year period. But although the usual trend is to some degree visible in the net deforestation rates for both 1996-1999 and 1999-2001, there is no significant correlation between distance from Achamal and net deforestation. For the 1996-1999 period, this indicates that the reforestation values are high in the middle of the valley whereas for 1999-2001, reforestation rates are highest in the north of the valley (Table 27).

Influence of distance to river

Even though the distance to the valley entry point at Achamal explains a large degree of the variation in deforestation rates, other factors related to the physiography of the valley may be equally important. Mule trails are the infrastructural backbone of the area, but these are impossible to map using remote sensing technology as they are usually concealed under the forest canopy and may sometimes even be difficult to locate on the ground. However, their location tend to coincide with major drainage patterns, and therefore rivers and streams are useful surrogates for the main transportation network of the area, even though these bodies of running water are not possible to navigate due to their high gradients.

To analyse the effect of the transportation network, land use change was analysed in 100 m buffer zones of varying distance around river themes that were digitised based on the Landsat imagery.

Table 28: Deforestation related to distance to rivers.

Distance to river	Gross Deforestation				Net Deforestation			
	87-96	96-99	99-01	87-01	87-96	96-99	99-01	87-01
100 m	-0.2%	2.8%	2.4%	0.8%	0.0%	0.6%	1.3%	0.3%
200 m	0.0%	3.0%	2.4%	0.9%	0.1%	0.7%	1.2%	0.3%
300 m	0.0%	3.1%	2.1%	0.9%	0.1%	0.8%	1.1%	0.4%
400 m	0.0%	3.0%	2.0%	0.9%	0.1%	0.9%	3.8%	0.7%
500 m	0.1%	2.9%	2.0%	0.9%	0.1%	1.0%	0.8%	0.4%
600 m	0.1%	2.8%	1.9%	0.9%	0.1%	1.0%	0.7%	0.4%
700 m	0.1%	2.7%	1.8%	0.9%	0.1%	1.1%	0.6%	0.3%
800 m	0.3%	2.2%	1.8%	0.9%	0.2%	0.7%	0.6%	0.4%
900 m	0.3%	2.0%	1.8%	0.8%	0.1%	1.1%	0.6%	0.3%}
1000 m	0.3%	1.9%	1.7%	0.8%	0.2%	0.6%	0.6%	0.3%

Table 28 shows the development in zones of varying distance from the main rivers and streams in the area. In the first period (1987-1996) deforestation rates are generally low but tends to increase slightly with distance from the rivers. In the later periods, deforestation appears to decrease with distance to rivers, and this development is reflected in the average for the whole period although the span is very narrow ranging from 0.80 % to 0.94 %.

An exception from the decreasing trend in deforestation with distance from the river is the zone in the immediate vicinity of the rivers. In the interval 0-100 m from the rivers, annual rates of gross deforestation are somewhat lower. Even though actual floodplains are rare in the areas due to the steep topography, occasional flooding or bank erosion may explain this development.

The net deforestation rates are more variable (Table 28). In the first two periods, net deforestation increases with distance from rivers, while the opposite development is documented for the latest sub-period from 1999-2001. For the entire period, a major peak in annual net deforestation occurs at 400 m from rivers.

Influence of topography

In the current study area, elevation is highly correlated with distance to rivers as the large-scale variations in slope are minor due the V-shaped nature of the valleys. At the medium scale however, variations arise from side valley topography and mass wasting processing occurring over millennia. In this respect, terrain slope is a useful indicator. Figure 110 shows the connection between terrain slope and deforestation. Gross deforestation appears to increase with increasing terrain slope up to a maximum encountered at app. 20-25°, after which a decline in gross deforestation occurs. This is a reflection of the fact that most mature forest areas are located on relatively steep slopes. For net deforestation rates, no significant correlations were obtained, but the overall trend for the entire period appears to be that deforestation increases with increased slopes throughout the slope interval depicted (Figure 111). This indicates that reforestation is less pronounced on steep slopes above 25°, which may have serious implications for erosion and water management for upper slopes.

Land degradation

In the current study, both gross and net deforestation rates are reported. However, gross deforestation rates may be more appropriate measures of ecosystem change. In terms of biomass and carbon pools, gross deforestation is a serious issue. Even though carbon sequestration is rapid for secondary forests, the time lag effect means that a restoration of the original carbon pool is extremely time-consuming.

Deforestation statistics alone may not result in an adequately detailed account of the ecosystem change occurring in the area. In this respect, the further development of deforested areas is extremely important. In recent years, two sources of monetary income have gained influence, as explained in the anthropological module. First, the cultivation of coffee has become exceedingly popular. Second, cattle breeding has gained momentum for relatively affluent families who can afford the investment in livestock and relatively large areas land.

The production of coffee is ecologically sustainable in the region. This is because no chemical fertilizers or pesticides are applied and also because forest cover is necessary to protect the coffee plants from drying out. In this respect, mature forest areas offer an optimal environment for coffee production. However, most coffee plantations are found in newly planted forests and much of the reforestation occurring in the valley in recent years is a result of planting fast growing trees of the genera Inga for supporting the production of coffee. In this way forest cover is increased while at the same time exploiting the possibilities of coffee production.

The increased influence of grasslands, however, has a predominantly negative impact on the ecosystem. An obvious factor is the loss of biodiversity and increased risk of erosion resulting from increased overland drainage of precipitation and overgrazing and soil compaction by cattle. Table 3 shows that grassland areas have expanded by over 200 %, covering 0.7 % of the area in 1987 compared to 2.0 % in 2001. A major point of concern is the fact that most expansion of grassland areas has taken place on relatively steep slopes. Figure 112 shows that grassland expansion has been predominant on slopes ranging from 12° to 24°. These slope intervals do not necessarily represent optimal environmental conditions for cattle breeding, but are merely an expression of the fact that available land areas are mainly distributed across this slope range.

However, as resources are scarce in the area, partly because of defective land tenure administration, overgrazing frequently occurs. This may result in serious environmental degradation as the vegetation cover is weakened or removed, increasing susceptibility to accelerated soil erosion and soil loss (Tivy 1990) (Figs. 113 and 114). Brack (1997) and Grau & Brown (2000) argue that cattle are one of the main reasons for land degradation in the Andean region. Furthermore, Etter & van Wyngaarden (2000) mention erosion, landscape homogenisation and deregulation of hydrological watersheds associated with grassland areas in the Columbian Andes. Figure 114 illustrates an example of gully erosion from the area of Buenos Aires within the current study area. The future development of deforested lands in the area thus has a profound influence on land degradation.

Many researches have advocated the need for environmental conservation in Peru's humid eastern forests (Gentry 1992, 1995; Young 1992; Young & Valencia 1992; Young & Leon 1999; Schjellerup et al. 1999 Schjellerup & Sørensen 2001). The high gross deforestation rates in the area emphasize the need for applying resource management policies that aim to secure a sustainable development for the current region.

Summary

Land use change was mapped in the Peruvian study area in the period 1987-2001 using remote sensing data. the gross annual deforestation rates in the period was 1.0 %, reaching a maximum of 2.7 % in the period 1996-1999. In comparison, the net annual deforestation rate was 0.5 %, with a maximum value of 2.0 % in the period 1999-2001, which is much higher then the average for Peru in the period 1995-2000 at 0.4 %.

However, GIS analyses revealed that major spatial differences are present. Gross deforestation was significantly correlated with distance to the valley entry point at Achamal with annual gross deforestation rates exceeding 15 % in the north of the valley. Furthermore, strong correlations between deforestation and distance to rivers, with higher deforestation rates near rivers. Finally, it was documented that deforestation rates were highest on slope in the range from 12-24°.

Grassland areas have expanded substantially in the area, primarily on relatively steep slopes. This may be a serious threat to the ecological balance in the areas due to increased erosion and land degradation.

Chapter 7: Conclusion

The study focused its investigation on part of the narrow zone that stretches north south on the eastern slopes of the Andes. Due to the many ecological zones, high biological diversity and many endemic plants the area has been recognized as of global scientific interest Though considerable areas still are covered by forest, deforestation at an alarming rate makes an investigation of present land-use, its resources and effects, of specific value.

Until recently the Ceja de Selva or Ceja de Montaña was considered uninhabited and impenetrable for human activities. However, archaeological research and ethnohistorical evidence witness of that the Ceja de Selva not only has a biological importance but an importance for its cultural diversity as well. Migration to the eastern slopes of the Andes during the last century has attained the greatest colonization rate in Peru due to their proximity to the centres of main population pressure at the coast and the highlands. The Ceja de Selva never was an ecological barrier for human presence but diseases may have been a stress factor.

The landscape has been modified, but the clearing of large tracts of forest has not resulted in the formation of a foreseen super productive agricultural landscape. Population pressure has caused transformations of the biologically diverse cloud forests. Unfortunately, deforestation has mainly taken place in headwater areas where the water circulation is most strongly affected, erosion is strongest and causes organic matter to be washed away by rivers.

Despite an increasing awareness of the need for knowing more about and preserve cultural and biological diversity in the montane forests very few efforts have focused on a diachronic aspect.

The research design was thus elaborated to incorporate information on how humans have changed the environment and how environmental change has revised human activities through time.

Our results emphasize the spatial diachronic pattern and the dynamics and strategies of the agro-ecosystem at the regional level of the Huambo Valley and La Meseta. The vegetation cover has changed particularly by changes in land use and less by climatic changes.

Colonization became the central theme for our research throughout the five hundred year span.

The archaeological investigations revealed new information from the Late Intermediate and Late Horizon on the Chachapoya and Inca cultures' penetration into the dense forest. The Chachapoya culture manifested itself in nucleated settlements in the forested mountains further to the east than known earlier. Fortified sites give witness of increased competition among neighbouring chiefdoms implying the potential for conflict over local land and resources. Monumental burial chambers are found on steep rock sides.

The Incas daring adventures and conquest of the *Ceja de Selva* brought about the continuation of the Inca road system where a series of settlements such as *tampus* were built and other minor settlements were constructed at larger agricultural areas, where the landscape was modified into terraced mountain slopes. The presence of Inka Llacta with imperial Cuzco style architecture in the middle of the dense montane cloud forest sheds new light on Inca politics and economic interest in this remote northeastern part of Tawantinsuyu.

Diseases such as uta (a kind of leismeniasis) and yellow feber and later malaria always were a threat to a permanent population

Imposed developments derived from other cultures created very diverse settlement patterns as seen in the Chachapoya and Inca presence.

Our botanical studies compared to the pollen analysis from the 15th century have revealed interesting differences in the vegetation and domesticated crops from that time seem to have turned wild. Inca crops on the terraces were mainly centred on maize cultivation with its accompanying crops of bean and squash and medicinal plants in Pata Llacta.

The later colonial factors such as the introduction of new settlers, crops and animals from 16th century Spain contrasted sharply with the traditional forms and patterns of indigenous peoples of whom we still have not found any archaeological presence before or during the Chachapoyas and Inca occupation.

Historical sources reveal that tribal groups such as the Cheduas, Alones and the Choltos settled along the Rio Huambo cultivating manioc, sweet potatoes, green bananas and pineapple. The Spanish intervention influenced them all.

The colonial impact on the indigenous population was disastrous as entire populations disappeared as the result of disease, malnutrition and slave raids which affected the social, economic, cultural and demographic aspects of the region. The result was that the entire research area became depopulated and forgotten by the outside world. Contact between the highlands and the lowlands followed only the well-known route from Chachapoyas to Moyobamba leaving the Huayabamba valley out of the main stream.

In the last and in this century the forests were perceived as free and unsettled territory open to be colonized.

The historical knowledge of the places and the historical accounts on the localities play a very important role as part of the identity of the population despite their recent arrival. Our research has brought the area into a wider archaeological and historical context.

The migration of landless peasants, *campesinos*, from the highlands is increasing into the Huambo Valley and La Meseta together with the unequal development of the Peruvian society.

The migration process into Amazonia has been encouraged by political groups through Peruvian State colonization programs where the political manipulation was clear: what is offered is the illusion of a new world where supposedly individual efforts will result in a high standard of living. This type of colonization results in nothing more than the spatial displacement of poverty within the country as mentioned by Chirif (1979).

However, in the *Ceja de Selva* the colonization has been more spontaneous and tied to migration of adventurous people, pioneers, family relations and due to religious perceptions as the unknown territory has been conceived of as the Promised Land, a region of richness.

But when the *colonos* get access to land on the eastern slopes their ignorance of the environment and the total lack on technical assistance prevent them from achieve production levels sufficient to improve their living standards. Manual labour constitutes the most important input factor. Slash and burn agriculture, weeding and harvesting are demanding activities. Manpower availability is also considered as an important constraint to field expansion as there is a lack of capacity to manage the various tasks involved in the agriculture. Manpower bottlenecks are encountered during coffee collecting where there is a high demand for day labourers from outside the Huambo Valley.

The unequal economy of the population with income varying from more than S/ 50.000 ($ 14.500) with surpluses averaging S/ 20.000 ($ 6000) for a few families to the poorest ones with yearly deficits and total dependence on food self-suffiency reflects the social inequality. When only subsistence needs are met any kind of excess production can be channelled to cash via buyers.

In the Huambo Valley the youth have few expectations for a better future. The deficiency in education, getting children from a very early age and the high risk in the agricultural production keeps the young *campesino* in an evil circle from which it is hard to escape. The collected life-stories give evidence of the struggle against poverty.

A processual interrelationship between humans and plants (Jones 1941) is seen in the local knowledge on plant use. The ethno-botanical lists of use of the plants reveal the cultural background of the colonists introducing new plants such as the eucalyptus into the area and at the same time gaining new knowledge in the experimentation with the original present vegetation.

The use of firewood for daily cooking activities is resulting in over-consumption of wood which contributes to the deforestation of the area.

As the coffee production is dependent on the world market prices it affects the small coffee producers. In 2001 when the prices went down many families even lost part of their crops as they did not have money enough to pay for their day labourers or the transportation on mules. Since the economical feasibility depends on exporting some of the products as coffee and peanuts the *campesinos* must consider the possibilities of marketing and always readjust them to a changing market situation, which is hindered by the ignorance of the people in understanding the function of international market mechanisms.

The very nature of environmental change depends very much on the human perception. The significant change that currently takes place with the increasing Pentecostal churches that create and populate entire new villages such as Canaan and Añasco Pueblo on La Meseta and Guambo in the Huambo Valley must be taken into consideration.

Each household is the locus of interaction between higher and lower levels of decision making based on its specific needs and experiences and culturally and religious perceived values.

Our research reveals on a regional level how cultural and natural landscapes around the settlements have been subjected to many progressive changes through time and how the altering of cash crops and dependence of road systems give stronger links to other places. The road from Achamal to Zarumilla and the new bridges will have strong effects on the trade activities and on a concentration and further increasing of the population and the results will further deteriorate the humid montane forest environment.

Within the geographical region several new rural communities are developing along the Río Huambo and on La Meseta and new trails are being cut in the forest.

During the fieldwork the botanical module collected 1280 plant specimens distributed on 223 genera grouped into 86 families of which approximately 230 species are used by the population.

Most of the species were already known and described but some species of the Solanaceae, Asteraceae, Loasaceae and Araceae families of the genera *Cyathea* (Cyatheaceae) (ferns), *Larnax* (Solanaceae), *Nasa* (Loasaceae), *Anthurium*, *Cremastorperma* (Araceae), *Verbesina* (Asteraceae), and species of Orchidaceae and Annonaceae are new to the science community. These species are until the present time endemic of these zones and inhabit the humid montane forests from 1000 to 4200 meters of elevation.

Biomass estimation was performed at various forest sites. Mature forest areas contained app. 400 tonnes of biomass per hectare, while secondary forest had biomass levels of 10-100 t/ha, depending on the age of the forest stand.

The remote sensing module documented gross deforestation rates of up to 15 % per year in the northern part of the Huambo Valley, where access to the market in Rodriguez de Mendoza is facilitated by motor vehicles. The overall gross deforestation rate for the entire valley was 2.7 % in the period 1996-1999 and in the entire period of 1987-2001, app. 4000 hectares of mature forest have been cleared in the Huambo Valley, corresponding to approximately 1.6 megatonnes of woody biomass. In the Meseta region, deforestation rates are low but overall the deforestation rates are much higher than the average rates for Peru. The development of eight different land cover classes was analysed and revealed a significant increase in grassland areas. These areas pose a serious environmental threat because of overgrazing, leading to increased soil erosion.

Future perspectives

One will see a gradual process of a shifting settlement pattern from one of numerous dispersed households to one where many households live in the few larger *caseríos* as Achamal and Zarumilla and a continuing increasing migration into the forest that is certain to alter the way people go about their daily tasks. The relationship between landscape and land use priorities will change according to the populations' ability to cope with change over time. It will be associated with changes in territorial activities and landownership. The newcomers have to relate to and adapt to a landscape already changed by cultural activity.

The eastern montane forests are of extreme importance because of its great biological diversity.

These forests are at the moment under accelerated destruction. As the remote sensing module has proved, serious deforestation has taken place in the Huambo Valley and on La Meseta where unknown endemic species possibly are in danger of disappearing even before they have been known.

Although in pre-Hispanic times these areas were occupied by cultures as the Chachapoyas and the Inca that have exerted a pressure on the forests, they were able to avoid soil erosion with their agricultural techniques. Small tribal groups with their slash and burn culture were never a threat to the environment.

To ensure a sustainable and protected region one should concentrate on intensive and conservative use of small plots instead of planning and stimulating the extensive exploitation of large areas. An agricultural strategy based on native crop diversity with some cash crops can bring more prosperity to the area. Emphasis on knowledge and research on the virtues of medicinal plants such as "cat's claw" and others may lead to a more market oriented cultivation of these plants. The problem of markets and marketing is likely to prove the most difficult to solve. The decision-making and - enforcement arise daily within the communities in a changing world to survive under the best conditions.

Only as the long as the deforested and cultivated area remains small and surrounded by forest a high biodiversity can be maintained while the biological diversity contributes to the stability of ecosystems.

The ample evidence on the intricacy of the ecological, economic, social and political constraints are shaping the decisions of the population. Protection measures and environmental education are of uppermost importance and must be considered in the governmental and provincial political programs.

We propose a plan for the establishment of a protected forest in the north-eastern part of the Province of the Huallaga (San Martín) and bordering areas pertaining to the Province of Bolivar (La Libertad), Chachapoyas and Rodriguez de Mendoza (Amazon) with the aim of conservation of the river basins, having in mind the social, economic and environmental impact in the area. The local people must be included in the resource planning and the decision-making processes.

The following activities should be initiated as suggestions for a sustainable development:

- Programs on sustainable use of the resources in the populated areas.

- Programs of environmental education with the population.

- Stimulation of ecotourism due to the presence of species of endemic plants, animals, special landscapes and archaeological monumental sites.

- Programs of reforestation with native species according to the different ecological zones.

We hope by our research and information in a common dialogue with the local authorities and communities to contribute to a sustainable development. In a world of change we need to gather as much information as possible on places, which so far have been neglected in scientific research.

Referencias // Reference list

Fuentes no publicadas // Unpublished sources:

Archivo Regional de Chachapoyas, Amazonas. Protocolo 1678, Protocolo 1688, F118.

BNL B 1554. Expediente sobre la numeración de los indios de Moyobamba y sus partidos, hecha por el Corregidor Vicente de Bustillos. Chachapoyas, 2 de mayp 1687.

Bueno, Cosme. Descripción Geográfica del Perú 1784

BNL C 1316. Descripción geográfica del Perú por obispados, subdivida en corregimientos, sus producciones en frutas y minas, comercio y población, puertos, montes, ríos etc. Su autor el Dr. Dn. Cosme Buena, Catedrático de Matemáticas que fue de la Universidad de San Marcos de la Ciudad de Lima. 324 ff utíles y 8 blancos.

Protocolo 1688, F 118, Archivo Regional de Chachapoyas, Amazonas.

Rodriguez de Tena, Padre Fernando. 1776. Introducción al aparato de la Corónica de la Santa Provincia de los Gloriosas Doce Apostoles de el Orden de Nuestro Padre San Francisco tratase en este aparato de dar una clara noticia de las cosas de las dos Americas meridional y septentrional traese la historia antigua y moderna; para que sea ilustrado lo que no pudo ser por los primeros autores faltándoles los documentos. Archivo Ministerio de Asuntos Exteriores, Sección limites, Lima.

Literatura publicada // Published litterature

Acosta, P.José de (1954) [1590]. Obras del Padre José deAcosta de la Compania de Jesús. Biblioteca de Autores Españoles Madrid.

Agustinos, Los Primeros (1916) [1557]. Relación de la religión y ritos del Perú hecha por los primeros religiosos Agustinos que allí pasaron para la conversión de los naturales. Colección de Libros y Documentos referentes a la Historia del Perú. tomo XI:3-56. Madrid.

Asner, G.P., M. Keller, R. Pereira & J.C. Zweede (2002). Remote Sensing of Selective Logging in Amazonia: Assessing Limitations Based on Detailed Field Observations, Landsat ETM+ and Textural Analysis. Remote Sensing of Environment, Vol. 80, pp. 483-496.

Ataroff, M. & F. Rada (2000). Deforestation Impact on Water Dynamics in a Venezuelan Andean Cloud Forest. Ambio, Vol. 29, No. 7, pp. 440-444.

Baatz, M. & A. Schäpe (2000): Multiresolution Segmentation – an optimization approach for high quality multi-scale image segmentation. In: Strobl, J. et al. (eds.): Angewandte Geographische Informationsverarbeitung XII. Beiträge zum AGIT-Symposium Salzburg 2000, Karlsruhe, Herbert Wichmann Verlag: pp. 12–23.

Baatz, M., M. Heynen, P. Hoffman, I. Lingenfelder, M. Mimler, A. Schäpe, M. Weber & G. Wilhauck (2000). eCognition User Guide. Definiens AG, München. www.definiens-imaging.com.

Benito Rodriguez, José Antonio (2000). Crisol de lazos solidarios. Toribio Alfonso Mogrovejo. Universidad Católica Sedes Sapientiae. Lima.

Borgtoft, H., F. Skov, J. Fjeldså, I. Schjellerup and B. Ølgaard (1998). People and Biodiversity – Two Case Studies from the Andean Foothills of Ecuador. DIVA Technical Report No. 3, 190 p.

Boyd, D.S., G.M. Foody & P.J. Curran (1999). The Relationship Between the Biomass of Cameroonian Tropical Forests and Radiation Reflected in Middle Infrared Wavelengths (3.0-5.0mm). International Journal of Remote Sensing, Vol. 20, No. 5, pp. 1017-1023.

Brack, A. (1997). Pobreza y manejo adecuado de los recursos en la Amazonia Peruana. Revista Andina, Vol. 15, pp. 15-40.

Brondizio, E., E. Moran, P. Mausel & Y. Wu (1996). Land Cover in the Amazon Estuary: Linking of Thematic Mapper with Botanical and Historical Data. Photogrammetric Engineering & Remote Sensing, Vol. 62, No. 8, pp. 921-929.

Busto Buthurburo, J.A. (1968). Diccionario Historico Biografico de los Conquistadores del Peru. Tomo I. Lima.

Census Nacional del Perú 1993 in Perú: Compendio Estadistico 1994-95. Dirección Tecnica de Indicadores Economicos. Lima 1995.

Congalton, R.G. & K. Green (1999). Assessing the Accuracy of Remotely Sensed Data: Principles and Practices. CRC Press, Boca Raton, Florida, 137 p.

Cook, Noble David (1981). Demographic Collapse, Indian Peru, 1520-1620. Cambridge University Press.

Coomes, O.T., F. Grimard & G.J. Burt (2000). Tropical Forests and Shifting Cultivation: Secondary Forest Fallow Dynamics Among Traditional Farmers of the Peruvian Amazon. Ecological Economics, Vol. 32, pp. 109-124

Cummings, L. (2003). Exploratory Pollen Analysis of sediments from Pata Llacta and Inka Llacta, Peru. Mimeographed report. Paleo Research Institute, Golden Colorado. Technical Report 02-17.

Chirif, A. (1980). Internal Colonialism in a Colonized Country: the Peruvian Amazon in a Historical Perspective, ed. Francoise Barbira

Scazzocchia. Land, People and Planning in Contemporary Amazonia Cambridge: 185-192.

Chomentowski, W., B. Salas, & D.L. Skole (1994). Landsat Pathfinder Project Advances Deforestation Mapping. GIS World, Vol. 7, No. 4, pp. 34-38.

de Sherbinin, A. & C. Giri (2001). Remote Sensing in Support of Multilateral Environmental Agreements: What Have We Learned from Pilot Applications? Proceedings from the Open Meeting of the Human Dimensions of Global Environmental Change Research Community, Rio de Janeiro, 6-8 October 2001.

Dobyns, Henry (1963). An Outline of Andean Epidemic History to 1720. Bulletin of the History of Medicine 37: 493-315.

Dymond, J. R., J.D. Shepherd & J. Qi (2001). A Simple Physical Model of Vegetation Reflectance for Standardising Optical Satellite Imagery. Remote Sensing of Environment 77, pp. 230-239.

EDICIÓN FACSIMILAR. La obra del obispo Martínez Compañón sobre Trujillo del Perú en el siglo XVIII, 9 vols. Madrid: Ediciones Cultura Hispánica del Centro Iberoamericano de Cooperación, 1978-1991. Trujillo del Perú, Apéndice II, coordinado por Manuel Ballesteros Gaibrois. Ediciones de Cultura Hispánica, Madrid 1993.

Edmunds, K.A. & M.K. Sørensen (2002a). Projection Survey Points (PSP): A New Cost-effective Remote Sampling Method for Extraction of Reference Data in Inaccessible Locations. MSc Thesis, Institute of Geography, University of Copenhagen.

Edmunds, K.A. & M.K. Sørensen (2002b). Evaluation of Object-Oriented Image Analysis in the Humid Eastern Montane Forests of Peru. MSc Thesis, Institute of Geography, University of Copenhagen.

Etter, A. & W. van Wyngaarden (2000). Patterns of Landscape Transformation in Colombia, with Emphasis in the Andean Region. Ambio, Vol. 29, No. 7, pp. 432-439.

FAO (2001). State of the Worlds Forests 2001. Food and Agriculture Organisation of the United Nations. http://www.fao.org/forestry/FO/SOFO/SOFO2001/publ-e.stm

Fearnside, P.M. (2001). Saving tropical forests as a global warming countermeasure: an issue that divides the environmental movement. Ecological Economics, Vol. 39, pp. 167-184.

Foody, G.M. & R.A. Hill (1996). Classification of Tropical Forest Classes From Landsat TM Data. International Journal of Remote Sensing, Vol. 17, No. 12, pp. 2353-2367.

Foody. G.M., R.M. Lucas, P.J. Curran & M. Honzak (1997). Mapping Tropical Forest Fractional Cover from Coarse Spatial Resolution Remote Sensing Imagery. Plant Ecology, Vol. 131, pp. 143-154.

Gade, Daniel W. (1979). Inca and colonial settlement, coca cultivation and endemic disease in the tropical forest. Journal of HistoricalGeography, 5,3:263-279.

Gade, Daniel W. (1999). Nature and Culture in the Andes. The University of Wisconsin Press.

Garcilazo de la Vega, Inca (1967) [1609]. Comentarios Reales de losIncas. Tomo I-IV. Reproducción de 1. Edicion por la Universidad Nacional Mayor de San Marcos.

Gentry, A. (1992). Diversity and floristic composition of Andean forests of Peru and adjacent countries: Implications for their conservation 21: 11-29 in Young K. & N. Valencia (eds.) Memorias del Museo de Historia Natural U.N.M.S.M. Artex Editores EIRL. Lima, Perú.

Gentry, A.G. (1995). Patterns of Diversity and Floristic Composition in Neotropical Montane Forests. In: Churchill, S.P., H. Balslev, E. Forero, J.L. Luteyn (eds). Biodiversity and Conservation of Neotropical Montane Forests, The New York Botanical Garden, New York, pp. 103-126.

Gerwing, J.J. (2002). Degradation of Forests Through Logging and Fire in the Eastern Brazilian Amazon. Forest Ecology and Management, Vol. 157, pp. 131-141.

Goudie, A. (ed) (1994). The Encyclopedic Dictionary of Physical Geography, 2nd Edition. Blackwell Publishers Ltd., Oxford. 611 p.

Grau, A. & A.D. Brown (2000). Development Threats to Biodiversity and Opportunities for Conservation in the Mountain Ranges of the Upper Bermejo River Basin, NW Argentina and SW Bolivia. Ambio, Vol. 29, No. 7, pp. 445-450.

Hampe, T. (1979). Relación de los encomenderos y repartimientos del Perú en 1561. Historia y Cultura. Vol. 12:75-117.

Hayes, D.J. & S.A. Sader (2001). Comparison of Change-Detection Techniques for Monitoring Tropical Forest Clearing and Vegetation Regrowth in a Time Series, Photogrammetric Engineering & Remote Sensing, Vol. 67, No. 9, pp. 1067-1075.

Helmer, E. H., S. Brown, & W. B. Cohen (2000). Mapping Montane Tropical Forest Successional Stage and Land Use with Multi-date Landsat Imagery. International Journal Remote Sensing, 2000, Vol. 21, No. 11, 2123-2138.

Hill. R.A. & G.M. Foody (1994). Separability of Tropical Rainforest Types in the Tambopata-Candamo Reserved Zone, Peru. International Journal of Remote Sensing, Vol. 15, No. 13, pp. 2687-2693.

Holdridge, R. (1982). Ecología, basada en zonas de vida. 2da. reimpresión. Instituto Interamericano de Cooperación para la Agricultura. Costa Rica.

Jensen, J. (1996). Introductory Digital Image Processing. Prentice-Hall Inc., Upper Saddle River, New Jersey, 316 pp.

Jimenez de Espada, M (1965). Relaciónes Geograficas de Indias, Peru. Tomo III, Madrid.

Jones, Volney H. (1941). The Nature and Scope of Ethnobotany. Chronica Botanica 6 (10) 219-221

Kimes, D.S., R.F. Nelson , D.L. Skole & W.A. Salas (1998). Accuracies in Mapping Secondary Tropical Forest Age from Sequential Satellite Imagery. Remote Sensing of Environment, Vol. 65, pp. 112-120.

Kuplich, T. M., V. Salvatori, & P. J. Curran (2000). JERS-1/SAR Backscatter and its Relationship with Biomass of Regenerating Forests. International Journal Remote Sensing, 2000, Vol. 21, No. 12, pp. 2513-2518.

Las Casas. E. (1936). Monografía de la provincia de Huallaga. Boletín de la Sociedad Geográfica. Tomo.LIII, Trim.1.

Laurance, W.F. (1999). Reflections on the Tropical Deforestation Crisis. Biological Conservation, Vol. 91, pp. 109-117.

Leiva-G., S. & V. Quipuscoa S. (1998). Iochroma nitidum y I. schjellerupii (Solanaceae: Solaneae) dos nuevas especies andinas del norte del Norte de Perú. Arnaldoa 5(2): 171-178.

Leiva-G., S. & V. Quipuscoa S. (2002). Larnax kann-rasmussenii y Larnax schjellerupii (Solanaceae: Solaneae) dos nuevas especies del Departamento de San Martin, Perú. Arnaldoa 9(1): 27-38.

Lillesand, T.M. & R.W. Kiefer (2000). Remote Sensing and Image Interpretation. John Wiley & Sons, New York, 724 p.

Lucas, R.M., H. Honzák, I. do Amaral, P.J. Curran & G.M. Foody (2002). Forest Regeneration on Abandoned Clearances in Central Amazonia. International Journal of Remote Sensing, Vol. 23, No. 5, pp. 965-988.

Lucas, R.M., H. Honzák, P.J. Curran, G.M. Foody & D.T. Nguele (2000). Characterizing Tropical Forest Regeneration in Cameroon Using NOAA AVHRR data. International Journal of Remote Sensing, Vol. 21, No. 15, pp. 2831-2854.

Martinez Compañon, B.J. (1789) Razon de las especies de la Naturaleza y del Arte del Obispado de Trujillo del Peru. Trans. y ed.: Inge Schjellerup. Museo de Arqueologia, Universidad Nacional de Trujillo, Peru.

Masek, J.G., M. Honzak, S.N. Goward, P. Liu & E. Pak (2001). Landsat-7 ETM+ as an Observatory for Land Cover – Initial Radiometric and Geometric Comparisons with Landsat-5 Thematic Mapper. Remote Sensing of Environment, Vol. 78, pp. 118-120.

Maurtua, Victor M. Ed. (1906). Juicio de Límites entre el Perú y Bolivia. Virreinato Peruano. Tomo I. Barcelona.

Maurtua, Victor M. Ed. (1907). Juicio de Límites entre el Perú y Bolivia. Misiones Centrales Peruanas. Tomo VI. Buenos Aires.

Maurtua, Victor M. Ed. (1908). Historia del Peru. Montesino: Anales del Peru. Vol. VII. Madrid.

Nagendra, H. (2002). Using Remote Sensing to Assess Biodiversity. International Journal of Remote Sensing, Vol. 22, No. 12, pp. 2377-2400.

Nolasco, Perez Pedro (1966). Historia de las Misiones Mercedarias en America. Madrid.

Raimondi, A (1860). Itinario de los Viajes de Raimondi en el Perú. Boletin Geográfica de Lima. Tomo X. Nos.1,2,3,4,5 y 6.

Raimondi, A. (1874-80). El Perú.Vol. I-II. Lima

Raimondi, A. (1904). Itenario de los viajes de Raimondi en el Perú. Chachapoyas al valle de Huayabamba y regreso. Sociedad Geografica de Lima. Tomo XV, trim.II.

Rogerson, P.A. (2002). Change Detection Thresholds for Remotely Sensed Images. Journal of Geographical Systems, Vol. 4, pp. 85-97.

Rosenqvist, A., M. Shimada, B. Chapman, A. Freeman, G. de Grandi, S. Saatchi and Y. Rauste (2000). The Global Rain Forest Mapping Project—a Review. International Journal of Remote Sensing, Vol. 21, No. 6 & 7, pp. 1375-1387.

Rudel, T.K., D. Bates & R. Machinguiashi. Ecologically Noble Amerindians? Cattle Ranching and Cash Cropping among Shuar and Colonists in Ecuador (2002). Latin American Research Review, Vol. 37, No.1, pp. 145-159.

Sagástegui-A., A. & V. Quipuscoa S.(1998). Tres nuevas especies de Verbesina (Asteraceae: Heliantheae) de los Andes del Perú. Arnaldoa 5(2): 141-149.

Salas, W.A., E. Rignot, & D. Skole (1999). Use of JERS-1 SAR for Monitoring Deforestation and Secondary Growth in the Tropics. JERS-1 Science Program '99 PI Reports, NASDA, Japan, pp. 123-132.

Sánchez I., José, Jacay H., Javier (1997). Geologia de los cuadrangulos de Huayabamba y Río Jelache. Universidad Nacional Mayor de San Marcos, INGEMNET, Lima, Peru.

Sarmiento, F.O. (2000). Breaking Mountain Paradigms: Ecological Effects on Human Impacts in Man-Aged Tropandean Landscapes. Ambio, Vol. 29, No. 7, pp. 423-431.

Schjellerup, I. & M.K. Sørensen (2001). Changes in the Utilization and its Environmental Effects in The Humid Eastern Montane Forests in the Departments of Amazonas and San Martin. Proceedings from Conservación de la Biodiversidad en los Andes y la Amazonía. Cusco, Peru, September 24th – 28th 2001.

Schjellerup, I. (1985) Observations on ridged fields and terracing systems. Tools & Tillage V:2, 100-121.

Schjellerup, I. (1992). Patrones de asentamiento en las faldas orientales de los Andes de la region de Chachapoyas. Ed. Duccio Bonavia Estudios de Arqueología Peruana:35-374. Lima.

Schjellerup, I. (1997). Incas and Spaniards in the Conquest of the Chachapoyas. Archaeological and Ethnohistorical Research in the North-eastern Andes of Peru. GOTARC. Series B. Gothenburg Archaeological Theses, No.7. Göteborg University.

Schjellerup, I. Ed. C.Espinoza, V. Quipuscoa, C. Samamé (1999), La Morada. La gente y la biodiversidad, colonizaciones en Ceja de Selva. Report No. 8. Centro para la Investigación sobre la Diversidad Cultural y Biológica de los Bosques Pluviales Andinos. DIVA

Schjellerup, I.(1989). Children of the Stones. A Report on the Agriculture in Chuquibamba, a District in North-eastern Peru. The Royal Danish Academy of Science and Letters' Commision for Research on the History of Agricultural Implements and Field Structures. Publication No.7. Copenhagen.

Schjellerup, I.(2000). La Morada. A Case Study on the Impact of Human pressure on the Environment in the Ceja de Selva, Northeastern Peru. Ambio Vol.29, No.7: 451-454. Royal Swedish Academy of Sciences.

Schjellerup, I., Ed.E.Achutequi, V. Quipuscoa, J.Fjeldså, C. Samamé (2001). Wayko-Lamas. Biodiversidad y gente. Ed. DIVA, Report No. 9. Centro para la Investigación sobre la Diversidad Cultural y Biológica de los Bosques Pluviales y Andinos y el Programa Danés de Investigación del Ambiente.

Skole, D. L., W.H. Chomentowski, W.A. Salas & A.D. Nobre (1994). Physical and Human Dimensions of Deforestation in Amazonia. BioScience, Vol. 44, No. 5, pp. 314-322.

Skole, D.L. & C. J. Tucker (1993). Tropical Deforestation and Habitat Fragmentation in the Amazon: satellite data from 1978 to 1988. Science, Vol. 260, pp. 1905-1910.

Skole, D.L., C.O. Justice, J.R.G. Townsend & A.C. Janetos (1997). A Land Cover Change Monitoring Program: Strategy for an International Effort. Mitigation and Adaptation Strategies for Global Change, Vol. 2, pp. 157-175.

Song, C., C. E. Woodcock, K. C. Seto, M. P. Lenney, & S. A. Macomber (2001). Classification and Change Detection Using Landsat TM Data: When and How to Correct Atmospheric Effects? Remote Sensing of Environment, Vol. 75, pp. 230-244.

Steininger, M. K. (2000). Satellite Estimation of Tropical Secondary Forest Above-Ground Biomass: Data From Brazil and Bolivia. International Journal Remote Sensing, 2000, Vol. 21, No. 6 & 7, 1139-1157.

Thenkabail, P.S. (1999). Characterization of the alternative to slash-and-burn benchmark research area representing the Congolese rainforests of Africa using near-real-time SPOT HRV data. International Journal of Remote Sensing, Vol. 20, No. 5, pp. 839-877.

Tivy, J. (1990). Agricultural Ecology. Longman Group Ltd., England. 288 p.

Tokola, T., S. Löfman and A. Erkkilä (1999). Relative Calibration of Multitemporal Landsat Data for Forest Cover Change Detection. Remote Sensing of Environment, Vol. 68, pp. 1-11.

Tosi, J. (1960). Zonas de vida natural en el Perú. Proyecto 39 IICA-OEA. Bol. Tec. No. 5. Lima, Perú.

Townsend, P. A. (2000). A Quantitative Fuzzy Approach to Assess Mapped Vegetation Classification for Ecological Applications. Remote Sensing of Environment, Vol. 72, pp. 253-267.

Tucker, C. J. & J. R. G. Townshend (2000). Strategies for Monitoring Tropical Deforestation Using Satellite Data. International Journal of Remote Sensing, 2000, Vol. 21, No. 6 & 7, pp. 1461-1471.

van der Sanden, J.J. & D.H. Hoekman (1999). Potential of Airborne Radar To Support the Assessment of Land Cover in a Tropical Rain Forest Environment. Remote Sensing of Environment, Vol. 68, pp. 26-40.

Verbyla, D. L. & S. H. Boles (2000). Bias in Land Cover Change Estimates Due to Misregistration. International Journal of Remote Sensing, Vol. 21, No. 18, pp. 3553-3560.

Vogelmann, J.E., D.Helder, R. Morfitt, M.J. Choate, J.W. Merchant & H Bulley (2001). Effects of Landsat 5 Thematic Mapper and Landsat 7 Enhanced Thematic Mapper Plus Radiometric and Geometric Calibrations and Corrections on Landscape Characterization. Remote Sensing of Environment, Vol. 78, pp. 55-70.

Weberbauer, A. (1945). El mundo vegetal de los Andes peruanos. Estación experimental Agraria La Molina. Ministerio de Agricultura. Lima, Perú.

Woodcock, C.E., S.A. Macomber, M.Pax-Lenney & W.B. Cohen (2001). Monitoring Large Areas for Forest Change Using Landsat: Generalization Across Space, Time and Landsat sensors. Remote Sensing of Environment, Vol. 78, pp. 194-203.

Young, K. & N. Valencia (1992). Introduccion: Los Bosques Montañosos del Perú. Memorias del Museo de Historia Natural, Lima, Vol. 21, p.5-9.

Young, K. (1992). Biogeography of the Montane Forest Zone of the Eastern Slopes of Perú. 21: 119-140 in Young K. & N. Valencia (eds.) Memorias del Museo de Historia Natural U.N.M.S.M. Artex Editores EIRL. Lima, Perú.

Young, K. R. & B. Leon (1999). Peru's Humid Eastern Montane Forests: An Overview of Their Physical Setting, Biological Diversity, Human Use and Settlement and Conservation Needs. DIVA, Technical Report No. 5, 97 p.

Apendice 1 // Appendix 1: Diccionario de las plantas útiles // Dictionary of useful plants

Víctor Quipuscoa

El presente diccionario de las plantas más importantes en la etnobotánica de La Meseta (cuenca del Río Jelache) y Huambo se ha elaborado a base de la información obtenida de los pobladores, asi como de las observaciones realizadas.

En el diccionario se han incluído nombres vulgares y científicos, con la finalidad que pueda ser utilizado en caso se conozca uno de ellos o ambos.

El nombre científico está seguido por el nombre de la familia a la que pertenece; el (los) nombre(s) común(es) se ha(n) considerado en el siguiente renglón; así como, el hábito, forma de crecimiento, si es cultivada o semicultivada (en caso de no mencionarse, se trata de especie silvestre) y la información etnobotánica en párrafo aparte (primero en español, después en inglés).

El nombre vulgar va seguido del nombre científico al cual se acudiría en caso de necesitar información acerca del uso de la planta. En algunos casos el nombre vulgar está seguido de una vocal entre paréntesis; esto indica que se pueden usar ambas formas, sin cambio de significado: chilca(o), lo mismo es chilca o chilco.

Las colecciones se encuentran depositadas en HUT: Herbarium Truxillense, Universidad Nacional de Trujillo, HAO: Herbario de la Universidad Privada Antenor Orrego de Trujillo, HUSA: Herbario de la Universidad Nacional de San Agustín de Arequipa, Perú y F: Herbario del Field Museum de Chicago, U.S.A.

The present dictionary of the most important plants in the ethnobotany of La Meseta (Rio Verde basin) and Huambo is based on information from the inhabitants and by direct observations.

Entries in the dictionary are both local and scientific names, all arranged in alphabetical order. In this way those who know only the scientific or the local name can use the dictionary. In the main entries the scientific name is followed by the family name. The next line provides the local name. The third line gives the growths form, whether it is cultivated or semi-cultivated (if nothing is stated, wild growing individuals are used) followed by the ethnobotanical informaiton (first in Spanish, then in English).

Entries to local names provide reference to the scientific name (s) of that species. Occcasionally the local name is followed by a vocal in parenthesis, this indicates that both forms may be used, for example, chilca (o) means that both chilca and chilco may be used.

The collections are deposited in HUT: Herbarium Truxillense of Universidad Nacional de Trujillo; HAO: of Universidad Privada Antenor Orrego de Trujillo; HUSA: of Universidad Nacional de San Agustín de Arequipa; and F: of Field Museum of Chicago, U.S.A.

Achiote *Bixa orellana*
Achontilla *Heliocarpus americanus*
Adiantum sp. Pteridaceae
    Culantrillo
    Hierba terrestre. La infusión de las plantas se toma para aliviar cólicos menstruales. //
    Maidenhair fern, terrestrial herb. Plant infusion is used for menstrual and colic relief.
Agave americana, Amaryllidaceae
    Penca, maguey, century plant
    Planta acaule cultivada. Los escapos se usan en la construcción de viviendas, las fibras
    para confeccioner sogas y es sembrada como cercos vivos. // Stemless plant. Cultivated.
    Used for house constructions, the fibers for ropes and used in hedges.
Agrostis sp., Poaceae
    Pasto, grama //pasture grass
    Hierba. Usada como forraje // Herb. Natural pasture grass.
Ajenjo (absinthium) *Artemisia absinthium*
Ají *Capsicum annuum*
Ajo *Allium sativum*
Alverja *Pisum sativum*
Alfalfa *Medicago sativa*
Alfalfilla *Melilotus indica*
Alfaro *Calophyllum longifolium*
Algodón blanco *Gossypium barbadense* var. *Barbadense.*
Algodón pardo *Gossypium barbadense* var. *peruvianum.*

Aliso *Alnus acuminata* subsp. *Acuminata.*
Allium cepa, Liliaceae
    Cebolla de cabeza, cebolla // onion
    Hierba cultivada. Sus bulbos se utilizan como condimenticios y en ensaladas.
    Medicinalmente los bulbos cortados y hervidos se comen para curar enfermedades
    bronquiales. // Cultivated herb. The bulbs are used as food seasoning and in salads. The
    slices and boiled bulbs are used for bronchial diseases.
Allium fistulosum, Liliaceae

Cebolla china // Chinese onion

Hierba cultivada. Sus bulbos se utilizan como condimenticios y en ensaladas. // Cultivated herb. Bulbs are used as food seasoning and in salads.

Allium sativum, Liliaceae

Ajo // garlic

Hierba cultivada. Sus bulbos son utilizados como condimenticios. Medicinalmente los bulbos cortados y hervidos se comen para afecciones de la garganta. Algunos pobladores tienen la creencia que el ajo macho (un diente) llevado en el bolsillo, ahuyenta los malos espíritus // Cultivated herb. Its bulbs are used as food seasoning. Used for throat affections. Some people believe that the "male garlic" (ajo macho) carried in the pocket will scare away evil spirits.

Alnus acuminata subsp. *acuminata*, Betulaceae

Aliso // Alder tree

Arbol cultivado. La infusión de las hojas es tomada como antidiarréica y le atribuye propiedades antirreumáticas. Se usa en la elaboración de utensilios de cocina y depósitos. La madera en la construcción de viviendas y para leña. // Cultivated tree. An infusion of the leaves is taken as an antidiarrheic, and it is considered having antirheumatic properties. The timber is used to make household articles, for constructions and for firewood.

Altea *Urocarpidium peruvianum*

Alternanthera sp., Amaranthaceae

Lancetilla

Hierba. Toda la planta, pero principalmente las hojas tomadas en infusión alivian dolores de estómago y en cocción para lavar heridas como desinfectante. // Herb. Infusion made of the entire plant, but especially the leaves alleviate stomach pain and a decoction is used as an antiseptic to clean wounds.

Aloe vera, Liliaceae

Sábila //aloe

Planta suculenta semicultivada. El mucílago de las hojas con miel se consume contra el asma y para acidez del estómago. La planta es considerada un guardián contra los malos espíritus. // Semicultivated succulent plant. The leaves mixed with honey are used against asthma and stomach sourness. The plant is considered a guardian against evil spirits.

Aloysia triphylla, Verbenaceae

Cedrón

Arbusto cultivado. La infusión de las hojas es usada como carminativas y digestivas. Se toma además como agua de tiempo. // Cultivated shrub. An infusion of leaves are said to have carminative and digestive properties and are used as "agua de tiempo".

Alverja *Pisum sativum*

Amaranthus caudatus, Amaranthaceae

Kiwicha

Hierba cultivada. Sus semillas se usan en la alimentación. // Cultivated herb. The seeds are used for food.

Amargón *Taraxacum officinale*

Anacardium occidentale, Anacardiaceae

Marañón // cashew

Arbol cultivado. Sus frutos son consumidos en estado natural y en jugos. La madera sirve como leña. // Cultivated tree. The fruits are edible and used for juices. The timber is used for firewood.

Ananas comosus, Bromeliaceae

Piña // pineapple

Hierba con hojas arrosetadas. Sus frutos maduros son comestibles y sirven para preparar jugos, refrescos y dulces. El jugo de la piña verde es usado como astringente y antihelmíntica. // Herb with rosette leaves. The fruit is edible and is used for juices, refreshment and sweets. The juice of unripe pineapple is used as an astringent and antihelmintic.

Angusacha *Sida rhombifolia*

Anís *Tagetes filifolia*

Anisillo de la sierra *Tagetes filifolia*

Annona cherimola, Annonaceae

Chirimoya // cherimoya, annona

Arbol cultivado. Sus frutos son comestibles. La madera se utiliza en construcción y para leña. //

Cultivated tree. The fruits are edible. The timber is used for house constructions and for firewood.

Anona *Rollinia* sp.

Apio *Apium graveolens*

Apium graveolens, Apiaceae

Apio // celery

Hierba cultivada. Las hojas se utilizan como hortalizas, las semillas son empleadas como aromatizantes. En medicina la infusión se toma contra el hipo; la tintura como estimulante de la digestión y para curar la neumonía. // Cultivated herb. The leaves are used like vegetables and the seeds for flavouring. In infusion used for hiccups and the tincture for stimulating digestion and to cure pneumonia.

Arachis hypogaea, Fabaceae

Maní // peanut

Hierba cultivada. Sus semillas tostadas se consumen directamente o mezcladas con arroz. // Cultivated herb. Its roasted seeds are edible. It is consumed mixed with rice.

Arracacha *Arracacia xanthorrhiza*

Arracacia xanthorrhiza, Apiaceae

Arracacha, ricacha, zanahoria blanca

Hierba cultivada. Las raíces tuberosas de esta planta varían en color, forma y tamaño (blancas, amarillas y moradas). Se comen cocidas como papas o cocidas al horno, en forma de puré y en las sopas pueden ser mezcladas con camote y yuca. Medicinalmente las hojas soasadas o machacadas se colocan en las heridas causadas por el itil (*Toxicodendron striatum*) para desinfectarlas. // Cultivated herb. The tubers vary in color (white, yellow, purple), form and size. It is consumed boiled (like potatoes) or baked, sometimes mashed. In soups they may be mixed with sweet potatoes and manioc. Medicinally the ground leaves ar roasted lightly or crushed and placed on the wounds caused by the itil (*Toxicodendron striatum*) in order to disinfect them.

Arrayán   *Myrcianthes* sp.

Arroz *Oryza sativa*

Artemisia absinthium, Asteraceae

Ajenjo // wormtimber, absinthium

Hierba cultivada. La infusión de las hojas y tallos es tomada como té. Medicinalmente en infusión como vermífuga, tónica y para aliviar el dolor de estómago. // Cultivated herb. The leaves and stems are used as tea. Infusion of the leaves and stems is used as vermifuge, tonics and to alleviate stomach pain.

Arveja *Pisum sativum*

Asclepias physocarpa , Asclepiadeaceae

Bolas de adán

Arbusto cultivado. Usada como ornamental. // Cultivated shrub. Ornamental.

Atadijo *Trema micrantha*

Axinaea sp., Melastomataceae
Calzón rosado
Arbol. Los estambres se consumen como alimenticios. // Tree. The stamens are edible.
Azarcillo *Cinchona* sp.
Baccharis genistelloides, Asteraceae
Carqueja // Broom plant
Arbusto semicultivado. Los tallos y hojas en infusión curan las afecciones hepáticas y
uterinas; la tintura alcohólica contra los dolores reumáticos. // Semi-cultivated shrub.
Infusions made from the stems and leaves are used for liver and uterine complaints. As
alcoholic tincture it is used against rheumatic pains.
Baccharis sp., Asteraceae
Chilca (o)
Arbusto. Las hojas se emplean principalmente por su acción calmante y antirreumática,
colocándolos en forma de emplastos sobre el lugar afectado. // Shrub. The leaves are used
for their antirheumatic and painkilling properties. Plasters are placed on the affected parts.
Barrilón *Cecropia* sp.
Begonia parviflora, Begoniaceae
Begonia
Arbusto. Aromática y ornamental. // Shrub. Aromatic and ornamental.
Bejuco *Psammisia* sp.
Berenjena *Cyphomandra betaceae*
Berenjena silvestre *Cyphomandra* sp.
Berro *Rorippa nasturtium-aquaticum*t
Bidens pilosa, Asteraceae
Cadillo
Hierba. Las hojas tomadas en infusión se usan para la infección del hígado, sirve también
como forraje, comportándose en ocasiones como maleza. // Herb. Infusion made of the
leaves is used as a cure against liver infection. Also used for fodder, occasinaly behaving
as a weed.
Bixa orellana, Bixaceae
Achiote // bija
Arbusto cultivado. Las semillas se utilizan para colorear las sopas. // Cultivated shrub. The
seeds are used for coloring soups.
Bolas de adán *Asclepias physocarpa*
Bolsa del pastor *Capsella bursa-pastoris*
Brassica oleracea var. *botrytis*, Brassicaceae
Coliflor // cauliflower
Hierba cultivada. Son utilizadas como hortalizas, crudas en ensaladas o cocidas en guisos. /
/ Cultivated herb. Used as vegetable, raw in salads or boiled in stews.
Brassica oleraceae var. *capittata-alba*, Brassicaceae
Repollo // cabbage
Hierba cultivada. Son utilizadas como hortalizas, crudas en ensaladas o cocidas en guisos.
// Cultivated herb. Used as vegetable, raw in salads or boiled in stews.
Brugmansia arborea, Solanaceae
Floripondio blanco
Arbusto cultivado. Ornamental. // Cultivated shrub. Ornamental.
Bunchosia armeniaca, Malpighiaceae
Ciruela de fraile, cansaboca // plum tree
Arbol a veces cultivado. Se consumen los frutos al natural. // Tree, occasionaly cultivated.
The fruits are consumed.
Bunchosia sp., Malpighiaceae

Cansaboca silvestre // wild plum tree
Arbol. Sus frutos bien maduros son agradables y dulces. // Tree. The ripe fruits are pleasant and sweet.
Byttneria, Sterculiaceae
Zarza
Arbusto. Utilizado como cerco vivo. // Shrub. Used in hedges.
Caballo runtu *Solanum* sp.
Cabuya *Furcraea andina*
Cacao *Theobroma cacao*
Cadillo *Bidens pilosa*
Caesalpinia decapetala var. *decapetala*, Fabaceae
Uña de gato // cat's claw
Arbusto semicultivado. Utilizado para cerco vivo y como ornamental. // Semi-cultivated shrub. Used in hedges and ornamental
Café *Coffea arabica*
Café sacha *Psychotria* sp.
Caigua chilena *Sechium edule*
Caigua *Cyclanthera pedata*
Caigua espinosa *Sechium edule*
Caigua lisa *Cyclanthera pedata*
Caimito *Pouteria caimito*
Cajanus cajan, Fabaceae
Montañero // pigeon pea
Arbusto cultivado. Las semillas son utilizadas en la alimentación. La infusión de las hojas y vainas es tomada como diurética. // Cultivated shrub. Its seeds are edible. Infusion of the leaves and pods has diuretic properties.
Calabaza *Lagenaria siceraria*
Calaguala *Campyloneurum angustipaleatum*
Calophyllum longifolium, Clusiaceae
Alfaro
Arbol. Se usa la madera para la construción de viviendas, puentes y en la construcción de herramientas. // Tree. The timber is used for house and bridge constructions and for tools.
Calvinche *Solanum* sp. 1
Calzón rosado *Axinaea* sp.
Camote *Ipomoea batatas*
Campyloneurum angustipaleatum, Polypodiaceae
Kalaguala, calaguala
Hierba terrestre. Las frondas y los rizomas son tomados en infusión para malestares del hígado y en cocción para lavar heridas como antiséptico. // Terrestrial herb. The leaves and rhizomes are used in infusions against liver problems, and in decoctionsas an antiseptic to clean wounds.
Cansaboca silvestre *Bunchosia* sp.
Cantona *Colocasia esculenta*
Caña de azúcar *Saccharum officinarum*
Capsella bursa-pastoris, Brassicaceae
Bolsa del pastor
Hierba. La planta tomada en infusión tiene acción emenagoga y alivia infecciones de la vejiga. // Herb. Infusion made of the entire plant alleviate bladder infections and regulates menstruation.
Capsicum annuum, Solanaceae
Ají // chili peber
Arbusto cultivado. Sus frutos son utilizados en la preparación de la mayoría de potajes;

además, molido con berenjena (*Cyphomandra betaceae*) se consume agregando a las comidas. Cultivan algunas variedades como: escabeche, rojo y amarillo. // Cultivated shrub. Its fruits are used in preparation of the majority of stews. Ground with tree tomatoes (*Cyphomandra betaceae*) it is added to the food as seasoning. Several varieties are cultivated as: escabeche, red and yellow.

Capsicum pubescens, Solanaceae
  Rocoto
  Arbusto cultivado. Sus frutos molidos con o sin paico (*Chenopodium ambrosioides*), berenjena (*Cyphomandra betaceae*) y wakatay (*Tagetes minuta*), constituye el rocoto, y se usa durante las comidas. // Cultivated shrub. The grounded fruits with or without paico (*Chenopodium ambrosioides*), tree tomato (*Cyphomandra betaceae*) and huakatay (*Tagetes minuta*), are added to some dishes.

Carica papaya Caricaceae
  Papaya
  Arbol cultivado. Se consumen sus frutos maduros al estado natural y en jugos. // Cultivated tree. The matue fruits are consumed directly or as juice.

Carica sp., Caricaceae
  Chamfurra
  Arbol. Sus frutos amarillos son comestibles por ser muy agradables. // Tree. The yellow fruits are edible and very pleasant.

Carica sp., Caricaceae
  Chamfurro pequeño
  Arbolillo. Sus frutos rojos a la madurez son comestibles, aunque abundan espontáneamente y tienen una apariencia agradable, son insípidos y pequeños. // The abundant fruits are edible, however they are small and tasteless.

Carqueja *Baccharis genistelloides*

Cascabel *Crotalaria* sp.

Cashacaspi *Solanum* sp.

Cascarilla *Cinchona* sp.

Catahua *Hura crepitans*

Cebada *Hordeum vulgare*

Cebolla *Allium cepa*

Cebolla de cabeza *Allium cepa*

Cebolla china *Allium fistulosum*

Cecropia sp., Cecropiaceae
  Higos, barrilón
  Arbol. Los frutos son usados en la alimentación y la madera como leña. // Tree. The mature fruits are edible, and the timber is used for firewood.

Cedrela montana, Meliaceae
  Cedro // cedar
  Arbol. Su madera es de mayor uso en la construcción de viviendas y especialmente para fabricar muebles como mesas, sillas, portacubiertos, portaplatos, camas; además, fabrican bateas para lavar, cucharas, mangos de cuchillos, morteros, moldes para elaborar chancaca y escaleras. // Tree. The timber is used for house constructions, furniture as tables, chairs, cases for plates, beds, kitchenware and moulds to make "chancaca".

Cedrelinga cateniformis, Fabaceae
  Tornillo
  Arbol. Su madera es muy apreciada para la construcción de sus viviendas, muebles y principalmente para puentes por ser dura y resistente. // Tree. The timber is used for house constructions, furniture, and especially for bridge constructions, as the timber is very hard and strong.

Cedro *Cedrela montana*

Cedrón *Aloysia triphylla*

Cerraja *Sonchus asper, Sonchus oleraceus*

Cestrum auriculatum, Solanaceae
Hierba santa
Arbusto. Las hojas estrujadas en agua fresca se usan para lavar las heridas o para curar la piel, los baños del cuerpo como febrífuga o sudorífica. // Shrub. The leaves crumpled in fresh water are used to clean wounds or to cure the skin. Body baths aer employed as a febrifuge or sudorific.

Cestrum sp., Solanaceae
Hierba hedionda
Arbusto. La cocción de las hojas en baños sirve como febrífuga. // Shrub. A decoction of the leaves in a bath serves as a febrifuge.

Chaquicha *Heliocarpus americanus*

Chamfurra *Carica* sp.

Chamfurro pequeño *Carica* sp.

Chancapiedra *Phyllanthus niruri*

Checo *Lagenaria siceraria*

Chenopodium ambrosioides, Chenopodiaceae
Paico
Hierba. Sus hojas y tallos tiernos tomados en infusión, son usados como vermífugo y digestivo; en cocimiento para lavar heridas. En la alimentación sirve para preparar una sopa llamada el verde, que se prepara conjuntamente con ruda, hierba buena, orégano y huacatay.// Herb. Infusions of leaves and young stems are used as a vermifuge and to aid digestion; in decoction it is used for cleaning wounds. As food it is used to prepare a special soup called "green soup", which is prepared together with rue, mint, wild marjoram, and huacatay.

Chenopodium quinoa, Chenopodiaceae
Quinua
Hierba cultivada. Sus granos se usan en la alimentación. // Cultivated herb. The grain is used for food.

Chiclayo *Cucurbita ficifolia*

Chilca *Baccharis* sp.

Chinchín *Iochroma nitidum, Iochroma* sp.

Chirimoya *Annona cherimola*

Chispa sacha *Lantana camara*

Chocho *Lupinus mutabilis*

Chorisia, Bombacaceae
Lupuna
Arbol. Sus tallos son usados en la construcció de viviendas y como leña. // Tree. The stem is used for house construction and for firewood.

Chusquea sp., Poaceae
Suro, yiwi
Planta apoyante. Utilizada como pasto natural. // Natural fodder plant.

Cinchona sp., Rubiaceae
Azarcillo, cascarilla, quinilla
Arbol. La madera es usada para la construcción de viviendas y fabricación de herramientas. Medicinalmente la corteza se usa como febríbuga y para la malaria. // Tree. The timber is used for house constructions and to make tools. The bark is used as a febrifuge and against malaria.

Citrus aurantifolia, Rutaceae
Limero // sweet lime tree
Arbusto cultivado. Los frutos son consumidos al natural. // Cultivated tree. The fruits are edible.

Citrus aurantium, Rutaceae
Naranja, orange tree
Arbol cultivado. Los frutos maduros, son alimenticias y sirven para preparar jugos y refrescos. Medicinalmente la infusión de las flores se toma como sedante nervioso. // Cultivated tree. The fruits are edible and are used to make juices and refreshments. Infusion of the flowers is used a sedative.

Citrus limon, Rutaceae
Limón // lemon
Arbol pequeño cultivado. El zumo de sus frutos es utilizado en la preparación de ensaladas y bebidas. Se agrega a las sopas o guisos para darles sabor. Medicinalmente se le atribuye numerosas propiedades curativas como: refrescantes, antiséptico, astringente y hemostático. // Small cultivated tree. The fruit juice is used in salads and refreshments, and to flavour food. The people believed that the lemon has various medicinal properties as being antiseptic, astringent and haemostatic.

Citrus reticulata, *Rutaceae*
Mandarina
Arbol pequeño cultivado. Los frutos son consumidos al natural. // Small cultivated tree with edible fuits.

Clarisia sp., Moraceae
Lechoso
Arbol. La madera es usada en la construcción de viviendas y para elaborar herramientas // Tree. The timber is used for house constuction and to make tools.

Clarisia sp., Moraceae
Morrero
Arbol, La madera es usada en la construcción de viviendas y para elaborar herramientas. // Tree. The timber is used for house constuction and to make tools.

Coca *Erythroxylum coca*
Coco *Cocos nucifera*
Cocos nucifera, Arecaceae
Coco
Tree. El endospermo almendráceo y acuoso de las semillas es comestible. The watery almond shaped endosperm of its seeds is edible.

Coffea arabica, Rubiaceae
Café // coffee
Arbusto cultivado. Las semillas tostadas y molidas sirven para preparar una bebida estimulante. Principal cultivo que genera ingresos económicos a los pobladores de Huambo. // Cultivates tree. The peeled, roasted and grounded seeds are used for the preparation of the stimulant coffee drink. Coffee is the main cultivar as cash crop as a source of economic income in the Huambo Valley.

Cola de caballo *Equisetum bogotense*, *Equisetum giganteum*
Colocasia esculenta, Araceae
Michuca, cantona, pituca
Hierba semicultivada. Especie usada en la alimentación principalmente por los pobladores de la Meseta. Se consumen cocidas como papas, en forma de puré y en sopas mezcladas con camote, yuca y arracacha. // Semi-cultivated herb. Important food plant for the Meseta inhabitants. The tubers are consumed boiled like potatoes; as mashed or in soups mixed with sweet potatoes, manioc and arracacha.

Coliflor *Brassica oleracea* var. *Botrytis*
Congona *Peperomia inaequalifolia*
Cordoncillo *Piper umbellatum*
Coriandrum sativum, Apiaceae
    Culantro // coriander
    Hierba cultivada. Las hojas şon utilizadas frecuentemente para condimentar las demás comidas. // Cultivated herb. The leaves are used for seasoning the food.
Coussapoa sp. Cecropiaceae
    Hoja chocra
    Arbol. La madera se usa para leña y las hojas sirven de forraje para el ganado vacuno. // Tree. The timber is used for firewood, and the leaves for fodder.
Critoniopsis sp., Asteraceae
    Kosomo
    Arbusto. Los tallos se usan en la construcción de viviendas y para la elaboración de herramientas. // Tree. The timber is used for house constuction and to make tools.
Crotalaria sp., Fabaceae
    Cascabel, nudillo
    Arbusto. La infusión de las hojas se usan como diurético. Además se comporta como maleza de los cultivos en la cuenca de Huambo. // Shrub. Infusion of the leaves is diuretic. Becomes weed in the Huambo Valley.
Croton lechleri, Euphorbiaceae
    Sangre de grado // dragon blood
    Arbol. El látex se usa para cicatrizar heridas y tomando unas gotas junto con los alimentos, alivia las úlceras gástricas. // Tree. The latex is employed as vulnerary, and with a few drops taken along with the meals it alleviates gastric ulcer.
Croton sp., Euphorbiaceae
    Sangre de grado
    Arbol. El látex se usa para cicatrizar heridas externas. // Tree.The latex is employed as vulnerary.
Cucarda *Hibiscus rosa-sinensis*
Cucurbita ficifolia, Cucurbitaceae
    Chiclayo
    Planta apoyante cultivada. Los frutos cocidos u horneados, maduros o inmaduros son utilizados en la alimentación; las semillas son consumidas tostadas o en dulces. // Cultivated climbing herb. The boiled or baked fruit, either ripe or unripe are used for food. The seeds are consumed roasted and in sweets.
Cucurbita maxima, Cucurbitaceae
    Zapallo // squash
    Hierba rastrera cultivada. Los frutos cocidos se usan en guisos, ensaladas y sopas. // Cultivated creeping herb. The boiled fruits are used in stews, salads and soups.
Culantro *Coriandrum sativum*
Culantrillo *Adiantum* sp.
Culantrillo *Parkia* sp.
Culén *Otholobium pubescens*
Cyclanthera pedata, Cucurbitaceae
    Caigua, caigua lisa
    Planta apoyante cultivada. Los frutos son consumidos como verdura en ensaladas, en frituras y para preparar algunos guisados. // Cultivated, climbing plant. The fruits are consumed as vegetables in salads, in fried foods and in stews.
Cymbopogon citratus, Poaceae

Hierba luisa // lemon grass

Hierba cultivada. Las hojas en infusión se toman como "mate" (infusión tomada como agua de tiempo) luego de las comidas. Medicinalmente le atribuyen propiedades digestivas y carminativas. // Cultivated herb. Infusion made from the leaves is taken as tea after meals. Medicinally, it is ascribed digestive and with carminative properties.

Cyphomandra betacea, Solanaceae

Berenjena // tree tomato

Arbol pequeño cultivado. Sus frutos maduros son consumidos al estado natural o molidas con rocoto para condimentar los alimentos. Existen muchas variedades según la forma, color (amarillo, anaranjado, rojo, rojo-anaranjado) y sabor. // Small cultivated tree. The ripe fruits are edible, and sometimes consumed minced with rocoto to season the food. There are various varieties according to form, color (yellow, orange, red) and flavor.

Cyphomandra sp., Solanaceae

Berenjena silvestre, pepino

Arbusto semicultivado. Sus frutos amarillos bien maduros son consumidos frescos al natural y son más dulces que las de *C. betacea*; se ha encontrado principalmente dentro y alrededor de los monumentos históricos ubicados de Inca Llacta. // Semi-cultivated shrub. The yellow ripe fruits are edible and are sweeter than C. *betacea*. It is found at the archeological site of Inka Llacta.

Daucus carota, Apiaceae

Zanahoria // carrot

Hierba cultivada. Se aprovecha su raíz tuberosa para condimentar guisos y dar color a las sopas. // Cultivated herb. The tuberous roots are used for seasoning stews and add color to soups.

Diego lópez *Ephedra americana*

Diente de león *Taraxacum officinale*

Digitaria sp. , Poaceae

Pasto // pasture

Hierba. Usada como forraje. Herb. Used for fodder.

Enredadera *Mutisia wurdackii*

Ephedra americana, Ephedraceae

Diego lópez, suelda con suelda

Hierba. Especie medicinal, usada en infusión como: antipirética, depurativa de la sangre, sedante de la tos. En cocción para lavar heridas como desinfectante y en emplastos para colocar en luxaciones, quebraduras y safaduras. // Herb. Used in infusions as antipyretic, cleansing of the blood, and as a sedative against cough. Decoctions are used to clean wounds, and as dressings to place on fractures and dislocations.

Epidendrum sp., Orchidaceae

Orquídea, sancapilla

Hierba. Aromática y ornamental. Herb. Aromatic and ornamental.

Equisetum bogotense, Equisetaceae

Cola de caballo // horsetail

Hierba. La planta tomada en infusión se usa como: depurativa de la sangre, diurética, disolvente de cálculos renales y vesicales, antidiarreica, digestiva; la cocción de toda la planta sirve para desinfectar heridas. La infusión también se toma como agua de tiempo o como "mate" conjuntamente con menta. // Herb. Infusions are used for cleansing of the blood, to dissolve vesicular and kidney stones and to be taken as "agua de tiempo" or as tea together with mint. Decoction of the entire plant is used to clean wounds.

Equisetum giganteum, Equisetaceae

Cola de caballo // horsetail

Hierba. Con propiedades similares a *Equisetum bogotense*. // Herb. The medicinal properties are similar to *Equisetum bogotense*.

Eriobotrya japonica, Rosaceae
   Níspero
   Arbol cultivado. Los frutos maduros son consumidos.// Cultivated tree. The ripe fruits are edible.

Eritrina *Erythrina* sp.

Erythrina edulis, Fabaceae
   Pajuro, poroto
   Arbol cultivado. Sus semillas cocidas son alimenticias. Sirven como cercos y ornamental. // Cultivated tree. The boiled seeds are edible. The plants are used in hedges and ornaments.

Erythrina sp., Fabaceae
   Eritrina, pajuro silvestre
   Arbol. La madera es utilizada en la construcción de viviendas y para fabricar herramientas. Se siembran en cercos y como ornamental. // Tree. The timber is used for house constructions and to make tools. It is sown at fences and is ornamental.

Erythroxylum sp., Erythroxylaceae
   Coca
   Arbusto. Las hojas son mascadas con cal para dar fuerza y energía a la gente durante las faenas de campo y largas caminatas. Tomadas en infusión se usan como sedante y alivia todo tipo de enfermedades de la digestión. // Shrub. The coca leaves are chewed with lime to give strength and energy to the people during work in the fields and long walks. Infusions of the leaves are sedative and digestive.

Escorzonera *Perezia multiflora*

Espina *Solanum* sp.

Estoraque Myroxylon

Eucalipto *Eucalyptus globulus*

Eucalyptus globulus, Myrtaceae
   Eucalipto // eucalyptus
   Arbol cultivado. La cocción de sus hojas son usadas en baños corporales como febrífugo; la infusión tomada con leche cura enfermedades bronquiales. La madera es poco usada en la construcción de viviendas y para leña. // Cultivated tree. A decoction of the leaves is used for body baths as a febrifuge. Infusion taken with milk, cure bronchial diseases. The timber is used for house constructions and as firewood.

Farolito chino *Malvaviscus penduliflorus*

Ficus insipida, Moraceae
   Ojé
   Arbol. La madera es usada en la construcción de viviendas y para leña. Medicinalmente el látex se usa como antiparasitario. // Tree. The timber is used for house constructions and firewood. Medicinally, the latex is used against parasites.

Ficus sp., Moraceae
   Higuerón
   Arbol. La madera es utilizada para la construcción de viviendas y para leña. // Tree. The timber is used for house construction and as firewood.

Ficus sp., Moraceae
   Lechero
   Arbol. La madera se usa en la construcción de viviendas y para leña. // The timber is used in house construction and as firewood.

Ficus sp., Moraceae
   Palo fuerte
   Arbol. La madera se usa en la construcción de viviendas y para elaborar herramientas. // The timber is used in house construction and to make tools.

Floripondio blanco *Brugmansia arborea*

428

Foeniculum vulgare, Apiaceae
Hinojo // fennel
Hierba cultivada. Sus hojas son utilizadas para preparar "mate", que se toma luego de las comidas como digestivo.// Cultivated herb. The leaves are used to prepare fennel tea, which is taken after meals as a digestive.
Frijol *Phaseolus vulgaris**
Furcraea andina, Amaryllidaceae
Cabuya
Planta semicultivada. Usada principalmente como cerco vivo. En ocasiones sacan las fibras de sus hojas para elaborar cordeles (sogas pequeñas). // Semi-cultivated herb. Mainly used in hedges. Occasionaly the fibres are extracted from the leaves and used to make rope.
Gansho *Psychotria* sp.
Geranio *Pelargonium roseum*
Glycine max, Fabaceae
Soya // soja
Hierba cultivada. Las semillas cocidas se usan en la alimentación. // Cultivated herb. The boiled seeds are used for food.
Gossypium barbadense var. *barbadense*, Malvaceae
Algodón blanco // white cotton
Arbusto cultivado. Los pelos de las semillas se usan para tejer vestidos y alforjas. Además para limpiar heridas externas empapadas con alcohol u otro desinfectante. // Cultivated shrub. The cotton is used for weaving clothes and saddle bags and for cleaning and applying alcohol or other antiseptic to clean wounds.
Gossypium barbadense var. *peruvianum*, Malvaceae
Algodón pardo // brown cotton
Arbusto cultivado. Usado principalmente para confeccionar prendas de vestir, bolsos, fajas, gorros, entre otras prendas. // Cultivated shrub. Is used mainly used to weave bags, clothes, scarfs, caps, and other garments
Granadilla *Passiflora ligularis*
Granadilla silvestre *Passiflora* sp.
Guabilla *Inga* sp.
Guayabo(a) *Psidium guajava*
Haba *Vicia faba* // broad bean
Heliocarpus americanus, Tiliaceae
Achontilla, chaquicha, llausa
Arbol. La fibra de su corteza se usa para elaborar sogas y cordeles. Su madera sirve como leña. // Tree. The fibres from the bark are used for making rope and cord. The timber is used for firewood.
Hibiscus rosa-sinensis, Malvaceae
Cucarda
Arbusto cultivado. De uso ornamental. // Cultivated shrub. Ornamental.
Hierba buena *Mentha spicata* // mint
Hierba de elefante *Pennisetum purpureum*
Hierba hedionda *Cestrum* sp.
Hierba luisa *Cymbopogon citratus*
Hierba santa *Cestrum auriculatum*
Higos *Cecropia* sp.
Higuerilla *Ricinus communis*
Higuerón *Ficus* sp.
Hinojo *Foeniculum vulgare*
Hoja chocra *Coussapoa* sp.

Hordeum vulgare, Poaceae

Cebada

Hierba cultivada. Las semillas tostadas se usan en la alimentación, las que se muelen conjuntamente con lino (*Linum usitatissimum*). La cocción de las semillas se toma como agua del tiempo, como diurética y para disolver cálculos renales. // Cultivated herb. The toasted seeds are used in the diet, they are ground together with the seeds of flax. A decoction of the seeds is taken as "agua del tiempo", as a diuretic and to dissolve kidney stones.

Huaba *Inga edulis*

Huabilla, huabilla landosa *Inga* sp.

Huacatay *Tagetes minuta, T. terniflora*

Hura crepitans, Euphorbiaceae

Catahua

Arbol. La madera se usa en la construcción de viviendas. El látex es irritante y puede causar ceguera. // Tree. The timber is used for house constructions. Its latex is irritant and can to cause blindness.

Ichnanthus nemorosus, Poaceae

Pasto // pasture

Hierba. Forraje natural. // Herb used for fodder.

Inga edulis, Fabaceae

Huaba (pacay)

Arbol cultivado. Sus frutos maduros son comestibles. La madera es usada como leña. // Cultivated tree. The ripe fruits are edible. The timber is used for firewood.

Inga feuillei, *Fabaceae*

Pacae

Arbol. Se aprovechan sus frutos en la alimentación y su madera para leña. // Tree. The fruits edible. The timber is used for firewood.

Inga spp., Fabaceae

Huaba silvestre, huabilla, huabilla landosa.

Arbol. Se aprovechan sus frutos en la alimentación y su madera para leña. // Tree. Fruits edible. The timber is used for firewood.

Iochroma nitidum, Solanaceae

Chinchín

Arbol. Su madera se usa en la construcción de viviendas, para fabricar herramientas y como leña. // Tree. Fruits edible. The timber is used for making tools and for firewood.

Ipomoea batatas, Convolvulaceae

Camote // sweet potato

Hierba cultivada. Sus raíces engrosadas ricas en almidón y azúcar se usan para la alimentación diaria; por lo general las cocinan sin pelar como papas, asadas en pequeños hornos y peladas para preparar sopas; así mismo, cortadas en rodajas en frituras. Cultivan muchas variedades entre dulces y los llamados lambac o camotes papa (no dulces). // Cultivated herb. The tuberous roots are rich in strarch and sugar, and are part of the daily diet. In general they are boiled with the peel like potatoes or baked in small ovens or peeled and used in soups. They may also be cut in slices and fried. A number of varities are cultivated among the sweet and the not sweet varieties as *lambac* or *camotes papa*.

Iriartea sp., Arecaceae

Pona

Arbol. Los tallos se usan para la construcción de viviendas y las hojas en el techado de sus casas. // Tree. The stems are used for house constructions and the leaves for roofs.

Ishanga *Urera* sp., *Urtica* sp.

430

Ishpingo caoba *Nectandra* sp.

Ishpingo mohena *Nectandra* sp.

Itil *Toxicodendron striatum*

Jaltomata sp., Solanaceae
Tomatillo silvestre
Subarbústo. Los frutos maduros son alimenticios. // Subshrub. The ripe fruits are edible.

Juglans neotropica, Juglandaceae
Nogal // walnut
Arbol cultivado. Sus hojas en infusión se utilizan para curar las afecciones pulmonares y la tos. // Cultivated tree. Infusion with the leaves is used to cure pulmonary disease and cough.

Kalaguala *Campyloneurum angustipaleatum*

Kikuyo *Pennisetum clandestinum*

Kiwicha *Amaranthus caudatus*

Kosomo *Critoniopsis* sp.

Lactuca sativa, Asteraceae
Lechuga // lettuce
Hierba cultivada. Sus hojas son utilizadas en ensaladas. Cultivated herb. The leaves are used in salad.

Lagenaria siceraria, Cucurbitaceae
Calabaza, mate, checo, poto.
Hierba cultivada. Los frutos son de diferentes formas y medidas. Los grandes sirven para cargar y guardan agua, los medianos para elaborar herramientas (cucharones) y para confeccionar utensillos de cocina (platos, tazones) y los pequeños para colocar cal que, los pobladores usan para chacchar o masticar coca. // Cultivated herb. The fruits have different forms and sizes. The large calabashes are used for carrying and store water; the medium to make kitchenware (plates and bowls), and the small to keep the lime for coca chewing.

Lancetilla *Alternanthera* sp.

Lanche *Myrcianthes* sp.

Lantana camara, *Verbenaceae*
Chispa sacha
Arbusto semicultivado. La infusión de las hojas se toman para dolores de estómago. // Semi-cultivated shrub. Infusion of the leaves is used for stomach pain.

Lapacho *Verbesina ampliatifolia*

Laurel *Myrica pubescens*

Lechero *Ficus* sp.

Lechoso *Clarisia* sp.

Lechuga *Lactuca sativa*

Limero *Citrus aurantifolia*

Limón *Citrus limon*

Linaza *Linum usitatissimum*

Lino *Linum usitatissimumx*

Linum usitatissimum, Linaceae
Linaza, lino // flax
Hierba cultivada. Sus semillas se usan en la alimentación, éstas son tostadas y molidas con trigo, principalmente con cebada. Medicinalmente sirve para preparar bebidas refrescantes, diuréticas y desinflamantes del hígado. // Cultivated herb. The seeds are edible. The seeds are roasted and grounded with wheat and mainly with barley for food. Medicinally they are diuretic and used to cure liver inflammation.

Llacón *Smallanthus sonchifolius*

Llantén *Plantago major*

Llantén macho *Plantago australis*

Llausa *Heliocarpus americanus*
Lúcuma *Pouteria lucuma*
Lupinus mutabilis, Fabaceae
    Chocho, tarwi
    Arbusto cultivado. Sus semillas se utilizan en la alimentación. // Cultivated shrub. The seeds are used for food.
Lupuna *Chorisia*
Lycopersicon esculentum, Solanaceae
    Tomate // tomato
    Hierba cultivada. Sus frutos se utilizan como condimento y para preparar ensaladas. Medicinalmente colocan rodajas del fruto en heridas, sobretodo ocasionadas por quemaduras, como refrescante y antiinflamante. // Cultivated herb. The fruits are used for seasoning food and for salads. Medicinally, slices of the fruir are placed on wounds, especially those caused by burns, as refreshment and an anti-flammatory remedy.
Maguey *Agave americana*
Maíz *Zea* may // corn, maize
Malus domestica, Rosaceae
    Manzana // apple
    Arbol pequeño cultivado. Su fruto maduro se consume // Small cultivated tree. The fruits are edible. .
Malva *Urocarpidium peruvianum, Sida rhombifolia*
Malvaviscus penduliflorus, Malvaceae
    Farolito chino // heartseed
    Arbusto cultivado. Usada como ornamental y para cercos vivos. // Cultivated tree. Ornamental and used in hedges.
Mandarina *Citrus reticulata*
Mangifera indica, Anacardiaceae
    Mango
    Arbol cultivado. Los frutos maduros se consumen. Cultivated tree. The ripe fruits are edible.
Mango *Mangifera indica*
Maní *Arachis hypogaea* // peanut
Manihot esculenta, Euphorbiaceae
    Yuca // manioc
    Sufrútice cultivado. Sus raíces tuberosas son de uso común en la dieta de los pobladores. Preparan sus sopas, frituras y en ocasiones lo consumen asadas. Cultivan variedades según sea la cuenca. // Sub-shrub. The tubers are common food. Used in soups, fried and sometimes baked. There are many cultivated varieties according to the location.
Manzana *Malus domestice*
Manzanilla *Matricaria recutita*
Maracuyá *Passiflora edulis*
Marañón *Anacàrdium occidentale*
Mate *Lagenaria siceraria*
Matico *Piperumbellatum, Piper* spp.,
Matricaria recutita, Asteraceae
    Manzanilla // camomile
    Hierba cultivada. La infusión de la planta (hojas, tallos y flores) se toma para aliviar dolores de estómago, como digestiva y cardiotónica. // The infusion (leaves, stems and flowers) are taken to alleviate stomach pain and as a digestive and cardiotonic.
Medicago sativa, Fabaceae
    Alfalfa
    Hierba cultivada. Utilizada como forraje. Medicinalmente el zumo con o sin limón es tomado

para depurar la sangre y el hígado. // Cultivated herb. Used for fodder. Medicinally the juice, with or without lemon, is taken to purify the blood and the liver.

Melilotus indica, Fabaceae
    Alfalfilla
    Hierba semicultivada. Medicinalmente sus hojas son utilizadas para lavar heridas como desinfectante, tomadas en infusión para depurar la sangre, desinfectante del hígado y como diurética. Usada como forraje. // Semi-cultivated herb. Medicinally the leaves are used as a antiseptic to clean wounds. Infusions are used to purify the blood, to disinfect the liver as an diuretic.

Melissa officinalis, Lamiaceae
    Toronjil
    Hierba cultivada. La infusión de la planta es tomada en "mate"; medicinalmente es utilizada para aliviar dolores de estómago y como carminativa. // Cultivated herb. The infusion of the plant is taken as tea. Medicinally it is used to alleviate stomach pain and as a carminative.

Menta *Mentha* x *piperita* // mint

Mentha x *piperita*, Lamiaceae
    Menta // mint
    Hierba cultivada. La infusión de la planta es tomada como carminativa y antiespasmódica. // Cultivated herb. The infusion of the plant is taken as a carminative and as an antispasmodic.

Mentha spicata, Lamiaceae
    Hierba buena
    Hierba cultivada. La infusión de la planta es tomada para calmar dolores de estómago, como carminativa, antiespasmódica y vermífuga. En la alimentación sirve para condimentar las sopas en forma de verdura. // Cultivated herb. The infusion of the plant is taken to calm stomach pain as a carminative, antispasmodic and vermifuge. In the diet it serves to season the soups.

Michuca *Colocasia esculenta*

Mintosthachys mollis, Lamiaceae
    Muña, tinto
    Sufrútice. La infusión de sus hojas se usan como carminativas. En la alimentación como condimenticia. // Sub-shrub. The infusion of the leaves is used as a carminative. In the diet employed as a condiment.

Mohena *Ocotea*

Montañero *Cajanus cajan*

Morocho *Mysine* sp.

Morrero *Clarisia* sp.

Muña Mintosthachys mollis

Musa acuminata, Musaceae
    Plátano // banana
    Hierba cultivada. Los frutos son aprovechados verdes y maduros; verdes son cocidos junto con michuca, camote o yuca como sustituto de la papa y en sopas. Cultivan diversas variedades en ambas cuencas. // Cultivated herb. Both green and mature fruits are used. The green are boiled together with michuca, sweet potaoes or manioc as a substitute for potatoes and in soups. Many varities are cultivated in the Huambo Valley and in La Meseta.

Mutisia wurdackii, Asteraceae
    Enredadera
    Planta trepadora. Utilizada como ornamental debido a sus vistosos capítulos anaranjados. // Climbing plant. Used as an ornamental because of its spectacular orange flowers.

Myrcianthes sp., Myrtaceae
    Arrayán, lanche
    Arbol. Los frutos maduros son consumidos. La madera se usa en la construccion de viviendas y para la fabricación de herramientas. // Tree. The ripe fruits are edible. The timber is used for

house constructions and to make tools.

Myrica pubescens, Myricaceae
  Laurel
  Arbol. La madera se usa en la construcción de viviendas y fabricación de herramientas. // Tree. The timber is used for house construction and to make tools.

Myroxylon, *Fabaceae*
  Estoraque
  Arbol. La madera se usa en la construcción de viviendas, fabricación de herramientas y para leña. // Tree. The timber is used for house construction, to make tools and for firewood.

Myrsine sp., Myrsinaceae
  Morocho
  Arbol. La madera se usa en la construcción de viviendas y para elaborar herramientas. // Tree. The timber is used for house construction and to make tools.

Myrsine sp., Myrsinaceae
  Naranjillo
  Arbol. La madera se usa en la construcción de viviendas y para leña. // Tree. The timber is used for house construction and for firewood.

Naranja *Citrus aurantium*

Naranjillo *Myrsine* sp.

Nectandra sp., Lauraceae
  Ishpingo caoba
  Arbol. La madera se usa en la construcción de viviendas y como leña. // Tree. The timber is used for house construction and for firewood.

Nectandra sp., Lauraceae
  Ishpingo mohena
  Arbol. La madera se usa principalmente en la construcción de viviendas por ser resistente y dura. // Tree. The timber is mainly used for house construction, as it is hard and durable.

Nicotiana tabacum, Solanaceae
  Tabaco
  Sufrútice semi-cultivado. Las hojas secas son utilizadas como vomitivo. Usada como ornamental. // Semi-cultivated sub-shrub. The dry leaves are used as an emetic. Also employed as an ornamental.

Níspero *Eriobotrya japonica*

Nogal *Juglans neotropica // walnut*

Nudillo *Crotalaria sp.*

Oca *Oxalis tuberosa*

Ochroma pyramidale, Bombacaceae
  Palo de balsa, topa // balsa
  Arbol. Los tallos se usan para confeccionar balsas. // Tree. The stems are used to make rafts.

Ocotea, Lauraceae
  Mohena

Ojé *Ficus insipida*

Olluco *Ullucus tuberosus*

Oncidium sp., Orchidaceae
  Sancapilla, orquídea
  Hierba. Usada como ornamental. // Herb. Ornamental.

Orégano *Origanum vulgare*

Origanum vulgare, Lamiaceae
  Orégano.

Hierba cultivada. La infusion de la planta es tomado como carminativa y pata aliviar los dolores de estómago. Usada como condimenticia. // Cultivated herb. The infusion of the plant is taken as a carminative and to alleviate stomach pain. Used as a condiment.

Orquídea *Epidendrum* sp., *Oncidium* sp.

Ortiga *Urera* sp., *Urtica* sp.

Oryza sativa, Poaceae

Arroz // rice

Hierba cultivada. Las semillas se usan en la alimentación. // Cultivated herb. The seed are used in the diet.

Otholobium pubescens, Fabaceae

Culén

Arbusto semicultivado. Las hojas tomadas en infusión son utilizadas para las detener diarreas infantiles y para cólicos estomacales. // Semi-cultivated shrub. Infusions of the leaves are used against children diarrhoea and against stomach colic.

Oxalis tuberosa, Oxalidaceae

Oca

Hierba cultivada. Los tubérculos se aprovechan en la alimentación, sancochándolos y comiéndolos como papas. // Cultivated herb. The tubers are boiled and consumed like potatoes.

Pacae *Inga feuillei*

Paico *Chenopodium ambrosioides*

Pajuro *Erythrina edulis*

Pajuro silvestre *Erythrina* sp.

Pallar *Phaseolus lunatus*

Palta *Persea americana* // avocado

Palta silvestre *Persea* sp.

Palillo *Psidium* sp.

Palo de balsa *Ochroma pyramidale*

Palo fuerte *Ficus* sp.

Panizara *Satureja pulchella*

Papa *Solanum tuberosum* // potato

Papaya *Carica papaya*

Parkia sp., Fabaceae

Culantrillo

Arbol. La madera se usa en la construcción de viviendas, elaboración de herramientas y para leña. // Tree. The timber is used in house construction, to make tools and for firewood.

Pasalla *Trema micrantha*

Paspalidium, Poaceae

Pasto, pasture

Hierba. Usada como forraje. // Herb. Used for fodder.

Paspalum spp., Poaceae

Pasto, ppasture

Hierba. Usada como forraje. // Herb. Used for fodder.

Passiflora edulis, Passifloraceae

Maracuyá

Planta trepadora cultivada. Los frutos se consumen al natural y en refrescos. Medicinalmente el jugo de los arilos de las semillas sirven para bajar la presión. // Cultivated climbing plant. The ripe fruits are edible and used as refreshment. Medicinally the juice of the seed serves to stabilize the blood pressure.

Passiflora ligularis, Passifloraceae

Granadilla

Planta trepadora cultivada. Los frutos se consumen al natural. // Cultivated climbing plant.

The fruits are edible.

Passiflora quadrangularis, Passifloraceae
Tumbo
Planta trepadora cultivada. Los frutos se consumen al natural y en refrescos. // Cultivated climbing plant. The fuits are consumed ripe and used as refreshment.

Passiflora tripartita var. *mollisima*, Passifloraceae
Poro(u)-poro(u)
Planta trepadora. Sus frutos se consumen al natural. Medicinalmente el jugo de los frutos sirve para estabilizar la presión. // Cultivated climbing plant. The fruits are edible. Medicinally the juice serves to stabilize the blood pressure.

Passiflora sp., Passifloraceae
Granadilla silvestre
Planta trepadora. Los frutos se consumen al natural. // Climbing plant. The fuits are edible.

Passiflora sp., Passifloraceae
Piluco
Planta trepadora. Sus hojas en infusión se toman para aliviar la bronquitis; las hojas machacadas conjuntamente con infundia (grasa de gallina) o grasa de ganado vacuno se aplica en el lugar del dolor para curar lisiaduras. // Climbing plant. The infusion of leaves is taken to alleviate bronchitis; the leaves crushed together with fat from hens or cattle is used to cure injuries, the remedy is placed on the hurting spots.

Pasto *Agrostis* sp., *Ichnanthus nemorosus*, *Paspalum* sp., *Digitaria* sp.

Pelargonium roseum, Geraniaceae
Geranio
Sufrútice cultivado. Especie ornamental. // Cultivated sub-shrub. Ornamental.

Penca *Agave americana*

Pennisetum clandestinum, Poaceae
Kikuyo, pikuya
Hierba. Utilizada como forraje. // Herb. Used for fodder.

Pennisetum purpureum, Poaceae
Hierba de elefante // elephant grass
Hierba cultivada. Utilizada como forraje, ampliamente sembrada en áreas que llaman invernas, donde pastan ganado vacuno y caballar. // Cultivated herb. Used for fodder. Widely sown in the areas called *invernas*, where cattle and horses graze.

Peperomia inaequalifolia, Piperaceae
Congona
Hierba cultivada. Las hojas se toman en "mate". Medicinalmente la infusión es usada en afecciones nerviosas. /7 Cultivated herb. The leaves are used for tea. Medicinally the infusion is used against nervouis infections.

Pepino silvestre *Solanum* sp.

Perejil *Petroselinum crispum* // parsley

Perezia multiflora, Asteraceae
Escorzonera
Hierba. La infusión de la planta es tomada como febrífugo y diurética. // Herb. The infusion of the plant is taken as to lower the fever ans as a diuretic.

Persea americana, *Lauraceae*

Palta / avocado
Arbol cultivado. Se consume el fruto maduro con pan, acompañado con sal o rocoto, se preparan también ensaladas. // Cultivated tree. The ripe fruit is consumed with bread accompanied by salt or *rocoto* and used in salads.

Persea sp., Lauraceae

Palta silvestre // wild avocado

Arbol. La madera se usa para la construcción de viviendas y para leña. Los frutos son comestibles. // Tree. The timber is used for house construction and for firewood. The fruits are edible.

Petroselinum crispum, Apiaceae

Perejil // parsley

Hierba cultivada. Sus hojas se usan como condimenticias. // Cultivated herb. The leaves are used as condiments.

Phaseolus lunatus, Fabaceae

Pallar

Hierba cultivada. Sus semillas cocidas se usan en la alimentación. // Cultivated herb. The boiled seeds are employed in the diet.

Phaseolus vulgaris, Fabaceae

Frijol, frejol // common bean

Hierba cultivada. Sus semillas son alimenticias. Las variedades conocidas como ñuñas se consumen tostadas con o sin aceite y las demás se usan como menestras en las comidas. / / Cultivated herb. The seeds are edible. The varieties called *ñuñas* are consumed roasted either with oil or without oil, the others are used as vegetables in the food.

Philoglossa mimuloides, Asteraceae

Siso

Hierba. Usada como forraje. // Herb. Used for fodder.

Phyllanthus niruri, Euphorbiaceae

Chancapiedra

Hierba. La infusión de tallos y hojas se toma como diurético, para eliminar cálculos renales y como desinfectante del parato genitourinario.// Herb. The infusion of leaves and stems is used as ae diuretic, for kidney stones and as a disinfectant of the genitourinary system.

Physalis peruviana, Solanaceae

Tomatillo

Hierba semicultivada. Los frutos se consumen al natural // Semi-cultivated herb. The fruits are edible.

Pikuya(o) *Pennisetum clandestinum*

Piluco *Passiflora* sp.

Piña *Ananas comosus* // pineapple

Piper umbellatum, Piperaceae

Santa María, cordoncillo, matico

Arbusto. Las hojas tomadas en infusión se usan como diurética y antiinflamatoria. // Shrub. The infusion of leaves is used as a diuretic and antiflammatory.

Piper spp., Piperaceae

Matico

Arbusto. La infusión de las hojas se toman para la tos y lavar heridas como desinfectantes y cicatrizantes; las hojas secas reducidas a polvo presenta las mismas propiedades. // Shrub. The infusion of leaves is taken against cough and it is employed as a desinfectant and vulnerary for cleaning wounds. Pulverized dry leaves have the same properties.

Pisum sativum, Fabaceae

Alberja, arveja // pea

Hierba cultivada. Las semillas se consumen como menestras. // Cultivated herb. The seeds are consumed in stews.

Pituca *Colocasia esculenta*

Plantago australis, Plantaginaceae

Llantén macho

Hierba. El cocimiento de las hojas se usa para lavar heridas como desinfectante y hemostática.
// Herb. A decoction of the leaves is employed to clean wounds as an antiseptic and hemostatic.

Plantago major, Plantaginaceae
    Llantén // plantain
    Hierba semicultivada. El cocimiento de las hojas se usa para lavar heridas como desinfectante
    y hemostática. // Semi-cultivated herb. A decoction of the leaves is employed to clean wounds
    as an antiseptic and a hemostatic.

Plátano *Musa acuminata* // banana

Pona *Iriartea* sp.

Poro-poro *Passiflora tripartita* var. *mollisima*

Poroto *Erythrina edulis*

Portulaca oleracea Portulacaceae
    Yerpi, verdolaga
    Hierba. La infusión de las semillas se toman como vermífugas. Los emplastos colocados
    en el vientre se usan para detener disenterías. // Herb. The infusion of seeds is used as a
    vermifuge. The plaster placed on the belly is used for dysentery relief.

Poto *Lagenaria siceraria*

Pouteria caimito, Sapotaceae
    Caimito
    Arbol cultivado. Los frutos se consumen al natural y en refrescos. // Cultivated tree. The fruits
    are edible and used in refreshments.

Pouteria lucuma, Sapotaceae
    Lúcuma
    Arbol cultivado. El mesocarpo de los frutos maduros se consumen al natural. La madera se
    utiliza para la construcción de viviendas y como leña. // Cultivated tree. The ripe fruits are
    edible. The wood is used for house constructions and for firewood.

Psammisia sp., Ericaceae
    Bejuco // liana
    Liana. Las flores se consumen como alimeticias. // Liana. The flowers are used for food.

Psidium guajava, Myrtaceae
    Guayabo(a)
    Arbol pequeño cultivado. Sus frutos maduros se consumen al natural. // Small cultivated tree.

Psidium sp., Myrtaceae
    Palillo
    Arbol. La madera se usa en la construcción de viviendas, elaborar herramientas y para leña.
    // Tree. The timber is used for house construction, to make tools and for firewood.

Psychotria sp., Rubiaceae
    Café sacha, gansho
    Arbol. Los frutos maduros se consumen al natural. // Tree. The ripe fruits are edible.

Quinilla *Cinchona* sp.

Quinua *Chenopodium quinoa*

Rabanito *Raphanus* sativu // radish

Raphanus sativus, Brassicaceae
    Rabanito
    Hierba cultivada. La raíz tuberosa cortada en rodajas sirve para preparar ensaladas // Cultivated
    herb. The tuberous roots are cut in slices and consumed raw in salads..

Repollo *Brassica oleraceae* var. *capittata-alba*

Reucanacaspi *Solanum* sp.

Ricacha *Arracacia xanthorrhiza*

Ricinus communis, Euphorbiaceae
    Higuerilla

Arbusto semicultivado. Las hojas se utilizan como refrescantes en estados febriles y pequeñas dosis de la semilla como laxante (en dosis mayores puede ser mortal). // Semi-cultivated shrub. The leaves are used as refreshment during fever, and in small dosis the seeds are used as a laxative (larger dosis may be fatal).

Rocoto *Capsicum pubescens*

Rollinia sp., Annonaceae

    Anona, sacha annona

    Arbol. Los frutos maduros se consumen al natural. La madera se usa en la construcción de viviendas y para leña. // Tree. The ripe fruits are edible. The wood is used for house constructions and for firewood

Rorippa nasturtium-aquaticum, Brassicaceae

    Berro

    Hierba. Las hojas se usan para ensaladas. // Herb. The leaves are used in salads.

Rosa *Rosa canina*

Rosa canina, Rosaceae

    Rosa

    Arbusto cultivado. Utilizada como ornamental y como cerco. // Cultivated shrub. Ornamental and used in hedges.

Rubus sp., Rosaceae

    Zarza

    Arbusto. Los frutos se consumen al natural. Se siembra como cerco vivo. // Shrub. The fruits are edible. Used in hedges.

Rubus robustus, Rosaceae

    Zarzamora

    Arbusto. Los frutos son consumidos al natural. Es utilizada para cercos vivos. // Shrub. The fruits ae edible. Used in hedges.

Rubus sp., Rosaceae

    Zarza de oso

    Arbusto. Es utilizada para cercos vivos. // Shrub. Used in hedges.

Ruda *Ruta chalepensis*, *Ruta graveolens*

Ruta chalepensis, Rutaceae

    Ruda // rue

    Hierba cultivada. Sus hojas y tallos en infusión se toman contra parásitos intestinales. // Cultivated herb. Infusdions with the leaves and stems are taken against intestinal parasites.

Ruta graveolens, Rutaceae

    Ruda // rue of gardens

    Hierba cultivada. De utilidad similar a *Ruta chalepensis*. // Cultivated herb. Of similar used as the rue.

Sábila *Aloe vera*

Saccharum officinarum, Poaceae

    Caña de azúcar

    Planta cultivada. El zumo del tallo se consume directamente masticándolo. El guarapo (jugo de la caña se estrae en trapiches caseros) se usa para destilar la bebida llamada cañazo y para la fabricación de chancaca. // Cultivatred plant. The juice from th stem is consumed directly by chewing the stem. The *guarapo* (juice from the stem extracted in larger quantities in a sugar mill, *trapiche*, is used to distil the beverage called *cañazo* or *aguardiente* and to make *chancaca*, unrefined cane sugar.

Sacha annona *Rollinia* sp.

Salvia *Salvia* sp.

Salvia sp., Lamiaceae

Salvia

Hierba. La infusión de sus hojas se toma como carminativa. // Herb. Infusion of the leaves is taken as a carminative.

Sambucus peruviana, Caprifoliaceae

Sauco

Arbol semicultivado. Las flores en infusión se toman para curar la tos, evitar los cólicos biliares, como digestivo, para limpiar el páncreas agregando a la infusión gotas de limón y como laxante suave (infusión de 50 grs de hojas y corteza). Como alimenticia se utilizan los cogollos fritos que se consumen mezclados con papa y mote de maíz. Los frutos son comestibles. // Semi-cultivated tree. Infusion with the flowers ar taken to cure coughs, to avoid biliary colic, as a digestive, to purify the pancreas (adding drops of lemon tothe infusion) and as a mild laxative (infusion with 50 g of leaves and bark). In the diet the fried buds are consumed mixed with popatoes and *mote* made from maize.

Sambucus sp., Caprifoliaceae

Tilo

Arbol. La infusión de las hojas se toma como digestiva. // Tree. Infusion of the leaves is taken as a digestive.

Sancapilla *Epidendrum* sp., *Oncidium* sp.

Sangre de grado *Croton lechleri*, *Croton* sp.

Santa María *Piper umbellatum*

Satureja pulchella, Lamiaceae

Panizara

Hierba. Sus hojas y tallos delgados en infusión se toman como carminativas y digestivas. // Herb. Infusion of the leaves and the stems is used as a carminative and a digestive.

Sauco *Sambucus peruviana*

Sechium edule, Cucurbitaceae

Caigua espinosa, caigua chilena

Planta trepadora. Sus frutos son consumidos en frituras y ensaladas. // Climbing plant. The fruits are consumed fried and in salads.

Selaginella kunzeana, Selaginellaceae

Trensilla pequeña

Hierba rastrera. La cocción de la planta se usa para lavar heridas como desinfectante. // Creeping plant. A decoction of the plant is used as an antiseptic to clean wounds.

Sida rhombifolia, Malvaceae

Angusacha, malva

Sufrútice. Las hojas en emplastos se usan para desinfectar heridas y en baños como febrífugos. // Sub-shrub. The plaster of leaves are placed one open wounds used like an antiseptic, and used in baths as a febrifuge.

Siso *Philoglossa mimuloides*

Smallanthus sonchifolius, Asteraceae

Llacón, yacón

Sufrútice cultivado. Sus raíces tuberosas son alimenticias. Se consumen crudas luego de la cosecha. Algunas variedades son expuestas al sol para concentrar azúcar. Medicinalmente se usa para las personas que tienen diabetes. // Cultivated sub-shrub. The tuberous roots are edible. They are consumed raw immediately after harvest. Some varieties are exposed to sun to become more sweet. Medicinally it is used for diabetes.

Socratea sp., Arecaceae

Wacrapona

Arbol. Los tallos se usan en la construcción de viviendas. Las hojas en el techado de casas. // Tree. The stems are used for house construction, the leaves for roofs.

Solanum tuberosum, Solanaceae

Papa // potato
Hierba cultivada. Sus tubérculos son utilizados en la alimentación, cocidos con cáscara o pelados en sopas y frituras. Medicinalmente se colocan rodajas del tubérculo crudo en la frente para el febrífugo. // Cultivated herb. The tubers are used for food, boiled or, when peeled, fried and used in soups. Medicinally slices of raw potatoes are placed on the forehead to lower the fever.

Solanum sp., Solanaceae
Cashacaspi, caballo runtu, espina
Arbol. La madera se usa en la construcción de viviendas, elaboración de herramientas y para leña. Los frutos sirven para lavar prendas de vestir. // Tree. The timber is used for house construction, to make tools and for firewood. The fruits are used for washing clothes.

Solanum sp., Solanaceae
Calvinche
Arbusto. Los frutos se consumen al natural. // Tree. The fruits are edible.

Solanum sp., Solanaceae
Pepino silvestre
Hierba trepadora. Los frutos se consumen al natural. // Creeping plant. The fruits are edible.

Solanum sp.
Reucanacaspi
Arbol. La infusión de las hojas se toman como antipalúdica. // Tree. Infusion of the leaves are taken against malaria.

Sonchus asper, Asteraceae
Cerraja
Hierba. Las hojas en infusión son utilizadas como depurativas de la sangre. // Herb. Infusion of the elaves ar used to purify the blood.

Sonchus oleraceus, Asteraceae
Cerraja
Hierba. Las hojas en infusión se toman como estomáquica, carminativa, antiespasmódica y para depurar la sangre. // Herb. Infusion of the leaves is used as a stomach remedy, a carminative, an antispamodic and to purify the blood.

Sorgo *Sorghum halepense*
Sorghum halepense, Poaceae
Sorgo // sorghum
Hierba cultivada. Las inflorescencias se usan en la elaboración de escobas. Los tallos y hojas sirven de forraje. // Cultivated herb. The inflorescences are used to make brooms. The stems and leaves are used for fodder.

Soya *Glycine max*
Suelda con suelda, Diego López *Ephedra americana*
Suro *Chusquea* sp.
Tabaco *Nicotiana tabacum*
Tagetes filifolia, Asteraceae
Anís, anisillo de la sierra
Hierba. La infusión de la planta se toma como carminativa. // Herb. Infusion of the plant is taken as a carminative.

Tagetes minuta, Asteraceae
Huacatay
Hierba. Las hojas se usan para condimentar alimentos conjuntamente con rocoto y berenjena. // Herb. The leaves are used for as a condiment together with rocoto and tree tomato.

Tagetes terniflora, Asteraceae
Wakatay, huacatay, chilche
Hierba. Las hojas se usan para condimentar alimentos. // Herb. The leaves are used as a

condiment

Tangarana *Triplaris*

Taraxacum officinale, Asteraceae

Amargón, diente de león

Hierba. Las raíces y hojas en infusión se usan como laxante suave, diurético, desinflamante del hígado, como purificador de la sangre y como febrífugo. // Herb. Infusion made of the leaves and roots is employed as a mild laxative, a diuretic, to disflame the liver, purify the bloood as a febrifuge.

Tarwi *Lupinus mutabilis*

Theobroma cacao, *Sterculiaceae*

Cacao

Arbol cultivado. El mesocarpo del fruto sirve para aliviar enfermedades bronquiales. Los frutos son molidos y mescaldos con azucar para hacer chocolate. Las semillas secas son comercializadas. // Cultivated tree. The mesocarp of the fruit ise used against bronchial diseases. The fruits are grounded and mixed with sugar to make chocolate. The fruits are mainly cultivated for the market.

Tilo *Sambucus* sp.

Tinto *Mintosthachys mollis*

Tomate *Lycopersicon esculentum*

Tomatillo silvestre *Jaltomata* sp.

Tomatillo *Physalis peruviana*

Tomatito *Physalis peruviana*

Topa *Ochroma pyramidale*

Tornillo *Cedrelinga cateniformis*

Toronjil *Melissa officinalis*

Toxicodendron striatum, Anacardiaceae

Itil

Arbol. La madera se usa en la construcción de viviendas y para elaborar herramientas. Especie tóxica dependiendo de la reacción alérgica de los pobladores. // Tree. The timber is used for house construction and to make tools. It is a poisonous species, but the allergic reaction depends on the individual person.

Trébol *Trifolium repens*

Trema micrantha, Ulmaceae

Atadijo, pasalla

Arbol. La madera se usa elaborar herramientas, la corteza para amarrar cercos y para leña. // Tree. The timber is used to make tools, the bark for the enclosure of fences and for firewood.

Trensilla pequeña *Selaginella kunzeana*

Trifolium repens, Fabaceae

Trébol

Hierba semicultivada. La planta es utilizada como forraje.// Semi-cultivared herb. The plant is used for fodder.

Trigo *Triticum aestivum*

Triplaris, Polygonaceae

Tangarana

Arbol. Se usa como cerco y para leña. // Tree. Used in hedges and for firewood.

Triticum aestivum, Poaceae

Trigo // wheat

Hierba cultivada. Sus semillas son consumidas tostadas o molidas y en la preparación de sopas. // Cultivated herb. The seeds are used fried or grounded and consumed in soups.

Tumbo *Passiflora quadrangularis*

Ullucus tuberosus, Basellaceae
  Olluco
  Hierba cultivada. Sus tubérculos son alimenticios. // Cultivated herb. The tubers are for food.

Uncaria tomentosa, *Rubiaceae*
  Uña de gato // cat's claw
  Liana. La corteza macerada en cañazo (bebida destilada de la caña de azúcar) se toma como tónico y antitumoral.// Liana. . The bark macerated with *cañazo* (distilled spirit from sugar cane) is taken as a tonic and as an antitumoral.
Uña de gato *Caesalpinia decapetala, Uncaria tomentosa*
Urera sp., Urticaceae
  Ortiga // nettle
  Sufrútice. La infusión de las hojas se toman como desinflamantes. Usada como cerco vivo.// Sub-shrub. Infusion of the leaves is taken against inflammations. Used in hedges.
Urtica sp., Urticaceae
  Ortiga, ishanga
  Hierba. La infusión de hojas y tallos se toma como diurético y desinflamante; golpeando suavemente la parte afectada con la planta, alivia dolores reumáticos. // Herb. Infusion with the leaves and stems is taken as diuretic and anti-flammatory. Beating the affected part softly with the plant alleviates rheumatic pains.
Urocarpidium peruvianum, Malvaceae
  Altea, malva
  Sufrútice. El zumo de las hojas machacadas con miel de abeja se toma como reconstituyente del organismo.// Sub-shrub. The juice from the leaves chewed with honey is taken to restore the organism.
Verbena *Verbena litoralis*
Verbena litoralis, Verbenaceae
  Verbena
  Hierba. La infusión de las hojas se toma como purificador de la sangre y diurético. // Herb. Infusion with the leaves is taken to purify the blood and as a diuretic.
Verbesina ampliatifolia, Asteraceae
  Lapacho
  Arbol. Sus tallos sirven en la construcción de viviendas y para leña. // Tree. The stems are used for house construction and for firewood.
Vicia faba, Fabaceae
  Haba // horse bean
  Hierba cultivada. Las semillas son utilizadas como alimenticias, tostadas o en sopas. // Cultivated herb. Theseeds are consumed toasted or in soups.
Wacrapona *Socratea* sp.
Wakatay *Tagetes terniflora*
Yacón *Smallanthus sonchifolius*
Yerpi *Portulaca oleracea*
Yiwi *Chusquea* sp.
Yuca *Manihot esculenta*
Zanahoria *Daucus carota*
Zanahoria blanca *Arracacia xanthorrhiza*
Zapallo *Cucurbita maxima*
Zarza *Rubus* sp., *Byttneria*
Zarzamora *Rubus robustus*
Zarza de oso *Rubus* sp.
Zarzamora *Rubus robustos*

Zea mays, Poaceae

Maíz

Hierba cultivada. La planta en su totalidad es utilizada. Como alimenticia se consumen los choclos (mazorcas inmaduras o verdes). El maíz seco desgranado sirve para preparar el "mote" (maíz pelado en ceniza y cocido). Cuando los granos pelados de maíz se muelen y mezclan con azúcar, sirven para preparar "humitas" y cuando se mezclan con sal se llaman "tamales". El maíz molido se usa además, para preparar la llamada "chufla" que se toma como desayuno. Así mismo, los granos de maíz se tuestan con o sin aceite, lo que constituye la "cancha". La panca (tallos y hojas secas) que quedan luego de la cosechas sirven como forraje para el ganado. // Cultivated herb. The entire plantis used. The *choclos*, young cobs, are consumed. The dried grains may be peeled, ground and boiled in ash to make *mote*. The grains from ripe maize are ground and mixed with sugar to prepare humitas and when mixed with salt they are called *tamales*. The grains from ripe maize are ground to prepare *chufla* which is taken as breakfast. *Cancha* is prepared by toasting the grains with or without oil. The *panca* (the leftover stems and dried leaves) after harvest is used for fodder.

Los Valles Olvidados

se terminó de imprimir
el 22 de marzo del 2003 en:

GRAFICART
EDITORIAL, PRODUCCION GRAFICA & PUBLICIDAD

Soluciones Gráficas Integrales

JR. SAN MARTIN 375 - TELEFAX 044-297481
TRUJILLO